浪潮式发售

[美] 杰夫·沃克（Jeff Walker）◎著

李文远◎译

全新升级版

LAUNCH

UPDATED & EXPANDED EDITION

HOW TO SELL ALMOST ANYTHING ONLINE,
BUILD A BUSINESS YOU LOVE, AND LIVE THE LIFE OF YOUR DREAMS

中国科学技术出版社

·北 京·

本书中文简体字版通过 **GRAND CHINA HAPPY CULTURAL COMMUNICATIONS LTD（深圳市中资海派文化传播有限公司）** 授权中国科学技术出版社在中国大陆地区出版并独家发行。未经出版者书面许可，不得以任何方式抄袭、节录或翻印本书的任何部分。

北京市版权局著作权合同登记　图字：01-2022-5347 号

图书在版编目（ＣＩＰ）数据

浪潮式发售：全新升级版 /（美）杰夫·沃克著；李文远译 . -- 北京：中国科学技术出版社，2022.9
书名原文：Launch (Updated & Expanded Edition): How to Sell Almost Anything Online,Build a Business You Love,and Live the Life of Your Dreams
ISBN 978-7-5046-9753-0

Ⅰ . ①浪… Ⅱ . ①杰… ②李… Ⅲ . ①网络营销 Ⅳ . ① F713.365.2

中国版本图书馆 CIP 数据核字 (2022) 第 152857 号

执行策划	黄 河　桂 林	
责任编辑	申永刚	
策划编辑	申永刚　陆存月	
特约编辑	郎 平	
封面设计	仙境设计	
版式设计	吴 颖	
责任印制	李晓霖	

出　　版	中国科学技术出版社
发　　行	中国科学技术出版社有限公司发行部
地　　址	北京市海淀区中关村南大街 16 号
邮　　编	100081
发行电话	010–62173865
传　　真	010–62173081
网　　址	http://www.cspbooks.com.cn

开　　本	710mm×1000mm　1/16
字　　数	248 千字
印　　张	19
版　　次	2022 年 9 月第 1 版
印　　次	2022 年 9 月第 1 次印刷
印　　刷	深圳市精彩印联合印务有限公司
书　　号	ISBN 978–7–5046–9753–0/F・1053
定　　价	69.80 元

（凡购买本社图书，如有缺页、倒页、脱页者，本社发行部负责调换）

LAUNCH

　　别指望在第一次发售产品时就赚到百万美元，也别指望第一次就取得我在本书中跟你说过的那些惊人成就。别拿你的成绩与我的百万美元产品发售相比，而要与我第一次发售产品时所取得的 1 650 美元的销售额相比。

　　你要预想到自己会犯一些错误，并从中学到经验。你要预想到许多工作等着你去做，还要预想到自己会遇到一些挫折，有时还要加班到深夜。此外，你还要意识到你的第一次产品发售将会是难忘的经历。

　　这是一趟奇幻之旅。直至今天，我都觉得整个旅程令人难以置信。在这趟旅程上的每一步，我都不断把目光放长远，不断为自己寻找一个更远大的理想。

谨以此书献给

我的妻子玛丽，

还有我那两个可爱的孩子，

丹尼尔和琼。

在这趟疯狂的创作之程中，

感谢你们一直伴我左右，

并且给予我无尽的支持。

我全心全意地爱着你们！

流量变现时代，
如何把任何东西卖给任何人

2014 年，我出版了本书的第一个版本。当时，我的产品发售公式早已久经考验。在那之前的 10 多年里，我教过成千上万名学生，他们成功发售过无数的产品、服务、在线课程、会员网站，甚至创立了企业。

至于我能否写一本书，把产品发售公式教给人们，帮助他们在更广泛的市场复制这种成功还有待观察。现在，结果已经出来了，并且完全超乎我的预料。我不断收到读者反馈，他们把自己的成功故事告诉我。以下是蒂芙尼·阿利切（Tiffany Aliche）在亚马逊上讲述的个人经历。故事比较长，征得她同意后，我缩短了原文的篇幅。

8 年时间，《浪潮式发售》帮助我挣到了 8 位数的收入！

5 年前，我产生了要做一门新生意的想法。我要成立一所网校，教女性如何增加收入和改善生活水平，并给学校起名为"致富学院"（Live Richer Academy）。

我不知道该如何向客户推广我的新业务，此时一位朋友建议我看《浪潮式发售》。我不仅读了《浪潮式发售》，还按书中所说的每一步去做。效果非常惊人！在推出网校后的前30分钟内，我就赚了3万美元，这是我当幼儿园老师时1年的薪水。为期1周的发售给我带来了约7万美元的收入，比我想象中的要多得多。第三次发售时，我又拿起了这本书，按上面的所有步骤去做。这次，我在1周内斩获了总共约25万美元收入！大约1年前，我做了最后一次发售，并在1周内赚了56万美元！

我可以自豪地说，截止到2020年，我这个前幼儿园老师现在正经营着一家营业额高达8位数的企业！发售不是件容易的事情，需要做很多工作。本书一步步地列出了所有与发售相关的工作，这正是我喜欢它的地方。如果你不确定如何与客户分享你的新产品或服务，我强烈建议你读一读《浪潮式发售》。在它的帮助之下，我改变了自己的企业和生活的发展轨迹。

绰号"预算大师"的蒂芙尼·阿利切曾是一名幼儿园老师，现在是一名财务教育工作者，著有《善于理财》（*Get Good with Money*）一书。

这只是其中一个例子、一个故事，类似的评论还有成千上万条。当然，它既非典型案例，也不普遍，更不是你应该期望的结果。无论什么时候，当你听到这样的事例时，你都要明白一点：成功离不开大量工作，也肯定需要一些辗转难眠之夜。不过，这是一个非常真实的故事，故事的主人公把她在这本书中学到的知识付诸实践，用于创立自己的事业。

亲爱的读者，正因为如此，你应该非常认真地阅读我接下来与你分享的知识。这本书并没有任何奇幻故事、童话或魔术，它只阐述了一个行之有效的公式，并辅以大量真实案例来说明人们是如何借助这个公式成功创业的。你完全可以在谷歌上搜索到这些人的故事。

修订版添加了哪些新内容，又保留了原来哪些内容？

第一版《浪潮式发售》帮助读者取得了大量成果。因此，我没有更改发售公式的核心，它将继续发挥作用。然而，我一直在改进该公式，并且不断采用新的工具，现在是时候更新版本了。以下是新增内容：

我增加了部分章节，探讨如何在发售时使用社交媒体、如何通过直播发售产品（即借助直播的方式来发布部分或全部内容），以及如何使用付费流量（即广告）进行发售。

此外，自从第一版《浪潮式发售》面世以来，我们已经极大提升了开通购物车的艺术，所以我在第 8 章添加了相关新内容。当然，我更新了整本书，更改之处遍布全书。我还扩充了术语表，并增加了索引。不变的是核心公式，因为它比以往任何时候都更好用。与我在 20 世纪 90 年代末刚发明这个公式时相比，公式所带来的成果已不可同日而语，它们比我在 2003 年刚开始教客户时要好得多，也比 2014 年本书初版时有说服力得多。

该公式之所以持续有效，是因为它以人类心理学为基础。几千年来，心理活动一直是我们人类的一部分，而在未来几千年里，它仍会与我们同在。人们往往认为，在如今快节奏的数字化时代，任何文学作品都会在几年甚至几个月内过时。但如果你在 70 年后再读这本书，我敢说这个公式依旧管用，因为它采用的策略植根于我们的大脑功能之中。当然，公式的表述方式会改变，但它仍将发挥作用。

在开始之前，我还要指明一点。我在前面分享了蒂芙尼对本书的评价。

她白手起家，利用从本书学到的知识，建立了一家营业额达 8 位数的企业。换言之，公司的年销售额超过 1 000 万美元。她给本书留下了五星评价。就在她的评价下面，有人给了这本书一星评价，并且写道："毫无用处，我真的不明白，为什么这种发售方法或这本书被吹得天花乱坠。作者说的话没有任何价值。"我在公众场合抛头露面的时间已经够长，所以我知道不是所有人都会欢迎我、喜欢我。有些人不相信我，或者不相信我在书中给出的学员案例。尽管他们可以上网查到我提过的那些人，但他们还是不相信我！

我要指出，蒂芙尼上千万美元的业务和一星评论之间的区别在于读者是否愿意放下疑虑，去踏踏实实地做事情。请容我在此建议，如果你相信这本书和其中阐述的发售公式，相信它给你带来的可能性，那么，你所取得的成果可能会超乎你的想象。

2005 年以来，
创造超 10 亿美元销售额的产品发售公式

这是一本快速创业指南。无论你已是企业老板，还是即将成为企业老板，这本书都可以让你获取更强大的发展动力。

想象一下，假如你可以像苹果公司或者好莱坞影业巨头那样发售产品，将会是怎样一番情形？假如你的潜在客户天天迫切期待着你的产品上市，又会是怎样的景象？倘若你在市场中建立了难以撼动的地位，并且几乎消灭了所有竞争对手，结果又会怎样？如果你在企业规模不大、财政预算也不高的情况下做到了上述三点，那该是多么令人激动的事情！如果你愿意的话，我可以教给你一套流程或者说公式，它可以帮助你实现上述目标。在过去的 25 年中，我创造了这个公式并一直在完善它。本书中，我要和大家一起分享它。

本书没有高深的理论，我要教你的东西都源自真实的案例。我一直在检验这个公式的合理性，经过不断的尝试和失败，我积累了来之不易的经验并最终完善了它。我亲自发售过几十次产品，并取得了巨大成功，但这些都不足以说明我是一个怎样的人，也不足以成为我自夸的资本。我也经历过一些不太成功的发售活动，我认为最宝贵的经验教训往往就来自这些失败！与我取得的成果相比，学员们所取得的成就更为重要，他们已经在无数市场和细分领域完成了数千次发售活动。

我非常注重案例教学，所以在本书中，你将会认识我的一些学员。你会发现，我的所有案例都不是凭空想象的。我读过的许多商业书籍都是用虚构的案例来解释其理论，那种情况不会出现在本书中。我告诉你的案例都是真人真事。如果你想做更深入的研究，你可以登录与本书一起推出的会员网站，以获取更多免费的音频和视频案例研究以及一些培训资源。

我十分热衷于分享学员们成功发售的故事。之所以这样做，不仅仅是因为分享案例具有教学意义，还因为我认为他们都是我的英雄。我一直认为，创业者是人类的未来。他们是人类进步的驱动力，他们创造了就业机会，并且为这个世界带来了真正的财富。这正是我对自己的事业充满激情的原因之一，因为我的工作就是帮助这些创业者或准创业者。

我还认为，我们正处于人类历史上最伟大的时代，这个时代崇尚创业精神，并为创业者的成长提供无数机会。创立企业从来不是一件容易的事，让企业顺利发展更是难上加难。如今，我们能够在全球寻找那些适合企业发展的利基市场，这种机遇前所未有。譬如说，我的第一单生意就立足于一个非常小众的利基市场，我在位于科罗拉多州的地下室，把产品卖给了一个瑞士人。那可不是一件容易做到的事。正如人类的任何一项成就一样，创业离不开大量艰苦卓绝的工作。**本书不是所谓的快速致富经，但书中所述的公式已经被事实证明，它是快速发售产品或快速创业的路线图**。毕竟，如果人们想把某种体系应用到工作当中，当然希望它已经经过实践的检验和证明。

通过这个产品发售公式，我取得了惊人的成果。刚开始创业时，我只是业界的无名小卒，历尽艰苦，终于有所成就。如今，我的产品销售额已经达到数千万美元，然而我的学员和客户取得的成就让我相形见绌，他们的产品和服务的总销售额已经高达数亿美元。

更有趣的是，蓦然回首，我发现这一切都是在偶然中发生的。我创业的目的不是重塑市场，也不是成为行业领导者。实际上，在刚开始的时候，我个人的产品销售业绩为零，也没有任何市场营销经验。不过，从很大程度上来说，这或许正是我取得成功的原因。

产品发售公式与 PLF 培训项目的区别

在这本书中，我将教给你产品发售公式（Product Launch Formula®）的核心内容。我从 1996 年就开始研发这个公式，并从 21 世纪初开始教学。在世界各地数以百计的市场，我的数千名学员都使用过该公式。他们当中的很多人仅凭借这本书学到的知识，就成功地发售了产品。前面我已经讲过蒂芙尼·阿利切的故事，她靠这本售价 20 美元的书创立了一家营业额高达 1 000 万美元的企业。

不瞒你说，我还有一个高端的培训项目，叫作"产品发售公式培训项目"（Product Launch Formula Coaching Program），简称"PLF 培训项目"。这是我为学员提供的另一个付费项目，而且学费并不便宜。你可以把本书看作是大学教科书，而 PLF 培训项目则是用这本书进行教学的大学课程。我的很多读者只看过这本书就开始发售产品，也有成千上万的学员参加了我的培训项目。无论你选择哪种方式，我都希望能看到你成功地发售产品。

这里我要特别强调一点：本书中，当我提到"产品发售公式"或"PLF"时，我指的都是产品发售的方法。如果我要提及培训项目，就会采用"PLF培训项目"或"产品发售公式培训项目"这两个专业词语。

请注意，如果你加入了我的电子邮件名单，那你迟早能看到我进行一场发售活动。我每年通常只发售两三次产品，但如果你关注我的邮件，而且有足够的耐心，就可以在我的指引下见证整个产品发售过程。如果你目睹了我是如何根据该公式发售产品的，也许就能学到人生中最好的营销课程之一。

李光斗
中国品牌第一人、中央电视台品牌顾问

互联网时代最值钱的是产品经理，有情怀的品牌更需要爆款产品。《浪潮式发售》是我继《疯传》之后，推荐给大家的又一本书！

浦 江
科学营销之父

如果产品发售公式是一扇门，那么心理学就是打开这扇门的万能钥匙。当你扣下杰夫·沃克在本书中和你分享的心理扳机，你的营销就开启了走心模式，你的产品发售也会更具说服力和影响力。

李炳池
杀手文案训练导师、神笔文案创始人

在全民带货的时代，营销能力是每个人的必备技能。《浪潮式发售》汇集了互联网营销的核心技能，让你的产品一上架就被秒杀，教你成为新时代的带货王！

单 仁
单仁资讯集团董事长、畅销书《全网生态营销》作者

不想秒没的产品不是好营销,《浪潮式发售》是为那些想打造爆品、一鸣惊人的创业者量身定制的实战手册。另外,这本书有一个显著的特点:快。"互联网+"时代,抓住先机才能抓住财富,作者深谙此道。

周 昊
企业战略管理专家、知名财经作家

《浪潮式发售》不仅教你如何在线发布产品,它还记录了一位创业者值得效仿的人生。这是一本市场营销著作,里面包含了大量与创业领导力相关的内容。有些人认为"发售"一词只与网络营销有关,却没有注意到市场营销在过去五十多年里的发展历程,没有对这一领域给予足够的关注。无论是资深人士或者刚入行的新手,这都是一本值得一读的好书。

丹尼尔·亚蒙(Daniel Amen)
医学博士、畅销书《健康生活,从善待大脑开始》作者

这本书真是太棒了!它教我们如何发售产品和拓展业务,但它的作用远不止于此。本书通过前人的经验和成果,告诉我们应如何策划商业活动、如何造势以及如何为市场创造价值。假如你想大张旗鼓地向世人展示你的产品、推介业务或者策划一场活动,本书将是你的首选书目。

布伦登·伯查德(Brendon Burchard)
《纽约时报》畅销书榜第一名《专业化生存》作者

我采用杰夫·沃克的方法,从零开始,接连推出了 5 个品牌。在不到 12 个月时间里,每个品牌的收入达到了 100 万美元。这本著作是无价的,杰夫是世人一直翘首以盼的现代营销专家。

维申·拉基亚尼（Vishen Lakhiani）
智慧谷公司创始人兼 CEO

新业务上线第一天，创业者往往紧张又焦虑。但自从我们按照杰夫·沃克的理念开拓业务后，这些"产品发售日"变成了欢庆和成功的时刻，销售额也大幅度提高，因为我们在产品上市的第一天就极大地拉动了客户需求。产品的首日销售超出所有人的预期，它不但给我们带来了数百万美元的额外增长，而且大幅度提升了公司市值。

兰迪·盖奇（Randy Gage）
《白手创业亿万富翁的财商笔记》作者

在互联网营销领域，杰夫·沃克是名副其实的天才。在本书中，他详细描述了如何在网络上推销产品或服务才能取得成功。对致力于创业的企业家而言，这本书绝对值得一读。

丹·苏利文（Dan Sullivan）
战略辅导公司创始人兼总裁

本书取名为 Launch，的确是恰如其分，因为杰夫·沃克不仅是互联网在线产品发售的开拓者和创新者，也是在线营销行业的著名导师。杰夫所讲授的理念、理论结构、策略、工具以及流程都极为实用，它们已经帮助成千上万的互联网创业者在事业上取得了成功。对所有市场营销人员来说，本书是销售互联网产品、创造财富的必读之书。

埃本·帕甘（Eben Pagan）
热点传媒公司创始人、互联网连续创业者

花了整整 4 年时间，我创立的第一家企业才成长到年销售额 500 万美元的规模。然而，运用了杰夫·沃克的产品发售模式之后，我只用了 1 年时间，就在一个全新的领域实现了 500 万美元的销售额。杰夫给我们带来了过去 100 年中营销领域里最重要的一项创新。

瑞德·特雷西（Reid Tracy）
海氏出版公司 CEO

如果你想以一种积极的方式影响和改变人们的生活，这本书绝对不容错过。这是一本伟大的商业著作，但它的作用不止于此。我打算让海氏出版公司（Hay House）的每个作家都拜读一下。

乔·波利希（Joe Polish）与迪恩·杰克逊（Dean Jackson）
"我爱营销"网站创始人

这不仅是一本书，还是一个可以改变你和家庭未来收入的秘方和蓝图。它把产品发售公式分解成若干部分，教你从零起步，从最基本的产品发售学起，一直到规模庞大的联营式发售模式，最终，你将学会如何在短短几天内赚取上百万美元。当然，这个过程要花费些工夫，但只要你按流程着手去做，几乎马上就可以把产品卖出去，并且使业务保持持续上升的势头。只要遵循杰夫的产品发售公式，你追求成功的梦想将越来越接近现实。

所以，去购买杰夫的这本著作吧！别忘了，他可是在 1 个小时内实现百万美元销售额的人。我们两人是本书的忠实拥趸，因为它不但能改变一家公司的业务模式，而且能改变一个人的人生。

迈克尔·海厄特（Michael Hyatt）
《纽约时报》畅销书作家、PlatformUniversity.com 网站创始人

这不仅是一本书，还是打开财富之门的通行证——我承认这个说法有点夸张，却并不为过。借助杰夫·沃克的产品发售公式我创建了一个销售额超百万美元的企业，这是我所钟爱的事业。和其他成功创业者不同的是，杰夫

对成功的秘诀知无不言、言无不尽。只要是涉及创业的方法，都能在本书中找得到，包括行之有效的策略、真实案例以及循序渐进的讲解。它不但能让你衣食无忧，还会让你疯狂地爱上这份事业。

达伦·哈迪（Darren Hardy）
《成功》杂志出版商、创办人兼总编
畅销书《每天一小步，获得大成功》作者

商业是由一系列与"发售"相关的活动构成的，例如发售新产品、启动新项目、开启合作关系等。要在商业上取得成功，你必须要掌握"发售"的秘诀。为此，你要向"发售大师"杰夫·沃克学习。他在致富的道路上经过长期实践，已经完全掌握了产品发售的真谛。请仔细阅读本书，它是你通往财富之路的捷径。

布莱恩·库尔兹（Brian Kurz）
泰坦营销公司（Titans Marketing）创始人
《超预期兑现》和《广告解决方案》作者

一个又一个事实证明，被杰夫完善后的产品发售公式比其他网络在线营销理论更能让我们受益。该流程不但让人印象深刻，而且非常有趣、简易可行。杰夫为未来几代人定义了在线产品发售的方式。

大卫·巴赫（David Bach）
《纽约时报》畅销书排行榜九度上榜作家
"致富"（FinishRich）系列图书作者

人们信任杰夫·沃克，因为他多年来一直活跃在网络营销的最前沿，并借助他的产品发售公式取得了不俗的成绩。现在，他对这套方法加以提炼写成这本书，让广大读者学习、实践并开创自己的业务。他把复杂的东西变得如此简单，对我们这些作家而言简直有点"不公平"。杰夫·沃克已经给我们描绘了一幅美好的蓝图，我打算借用一下，我要用这本书所教的方法来发表我的新书。

詹尼特·布雷·阿特伍德（Janet Bray Attwood）
畅销书《激情试验》合著者

杰夫·沃克精通传统的直销模式，又是第一批看到互联网潜力的人，这让他在这一领域独具优势。前一阵子，他向我讲解了产品发售的理念，他的讲解让人觉得好像打开了一封极具鼓动性的促销信。首先，他充分运用这项新技术来吸引潜在客户，把他们的欲求推向极致，然后通过教育、分享、举例这一漫长过程，让潜在客户相信他的承诺，从而使他们的人生发生翻天覆地的改变。

克里斯蒂安·米克尔森（Christian Mickelson）
CoachesWithClients.com 网站 CEO

本书不仅适用于那些想在极短时间内通过开展业务获取巨额财富的人，更适用于那些希望享受完美生活、做他们与生俱来想做的事、有志为世人服务的人。我强烈推荐这本书给大家。如果你想在互联网营销行业一鸣惊人并获得巨额财富的话，不妨细细品味此书。

埃里克·瓦格纳（Eric Wagner）
"大智慧学院"网站创始人兼 CEO
《福布斯》杂志撰稿人

哇！杰夫·沃克是个了不起的人！他是产品发售领域的翘楚。相信我，如果你想发售产品、启动某项业务甚至是推出一本书，你最好马上拿起这本书，好好读一读！我保证你不会为这个决定感到后悔。

JB．格罗辛格（JB Glossinger）
MorningCoach.com 网站创始人

如果要我用一个词语来形容杰夫·沃克和本书，那就是"影响力"。如果你想给自己的企业、家庭或人生带来巨大的积极影响，那么本书就是一本必读书。赶紧去抢购一本吧，千万别犹豫。在杰夫·沃克的帮助下，你会对身边的人产生巨大影响。

保罗·迈尔斯（Paul Myers）
TalkBizNews.com 网站出版商

杰夫·沃克极其注重价值创造，而这正是本书的主旨。他向广大读者提供了一种经过实践验证的产品发售流程。凭借丰富的经验，杰夫以巨大的热忱和谦逊的态度对读者循循善诱。他的策略是具有革命性的，而且非常有效。

J.J. 维尔金（J.J. Virgin）
《纽约时报》畅销书《维尔金食谱》作者

我很幸运，能花一天时间待在一间小会议室里，和几十位观众一起聆听杰夫·沃克的教导。他足足讲了9个小时，但会议室里的所有人都全神贯注，听得津津有味。在本书中，读者不但可以学到杰夫在那天教给我的方法，而且还会收获更多。这是本年度最优秀的商业书籍。我已经自掏腰包，给我的企业导师和学员们各买了一本，以作学习之用。

玛莉·佛莱奥（Marie Forleo）
《纽约时报》畅销书榜第一名《凡事皆有出路》作者

对于希望取得成功的现代市场营销人员来说，杰夫·沃克在《浪潮式发售》中教的知识极为重要。你不需要更多的招数或工具，只要制定聪明的策略，而这恰恰是本书可以提供的东西。

索妮娅·西蒙尼（Sonia Simone）
复制博客传媒公司（Copyblogger Media）联合创始人

我读过许多市场营销和商业类书籍，大部分都是花近 300 页的篇幅阐述一个中心思想。这本书则有所不同，它是一本严谨、实用、全面的操作指南，创业者可以在日常业务中运用这些知识。如果你想了解如何通过互联网创业或者如何在网络上找到更多客户，这本书将让你得偿所愿。

保罗·迈尔斯（Paul Myers）
TalkBizNews.com 网站出版商

长久以来，杰夫很善于制造惊喜，本书也不例外。书中充满了真实案例的研究、实用且循序渐进的建议，以及只有亲身经历才会拥有的深刻见解。这可能是一本你在本年度读到的最具价值的书。

鲍勃·内根（Bob Negen）与苏珊·内根（Susan Negen）
英杰培训（Whizbang Training）公司创始人

我们完全被这本书所折服，在过去的 4 年里，借助杰夫·沃克的产品发售策略，我们实现了上千万美元收益的目标，却没有付出太多成本。随着业务不断扩张，我们能够在市场中扮演更重要的角色，并强化我们对全球客户的积极影响力。

迈克·米夏洛维奇（Mike Michalowicz）
《绝对利润》和《成为不同》作者

杰夫·沃克的《浪潮式发售》是一本诱导式营销指南。当然，这种诱导是诚实的，不带任何欺骗性。无论对于市场营销新手还是高手来说，这都是一本最重要的启蒙指导书。

瓦莱丽·杨（Valerie Young）
ChangingCourse.com 网站创办人

很多人过着经常加班的生活，对于想摆脱这种生活的人而言，杰夫·沃克就是他们的救星。许多书籍声称能告诉读者成功的秘诀，但真正做到这一点的只有本书。如果你希望把对爱犬、体育运动、健康以及其他任何事物的热情转变为网络业务，并通过这种业务来养家糊口和滋润灵魂，那就好好读一下这本书吧。

玛丽·弗里奥（Marie Forleo）
B-School 创办人
网络电视 MarieForleo.com 获奖节目 MarieTV 主持人

当今社会，要想成为一名成功的市场营销人员，并不需要太多技巧或工具，只需要巧妙的策略，这正是杰夫·沃克在本书里要教给你的重要知识。

雷·爱德华兹（Ray Edwards）
RayEdwards.com 网站创始人兼发行人
畅销书《如何写出爆款文案》作者

若让我推荐一本关于如何开拓和提升在线业务的书，《浪潮式发售》是我的唯一选择。

他如何在 1 小时内狂赚 100 万美元？

科学营销之父　浦江

如果你对号称百万富翁制造者的罗伯特·艾伦和他已经在中西方营销界传为美谈的"如何在 24 小时内赚 10 万美元"的故事早已耳熟能详，那么《浪潮式发售》一书的作者杰夫·沃克——产品发售公式的缔造者，和他"如何在 24 小时内赚 100 万美元"甚至是"如何在 1 个小时内赚 100 万美元"的产品发售秘诀，只会让你由衷地羡慕！

正是这套基于价值给予和关系变现的赚钱技术，经过 10 多年的不断升级，最终演化成为杰夫·沃克革命性的标志产品——产品发售公式。杰夫从发布股市分析的时事资讯，到发布产品发售公式 1.0、2.0、2.1……，他的产品发售策略已经用在了互联网行业最成功的 6 次产品发售活动中，包括约翰·里斯的《流量密码》、弗兰克·科恩的《群体控制》、杰森·波塔什的《文章播音员》、瑞奇·斯车佛仁的《精英培训俱乐部》、布拉德·法伦和安迪·杰

肯的 *StomperNet*，还有雅尼克·席福的 *Underground Online*。

据福布斯英文网站 2021 年的报道，杰夫和他的学员正是运用这本书中和你分享的产品发售技术，缔造了 10 亿美元的商业帝国！你知道，罗马并不是一天建成的。对于杰夫来说，这一切都始于 1996 年他做出的一个任性而艰难的决定：因为感觉格格不入而辞去摩托罗拉产品分析师的工作，但是他仅仅只有 400 美元的可支配收入，并且他还有 2 个孩子。他的妻子除了一份薪水不高的工作，还有一份兼职。然而，这并不妨碍你续写杰夫正在创造的营销传奇……

既然杰夫的产品发售策略如此神奇，那么问题就来了：我如何在最短的时间内用最少的文字让你最大限度地领略如此神奇的赚钱技术？显然，我摊上难事了。虽然与杰夫·沃克最初因他的产品发售公式结缘于 2009 年，后来在 2014 年 7 月底收到他的电子邮件，知晓《浪潮式发售》英文原版的面市消息，在远涉重洋一个月之后，我终于目睹原著真容。

时至今日，恰好一年，《浪潮式发售》中文版竟然如此神速地登陆中国，这不得不说是中国营销界和企业界的幸事。出版社邀我作序，再次与之相遇，不禁感叹：相见恨晚，奈何情深！心知在只言片语间，描绘的也只是产品发售技术的冰山一角，那我就简明扼要、提纲挈领，权当抛砖引玉之用。

产品发售的宏观概览

产品发售从宏观上说就是：**以客户数据库中的目标客户名单为对象，通过"预售→发售→追售"的销售流程，在短期（通常是 1 ~ 7 天）内，实现购物车后端的高价或超高价产品的爆炸式成交。发售期的成交额大小与变现能力，通常取决于预售期给予目标客户的价值大小以及他们对价值的感知度，发售者与客户数据库中目标客户名单的关系强弱与信任度。**

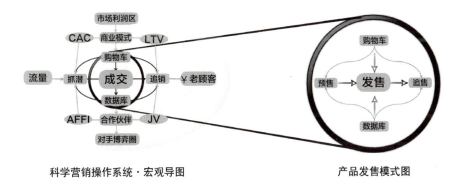

科学营销操作系统·宏观导图　　　　　　　　　　产品发售模式图

产品发售的宏观概览

　　产品发售从微观上讲，站在科学营销操作系统的高度，为了你能够取得发生于购物车与数据库之间的产品发售成功，你不仅需要对购物车的价值分布体系和利润布局体系进行合理设置，同时你还需要通过抓潜把来自不同营销渠道的流量转化为客户数据库名单中的目标客户。

　　当你把科学营销中的"抓潜→成交→追销"这个销售流程中的成交环节，进一步解剖细化成为"预售→发售→追售"时，在预售期，你需要对客户数据库名单中的目标客户集中贡献和给予大量的价值，以此化解成交的最大抗拒点——怀疑，来建立、强化和巩固彼此之间的信任关系。不仅如此，预售期的价值给予还能最大限度地激活和激发目标客户内心对产品的渴望。

　　这样在产品的发售期，目标客户可以通过购买释放预售期累积的刚需，而你则通过爆发式成交实现客户关系短期内的快速变现。一言以蔽之，在产品发售中，关系变现最快的方式就是价值给予。

如何打造无法抗拒的成交主张

　　成交主张就是为了解决你可以为客户贡献什么价值，客户要付出什么，客户怎么做才能获得这些价值，以及客户接受和响应你的主张之后你如何兑现价值的问题。

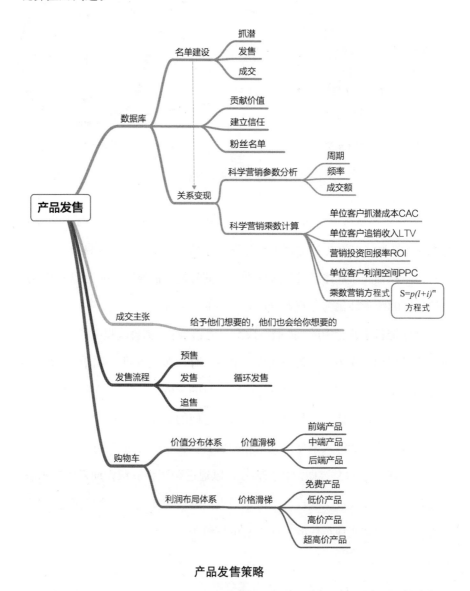

产品发售策略

成交主张永远是科学营销中权重最高的部分，没有之一。成交主张从根本上决定了你的广告文案（销售信）说服力的强弱和销售力的大小。无法抗拒的成交主张能让你的产品发售锦上添花，而糟糕透顶的成交主张只会对你的产品发售落井下石。

心理学——开启走心模式的万能钥匙

如果科学营销是一扇门，那么，心理学就是打开这扇门的万能钥匙。不论是社会心理学，还是生物心理学。把心理学原理应用到市场营销上来，当你扣下杰夫·沃克在本书中和你分享的心理扳机，那你的营销也就开启了走心模式，你的产品发售一定会更有说服力和影响力。

因为科学营销只能告诉你，你需要用什么窗口来传播你的什么声音、传递你的什么价值；广告文案则是告诉你，你需要用什么语言向什么人说什么话，以及要求对方做什么、怎么做，而在这两件事背后，你都需要心理学来解释为什么。显然，杰夫·沃克的这本书，不仅让你知道要做什么、怎么做（知其然），同时也让你知道其原因（知其所以然）。

产品发售的 W 形成交曲线

根据杰夫·沃克的经验，通常来说，在典型的为期 7 天的产品发售中，第 1 个小时将会贡献总销量的 25%，而总销量的 50% 也会在发售后的 24 小时内发生。发售期的第 2、3、4 天中，销量会俯冲下行，当你新增内容或提供赠品时，销量会再次上涨，最后一天的销量受截止日期的刺激，会和发售后的前 24 小时的销量旗鼓相当。

但是要在产品发售期勾画出如此优美的 W 形成交曲线，你必须在产品预售期优雅地走出每一步。那你如何才能走出如此优雅的步伐呢？

很简单，你要做的就是对产品销售信做幻灯片式的切割，然后在你的产品发售流程中，分期分阶段、有步骤有节奏地进行放映。很显然，要做到这一点，你不仅要精通销售信写作，还要谙熟销售信"解剖学"。

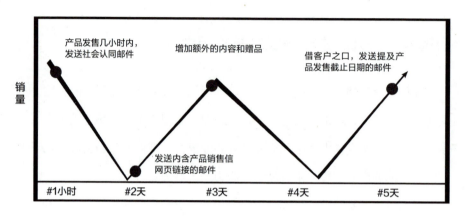

产品发售的 W 形成交曲线

书山有路学为径，商海无涯勤作舟

此时此刻，我想和你分享安东尼·罗宾的三句话，权作借花献佛，助你在本书中早日找到照亮你泛舟商海的阿拉丁神灯。

- ⊙ 找到已经获得你想要的结果的那个人；
- ⊙ 找出这个人正在做什么；
- ⊙ 和他做同样的事情，你会得到同样的结果。

安东尼·罗宾这三句话言简意赅，深得"书山有路学为径"的学法精髓，那"商海无涯勤作舟"的勤法又该当如何？我也和你分享我的三句话：

- ⊙ 你必须要聚焦于自己的思想和目标；

⊙ 你必须要不断重复大量的行动才能得到你想要的任何东西；

⊙ 你一定要保证你的行动能够为别人创造和贡献价值。

如有缘分，他日我们必然相见。

目　录
LAUNCH

第 1 章

全职奶爸七天狂赚数十万美元

我要向你展示一个鲜为人知的世界。在这个世界里，普通人也可以创立非凡的企业。而且，在创业时，我们几乎不需要投入任何资金，坐在自家客厅里或餐桌旁就能开展业务，并在很短的时间内让刚刚成立的企业盈利。

▶▶▶ LAUNCH

当时，我所要做的只是轻轻点击一下鼠标。我们每天都要点击成百上千次鼠标，但对我而言，那次事关重大，于是我犹豫了。我的手指悬停在鼠标上，一直不敢按下去。5秒过去了，10秒过去了，我仍然犹豫不决。实际上，我的内心充满了恐惧，因为几个月以来的精心筹划、多年来的希望和梦想都寄托在这上面，这种感觉就像是我和家人的未来命悬一线。

当时我并不知道，那一次鼠标点击会引发一系列事件，而这些事件将改变互联网营销和网络业务的面貌。那天，我走进灯光昏暗的地下室，坐在角落里那张我亲手制作的书桌旁。当我打开电脑的时候，心里只是想着多赚点外快好补贴家用，除此之外，我并没有改变世界的宏图大愿。当时，我用的是一台快要报废的、需要拨号才能连接网络的电脑，而且我已经7年多没上班。我的事业就在这么窘迫的处境下起步了。

我之所以犹豫再三没有点击鼠标，原因可以归纳为4个字：走投无路。我迫切需要改变。我要成功！我要挣钱！我要彻底扭转我失败的人生！为了这一刻，我已经等了很久，也做足了准备工作。在这人生转变之旅即将开启时，我的妻子玛丽从正门走进来，她眼里噙着泪水，这一幕让我刻骨铭心。那天是工作日，她中途请假回家。她站在我面前抽泣，诉说着养家糊口的艰难。每天清晨，在两个小孩起床之前，玛丽就要匆忙去上班，而她晚上下班回家后又要哄孩子上床睡觉。她说她再也无法忍受这样的生活。

此前，我一直在家带孩子，按现在的说法，我就是典型的家庭煮夫，在当时人们把这种角色称为全职奶爸。和现在相比，当时那种男人不太受人待见。多年以前，我是一家公司的管理者，负责公司的日常运营工作。在大多数人眼里，这是一份很有前途的工作，但我却辞职不干了。

我的个性与职场格格不入，根本不适合在公司发展，因为我无法理解办公室政治。每当我努力要把事情做好时，总觉得自己像条溯流而上、苦苦挣扎的鱼。我认为自己完全不适合当一名上班族，所以，在儿子一岁左右，我妻子从科罗拉多大学毕业，并在美国垦务局谋得一份工作时，我中断了自己的职业生涯。辞职时，我并没有长远的规划，也不知道下一步要做什么。我只知道自己再也不能在公司里继续混日子。

全职奶爸的生涯之长，完全超出我的预料。我和玛丽很快有了第二个孩子，这意味着我要在家里照顾两个小孩。过来人都知道，带孩子这种活儿能让人忙得不可开交。我需要改变，我要找到养家糊口的办法，好让玛丽松口气，释放即将摧毁我们整个家庭的重压。

以上正是点击那一下鼠标的全部意义所在，它关系着我们生活，以及一个全新的、更加美好的未来。因为只要轻点鼠标，我就能发售一款产品，启动一项业务，然后收入就会滚滚而来，我们整个家庭的命运会自此改变，但我从未料到这个简单的动作会改变世界。

如何一周爆赚 34 000 美元？

我最终下定决心，点下了鼠标，那一刻真是激动人心，就像一脚踩在保时捷 911 双涡轮增压跑车的油门上。点击鼠标后，一封电子邮件从我的电脑发送出去，目的地是威斯康星州格林湾市郊的一台服务器。这台服务器随后会把邮件群发给那些订阅过我的人。几秒钟之内，那封群发的电子邮件进入了订阅者的收件箱。

邮件的内容十分简单，不到 50 个英文单词，但邮件末尾有一个链接，只要点击这个链接就可以打开我的网站，里面有一张订货单，上面列着我最近推出的产品。这个所谓的产品其实是一份内容扼要的电子报纸，主要介绍股市概况以及我对近期股市的展望（更确切地说，直到那个时候，我还没有把产品开发出来，这一点我会在稍后谈到"种子式发售"时再详细论述）。

虽然发送邮件只要几秒钟就可以完成，但每次点击"发送"按键之后，每一秒钟都会过得很慢，就像时间静止了似的。在整个过程中，我感觉自己屏住呼吸，我想知道会有人购买我的产品吗？

30 秒后，我满怀希望地查阅邮箱，没人下单。

40 秒后，没人下单。

50 秒后，依旧没人下单。

59 秒后，第一单生意来了！

几秒钟过后，又一张订单过来了。然后第三张、第四张订单接踵而至。紧接着又来三张订单。每次我点击"刷新"按键时，都会收到更多订单。

在一个小时内，我的总销售额已经达到 8 000 美元。一天下来，销售额突破 18 000 美元。截至周末，我这款微不足道的小产品已经为我赚了超过 34 000 美元，这几乎是我做上班族时一整年的工资。

正是依靠这次产品发售，玛丽得以回归家庭。这不是我第一次发售产品（我会在后面跟你聊一下这段不可思议的故事），但这次经历之后，我更加坚信自己可以靠这个刚起步的小生意养家糊口。几个月后，玛丽辞掉工作回到家里。我们欣喜若狂，甚至开玩笑说她"提前退休"了。然而事实并非如此，因为她除了要做全职妈妈，还要帮我管理业务。

众所周知，钱是一个有趣的东西。对某些人而言，34 000 美元是一笔巨大的收入，一个令人难以置信的数字（对我来说，这笔钱足以改变我的生活），但对另外一些人来说，这笔钱还远不值得兴奋。无论你属于哪一类人，我在本书中都将为你呈现让你吃惊的结果。

而当时，在昏暗的地下室，我根本不知道自己会取得怎样的结果，但生意就这样起步了。不知不觉中，我创造的一切改变了成千上万人的生活。

揭开财富奇迹的秘密

开门见山地说，这可不是一本快速致富经。确实，我要与你分享的东西曾给我和我的许多学员带来惊人的财富，让我们衣食无忧，但这些金钱、财富和影响力并不是在一夜之间突然出现的，我们不是在变魔术。在这些惊人的成功背后，其实有方法可循，如果你愿意的话，我们不妨把这个方法称为"公式"。这本书，就是为你揭开成功背后的秘密，告诉你公式的内容。

同时，我要向你展示一个鲜为人知的世界。在这个世界里，普通人也可以创立非凡的企业。而且，在创业时，我们几乎不需要投入任何资金，只坐在自家客厅里或餐桌旁就能开展业务，并在很短的时间内让刚刚成立的企业赢利。我还会向你介绍一些人。这些人已经拥有自己的企业，而当他们将这个公式运用于销售业务上时，销量实现了惊人的增长。

如今，有些初创的高科技企业心怀大志，它们招揽了大批狂热的电脑程序员，他们每天工作 20 小时，并渴望得到某些风险投资者的"资助"，然后以 1 亿美元把企业卖给谷歌公司。然而，更有可能的是，这些企业半路夭折，在凄凉中走向破产。如果你也走在这条路上，我只能祝你好运，显然这本书并不适合你。

我要探讨的是如何创立企业（或完善现有企业），并帮助它们一成立就赚钱。这样的企业开销很低，启动成本也不高，不需要太多员工，甚至根本不需要员工，但它利润丰厚，并且可以让你更灵活地支配自己的人生。

最后一点，也是非常重要的一点：这样的企业能为这个世界创造巨大的价值，能让你在各个层面造福他人。

我知道，这听起来就像流奶与蜜之地，一切美好和谐得不像是真的。实际上，如果不是一次次亲眼见证，我也不会相信。

现实情况是这样：互联网和整个数字媒体行业已经彻底改变游戏规则，那些希望拥有自主业务的人迎来了属于自己的好时代。如今，创立和经营一家企业比以往任何时候都更容易、更快捷、更低成本。而如果你已经拥有了一家企业，互联网能让你变得更强大，以更快、更便捷的方式扩大现有业务。

1996 年是互联网的启蒙时代，而我刚好在这一年创立了自己的第一家在线企业，从那时起，我每年都能大赚一笔。我见证过互联网泡沫破灭，也遭遇了经济大萧条时期，还经历了谷歌搜索引擎和脸书 ① 算法的升级换代，最近又经历了新冠肺炎疫情。我把产品卖到了 4 个完全不同的市场，销售额达数千万美元。在这个过程中，我还培养出上千名互联网创业者。我的学员和客户创造的销售额已超过了 10 亿美元。

我不是一个喜欢自吹自擂之人，我更喜欢谈论学员们的成就而不是我个人的成就。但毫不夸张地说，我是业界公认的顶尖互联网营销专家和领导者。我也是互联网营销方面最有经验的导师之一，截止到我写下这些文字之时，我已经花了超过 15 年的时间教授我的产品发售公式。

在书中，你会慢慢了解到，我的营销才能并非与生俱来。在我的第一笔在线业务创立之前，我从来没有经营过任何企业，更别说任何销售和营销技巧之类的培训。

---

① 脸书公司已于 2021 年 10 月改名为 Meta。

在我小时候，当地小孩每年都要推销袋装的甜甜圈，把赚来的钱捐给童子军募捐会，而我每次都只能卖出一小袋（那袋甜甜圈还是我父母出钱买的）。事实上，我一直都是当年那个卖不出甜甜圈的小男孩。

毫无疑问，当今世界正处于重大转型中。在过去的 20 年间，人们的交流方式和日常生活方式已经发生了明显变化，我们所生活的世界也变得更加透明。在这个世界里，消费者之间已实现无缝对接，他们可以轻易获取彼此对数百个同类商品的评价。卖家为了获得潜在顾客的关注，竞争力度日益加大。用于迷惑竞争对手的营销战术也日新月异，而消费者越来越重视商品和企业的真实性和一致性。

商业规则和市场营销规则的改变，导致许多企业轰然倒塌，但对于成千上万的新兴企业而言，变化带来了巨大的机遇。

如果你能理解这种全新的竞争环境，那么，从各方面来讲，抓住潜在客户的注意力并与之建立合作关系，就变成一件再容易不过的事情了。这正是本书所要论述的内容。

所以，假如你正处于事业转型期，极其渴望创建一家企业；或者你是一家大型企业的部门主管；或者你是个体户或服务行业人员（例如律师、按摩师、心理咨询师等），但已经厌倦了这种按小时收费的混乱生活；或者你拥有一个快速发展的副业，想要扩大它的规模；或者你已经是一家网络销售企业的老板，但公司业务始终徘徊不前，你需要新的活力；又或者你是一名艺术家（例如画家、作家、歌手等），正为获得赏识而在这个人潮涌动的数码时代苦苦挣扎……

那么，你就需要学会发售产品。每一款大卖的产品、每一家成功的企业、每一个知名的品牌，都离不开成功的发售活动。如果产品推出太晚，就会被别人抢得先机，后果将不堪设想。你要为企业注入动力和现金流，因为这是每家成功企业的命脉。

产品发售公式：重新定义在线销售模式

赚了那 34 000 美元后，玛丽辞去了工作在家休息，而我的生意越做越顺利，产品发售一次比一次成功，效果也越来越好。那段时间，最成功的一次产品发售活动帮我在 7 天内赚了大约 106 000 美元，而这一切都是在家里完成的，没有聘请任何员工，发售成本几乎为零。

那几年，我们过着平静的日子。我的业务不断带给我们惊喜，我很喜欢这门生意，也深爱着我的妻子。我赚到的钱超乎想象得多，那些钱让玛丽可以在家里带孩子，让我们得以搬家到科罗拉多州的杜兰戈市（那是我梦中的故乡，我可以在这里进行各种各样的户外运动，山地骑行、激流皮划艇、滑雪等）。然而，我在 2003 年 2 月到得克萨斯州达拉斯市参加一个互联网市场营销论坛活动后，一切都改变了。在达拉斯机场下飞机的那一刻，我并没有意识到自己的生意有多么特别。

我当时以为，肯定有很多人和我一样，用同样的产品发售方式在互联网上做生意，我的成功对其他人而言可能微不足道，我不知道这种单打独斗的、7 天挣到约 10 万美元的小生意可以引起人们的关注。我知道在短时间内取得这样的成果确实令人难以置信，但鉴于参与活动的都是一些颇有成就的专业人士，我总觉得我所做的一切对他们来说必然是平平无奇的。

在接下来的 3 天，我在那个营销论坛上结识了不少新朋友，甚至有几段稳固的友谊一直维持到今天。在和他们交流的过程中，我开始意识到，我是独一无二的，并没有其他人在做我正在做的事情。因此，他们更不会用我的方式发售产品，当然也没有取得与我相同的成果。实际上，我非常震惊自己竟然发明了一种全新的营销方式。这种营销方式就是后来众所周知的产品发售公式（Product Launch Formula）。

我在论坛上遇到约翰·里斯。如果你遇到今天的他，就会很快发现他是个才华横溢的人，但在当时，他还默默无闻。虽然里斯当时已经是一位真正的互联网营销专家了，但知道他的人很少。

论坛活动结束后，我们俩一直保持联系，并成为朋友，之后我把自己的产品发售秘诀告诉了他。2004 年，约翰学以致用，利用我分享给他的技巧发售了两次产品，其中那款举行了一场为期 3 天的研讨会的产品，给约翰带去了 450 000 美元的销售额。而这次经历让我充分认识到这条秘诀不仅可以用于炒股，还可以应用于产品销售。

约翰发售的第二款产品是一个教人们如何增加网站流量的培训课程。这次发售刷新了之前的纪录，它仅用 24 小时就创造了 108 万美元的销售额，也就是说，约翰在一夜之间变成了百万富翁！比销售数据更让人惊讶的是他公司的规模，他的办公室就在自己家里，而且几乎不存在任何专业员工或团队（在我看来，约翰雇用了两个人，一个帮他发售产品，另一个则是兼职的客服助理）。

我很惊讶产品发售公式居然能产生如此惊人的效果。当时我的主业仍是向客户提供财经消息，所以即使不断有人打电话给我，希望我帮助他们发售产品，我还是只想在互联网这个广阔的商业世界里做一个无名小卒。我的小日子过得不错，不仅可以留在杜兰戈市做着日进斗金的生意，还可以和我的孩子一起去滑雪或骑山地自行车。我情愿就这样默默无闻，而不愿成为众人关注的焦点。

但不久后，随着约翰公开感谢我帮助他发售产品，邀请我做产品发售顾问的呼声越来越高。约翰和其他朋友也极力劝我出山，特别是亚尼克·西尔弗。亚尼克早早成为一位线上商务的领导者，我也曾帮助他进行过发售。于是，我觉得是时候把产品发售公式传授给大家了。

我认为，真正的考验是在 2005 年 10 月 21 日这天。我决定启动产品发售公式培训课程，我的名声和公司的未来都押在这个项目上面。毕竟，只有尝试过才知道自己行不行。如果我想向世人宣称自己是产品发售方面的专家，最好的办法就是出色地完成一次产品发售。

尽管我有发售产品的经验，也帮助其他人做过同样的事情，但这次我仍然面临着巨大挑战。当时，我正在开展一项全新的业务，而且是从零开始的。此前，我只是在指导人们炒股方面做得不错，而这一次我要教人们如何在互联网上发售产品和创业。在这个新市场，我不再是专业人士，我没有潜在客户的电子邮件名单，那份旧的股票投资者邮件名单对我已毫无帮助，除了部分我帮助发售过产品的人，我几乎没有客户基础。但这一切都没有使我放慢脚步，因为我知道该如何因时制宜，扬长避短——在第10章里，我会教你如何做到这一点。

虽然颇具压力，但从某种层面上说，我已是个老手。事实证明，这次发售活动空前成功。仅第一周，产品发售公式培训课程的销售额就达到了60万美元，而借助这次产品发售，我马上创立了新的业务模式，开发了数百名新客户，并拥有了一份包含数千名潜在客户的名单。

"实践出真知"这句话一点儿没错，从那时起，我的生意便一发不可收。这些年来，我一直在更新和完善产品发售公式，希望它能成为一套完整的培训和辅导课程。实际上，产品发售公式培训教程帮助学员们取得的成果已经超过了其他数字营销培训产品。

成千上万的创业者购买了产品发售公式培训教程，许多人也因此取得了令人咋舌的成就。虽然量化这些成就很难，但我知道，我的学员和客户完成的销售额已经超过10亿美元，而且这个数字每天都在增长。请记住，绝大多数购买产品发售公式的人都是小型或微型企业的老板。对谷歌公司这样的大型企业来说，5亿美元的销售额或许不足挂齿，但对小型企业而言，这样的销量增长带来了巨大的影响。许多掌握产品发售公式的创业者已经和我一样，能够在7天内赚取约10万美元，部分人的收入则达到了百万美元。

产品发售公式已经被应用于各种你能想象到的利基市场，并取得了空前成功。实际上，我一直在跟踪这些市场的变化，这几乎成了我的一种习惯，这些市场包括：

婚恋咨询	婚礼主持	蛋糕装饰
心灵成长	童书写作	大学招生
棒球训练	网球教学	花式骑术
绘画教程	歌曲创作	瑜伽教学
烧烤教程	绿色食品	生鲜食品
按摩疗法	宠物护理	胸衣制作
探险旅游	杂技表演	综合格斗
钢琴辅导	手工编织	信贷管理
房地产投资	私人教练	脑科学
Photoshop 教程	制造浪漫	看手相
室内自行车训练	商务培训	自卫术
亚马逊电商培训	共同基金投资	中草药
犬类敏捷性训练	少儿足球培训	书法
青少年足球训练	游行乐队配件	备考
胎儿酒精综合征治疗	平面图案设计	编剧
培训医生们读取超声波		冥想
外汇交易、期货交易、股票交易		驯马

碍于篇幅的限制，这里我只列出了一小部分利基市场，还有上百种行业类别没有列出来。千万别认为产品发售公式不适合你所在的行业或市场。

产品发售公式非常流行，除了南极洲，世界各地的人们都在使用它。我的学员遍布几十个国家，这套课程的语言版本已经多得连我也数不清楚了。该公式适用于各种产品和行业，包括：

在线培训课程	旅游套票	在线服务
家庭自学课程	辅导课程	咨询服务
非营利性筹款	物理插件	桌上游戏
在线会员网站	房地产	房地产销售
活动策划和社团成立	电子书	电脑软件
B2B 业务系统销售	智能手机应用程序	
艺术品（名画、珠宝等）	线下服务（牙医服务、税收服务等）	

我想重申一遍，上述产品和行业只是九牛一毛。你只需记住关键的一点：随着时间的推移，产品发售公式和我的学员重新定义了产品在线销售模式。

我已经赚够了，现在该轮到你了！

现在，已经了解产品发售公式背后故事的你可能要问："这跟我有什么关系？它能够为我所用，为我带来利润吗？就算我已拥有一家企业，它能够帮我扩大业务吗？"

根据我的经验，如果你销售的不是像汽油或沙子这样的原料型商品，提供的不是像开锁或保释代理这样的应急服务，那么以上问题的答案都是肯定的。我亲眼看到许多运用产品发售公式的创业者，他们在各个领域都取得了巨大的成功，所以你的成功也在我意料之中。

本书中，我会讲述一些我的学员的亲身经历，他们来自各行各业，销售不同的商品，比如艾米·斯莫尔、约翰·加拉赫以及威尔·汉密尔顿等。艾米的手纺纱生意一度陷入泥潭，但她利用产品发售公式完全扭转了一切。约翰在网络上销售一种可用来寻找可食用中草药和药用植物的产品，在他第一次做产品发售时几乎一贫如洗，而现在他的业务规模已经达到数十万美元。威尔销售的是网球教学产品，通过在线产品发售，他创建了知名品牌，如今他已经成为顶级职业网球选手的合作伙伴。还有安妮·拉福莱特（Anne LaFollette），她在 60 多岁时被公司裁员，从此开始教授其他人如何设计表面图案。在创业的第二年，她就赚到了 6 位数的美元。

这一切听起来很神奇，也貌似很复杂，甚至很难实现。但不用担心，只要你专心听我讲，就会发现这个公式本身并不复杂，且很容易发挥作用，你也很快就会明白它如何及为何能够为你所用。

本书的写作遵循以下顺序：在前五章中，我先提出一些基本概念，例如产品发售公式概述、电子邮箱名单、心理诱因以及翻页式促销信等。在接下来的三章，我会向你深入讲解产品发售公式，包括产品发售前的造势、预售以及开通购物车环节。再接下来的五章是关于如何具体操作产品发售公式，包括种子式发售（Seed Launch，即如何白手起家）、联营式发售（JV Launch，即如何开展超大规模的产品发售活动）、直播发售（Live Launch），以及社交媒体平台和付费流量。最后四章将教你怎样将产品发售公式融入你的业务和生活中。

我要把丑话说在前面。我并没有说产品发售公式容易掌握，也没有说它会自动为你带来财富。在使用这个公式之前，我们需要做大量准备工作。就像我在本章开头所说的那样，这不是一本快速致富经。

可话说回来，成千上万的人正在通过互联网创业，他们的企业规模很小，且往往不为人所知，但利润丰厚。借助产品发售公式，他们正在进行着无比强大的产品发售活动（或整个业务发售活动），几乎瞬间就实现了销售目标，为企业开创了良好的发展势头。

听起来不错吧？那你做好准备了吗？在下一章，我会向你讲解产品发售公式的基本结构，然后再深入学习其他知识。在这个过程中，你会了解到这个公式为何具有革命性，为何能在这么多不同的领域发挥作用，为何适用于这么多不同类型的行业和产品。

很快，我就要告诉你一个疯狂的故事，关于我如何在 1 个小时内狂赚100 万美元的故事。

第 **2** 章

"产品发售公式" 详解

LAUNCH HOW TO SELL ALMOST ANYTHING ONLINE,
BUILD A BUSINESS YOU LOVE,
AND LIVE THE LIFE OF YOUR DREAMS

UPDATED & EXPANDED EDITION

想要人们记住你的产品，那你就要在市场营销中讲故事。我并不是要让你成为一名小说家，而是建议你向潜在客户讲述一个与你的产品和服务相关的动人故事，并告诉他们，这些故事为什么对他们如此重要。你要把这些故事清晰地传达给潜在客户。

▶▶▶ LAUNCH

约翰·加拉赫是大忙人，在家里，他有两个嗷嗷待哺的孩子；在外面，他需要上针灸课，为成为一名职业针灸师做准备；剩余的时间里，他还是野外环保学校的志愿教师，为这个非营利组织的诞生贡献了一份力量。

假如你见到约翰，很快就会被他的真诚和热情打动，他绝不是那种整天无所事事的人。但约翰既没有太多空闲时间，也没有什么赚钱机会，因此只能靠领取救济粮来养家糊口。他从来没想过自己有一天需要靠救济粮生存，因为他不是那种人，可为了糊口，他不得不这样。不过，这只是约翰的权宜之计，因为他正在策划一个大项目。他怀抱着创业的梦想和一些貌似不错的生意点子。

约翰热衷于搜寻中草药和药用植物。他和妻子共同发明了一种寓教于乐的棋类游戏，能够教小朋友识别各种草本植物，游戏的名字叫"荒野求生：草药的冒险游戏"。现在，是时候把这款游戏推向市场了。

如果你要发明一种棋类游戏，前期必须投入大量资金，哪怕你向厂家下的订单为最小量，那也意味着很多产品。但约翰没有犹豫不决，他从父亲那里借了将近2万美元，向厂家订购了1 500套棋盘。

和许多创业者一样，他愿意为了创业背负债务，即使降低生活品质也在所不惜。因为他坚信，销售一旦启动，订单就会源源不断，他就能摆脱债务负担。

棋盘送达那天，约翰家着实热闹了一番。不过，他很快意识到 1 500 个棋盘有多占地方。当货物一卡板又一卡板地从半挂大卡车上卸下来时，他的兴奋开始变成了担忧。装棋盘的箱子先是堆满了整间车库，然后又塞满了客房和备用浴室，最后连淋浴隔间也不能幸免。

烦恼没有困扰约翰太久，因为是时候将产品推向市场了。荒野求生游戏很好玩，约翰知道它会在给无数家庭带来欢乐的同时，还起到教育孩子的作用。对约翰来说，摆脱债务、发家致富，就靠这款游戏了。

从吃救济粮到收入六位数

约翰·加拉赫不花一分钱，实现销售额 55 倍增长，拯救了被现实撕碎的梦想

于是，约翰筹划了一次"产品发布会"：他邀请朋友、亲戚和左邻右舍都来参加这次聚会。他不知道发布会将产生怎样的效果，事实上最终结果也在他的预料之外，那就是：心碎。

从吃救济粮到收入六位数的约翰：
一次发售让他零成本盘活库存

想创业，光有创意远远不够。事实上，约翰的故事与成千上万名创业者的故事如出一辙，许多人因为失败而一蹶不振。我们经常看到，大型购物中心里有新店开张，或者市中心某处开了一家新餐馆，但不久之后就人去楼空，店面橱窗只留下一纸"出租转让"的广告。我们还不时看到一些新开通的版面精美的博客，一开始博主满怀热情，积极经营，但过不了多久，整个博客就如一座空城，没有访客，没有评论，没有新博文。这幅景象确实令人心碎，因为这不仅仅是一桩生意，还是某个人的梦想。这个梦想代表着他为某个宏图伟愿所投入的大量时间和金钱，但最终这个愿景成了镜中花、水中月。

在约翰的案例中，这种景象尤为凄凉。在"产品发布会"上，他只卖出了 12 套游戏，剩下的 1 488 套无人问津。约翰坠入了人生的谷底，他不但被失败困扰，而且还被失败的产品所围绕。他家里到处堆满了卖不出去的棋盘游戏，它们占据了他和家人的生活空间，无时无刻不盯着他。更糟糕的是，约翰不知道下一步该怎么办。他给自己挖了一个"大坑"，不但背负着沉重的债务，而且整天被一大堆卖不出去的库存围绕，他根本不知道该如何爬出这个大坑。

与许多想成为企业家的创业者一样，约翰眼睁睁看着自己的梦想被现实撕得粉碎。我把他这种营销方式称为"希望营销法"：他发明了一种产品，然后希望这种产品能够大卖。如果你认识很多创业者，可能听过类似的故事。不过，约翰的故事结局有所不同。

在妻子的敦促下，约翰开始搜索产品的发售方法。他找到了产品发售公式。由于产品发售公式的培训课程价值不菲，约翰又向父亲借了一笔钱。在此我要声明：我不建议各位借钱来购买我的培训资料，虽然这个方法适用于约翰，但不一定适用于所有人。约翰一头扎进了产品发售公式里，他本能地认为，这个方法绝对能拯救他的棋盘游戏。于是，他花了几周时间，重新制定了新的产品发售计划，并准备将其付诸实践。

值得注意的是，约翰在使用这个公式发售产品时，几乎没花一分钱。产品发售公式是一种方法，而不是教你投入一大笔钱去发售产品。怀抱巨大的期待，约翰盼望着新的发布会赶紧举行，祈祷这次发售能让自己心想事成。

约翰没有等太久，新的产品发售很快取得了惊人的成功。产品刚发售不久，约翰就卖出了 670 套游戏，销售额达到 2 万美元。更令人欣慰的是，由于他在产品发售上几乎没投入成本，所以所有销售收入都可以用来偿还产品的制造成本。

我们不妨对比一下：约翰用希望营销法卖出了 12 套游戏，用产品发售公式卖出了 670 套游戏，实现了 55 倍的增长，每套产品的售价是 30 美元，所以换算成销售额的话，就是 360 美元与 20 100 美元之间的区别。约翰在用产品发售公式销售产品时，既没有花钱做广告，也不用找合作伙伴开展促销活动，更不用请媒体报道，他用的是手头现有的资源和资产，而约翰当时甚至靠政府救济粮生活，可想而知他并没有多少可用资源。实际上，当约翰启动业务时，用的还是一台借来的笔记本电脑和当地图书馆的免费网络。

约翰的这次产品发售取得了骄人的成绩，但这只是开始。如今，他已经卖出 15 万多套"荒野求生"游戏，同时还发售了许多其他产品，其中包括一个与中草药相关的会员网站，后来它成为同行业最热门网站之一。这次产品发售虽然获得了巨大成功，但与他后来所做的事情相比，就小巫见大巫了。稍后我再告诉你更多关于约翰的疯狂故事。约翰的经历充分说明了一个道理：一次完美的产品发售，能让你的业务在一夜之间走上正轨。如果说在本书第一次出版之时，约翰是"从吃救济粮到收入 6 位数"的致富达人，那么现在的他已经成了坐拥 7 位数产业的成功人士。

在约翰的故事告一段落之前，我还要再说明一点：在发售产品时，约翰所拥有的唯一一项资产就是一份简短的电子邮件名单，邮箱的主人允许约翰通过电子邮件联系他们。在下一章，我会谈到这份邮件清单的妙用。我不妨先告诉你一个秘诀：当你懂得把电子邮件清单与产品发售公式结合使用时，财富的大门就已经向你敞开了。

数字时代，我发明的产品发售公式横空出世

在上一章中，我跟你提过一些疯狂的信息，比如我的白手起家史，我在自家地下室开始经营生意，在没有聘请员工，没有实体店，没有库存，只有一台能够上网的电脑的情况下，我最终在一周内赚到了106 00美元。

然后我又告诉你，我如何教一个朋友掌握了产品发售公式，他在24小时之内赚了1 080 000美元，而且几乎也是在没有聘请员工、没有办公室的情况下。紧接着，我见缝插针地叙述了我的业务增长情况，即在1小时内销售额飙至100万美元。这时候，我还是在家办公，而且完全凭感觉做事。

此后，我阐述了我的学员和客户如何在不同类型的市场发售价值超过10亿美元的产品。他们经营着各类产品，而且大多数人拥有的不过都是些小型甚至微型企业，他们也几乎没有产生任何管理费用。刚才我还和你分享了约翰·加拉赫的故事，他在家庭经济十分困难的情况下创业，如今商业规模已经达到了7位数。

其实我担心这些不可思议的业绩会误导你。我知道，当你刚开始创业时，很难想象有一天会取得如此骄人的业绩，但请记住两件事：第一，这些数字都是真实的；第二，我的初次发售仅取得了1 650美元的成果，我却为此惊讶得合不拢嘴。在创业的时候，我的确还是只菜鸟，约翰·加拉赫和我的大部分学员也是如此。

如果你现在的情况和我当初一样，那你的开局肯定也不太顺利，也没能在第一次发售产品时就狂赚 100 万美元，因为这种概率比中彩票还低。**尽管狂赚 100 万美元的状况不太可能在创业期发生，但你还是要知道：你绝对可以像我一样白手起家，迅速拓展业务并令销售额飙升。**

我将会逐步向你讲解产品发售公式的各个环节，并告诉你如何做好各个环节的工作，但在此之前，我要带你进入商业世界的"乌托邦"。在这里，普通人也可以做出非凡的成绩，无名小卒也有能力迅速拓展业务，而且几乎不必进行任何前期投资。

在我刚开始创业的那些年（20 世纪 90 年代中期至 21 世纪初），我发现在商业世界里，确实存在着一个鲜为人知的乌托邦。这是一个由许多性格鲜明的人物组成的真实世界，这个世界中流传着许多一贫如洗的人摇身一变成为百万富翁的传奇故事，而且这里充满了致富良机。现在这个乌托邦或许不再那么神秘，但在很大程度上，它依旧存在。

⊙ 在这个乌托邦，你可以通过互联网创业。只要你有足够的创意，就可以在几天之内自立门户，而且几乎不用投入任何资金。

⊙ 在这个世界，你完全可以在家办公，且手下不需要太多员工，甚至根本不需要员工，而你的小作坊将很快成为收入百万的企业。

⊙ 在这个世界，你不再受时间和空间的约束，完全可以按自己的方式管理企业。如果你喜欢，你也可以把公司搬到夏威夷，或者像我一样，把公司搬到科罗拉多州的群山之间。

⊙ 在这个世界，创业无须投入大笔资金。你不需要任何融资就可以"引导"自己走上成功之路。

⊙ 在这个世界，付出与收入是不成正比的，因为业务量的增长并不取决于你投入了多少时间。也就是说，你可以打破以往的模式，不投入大量的宝贵时间也能换取巨额财富，你的收入增长就是杠杆式的。

⊙ 在这个世界里，白手起家的普通人也可以致富。

这个世界适合创业者开展直销业务。我很幸运，早在 1996 年互联网在线业务的成形期，就误打误撞地进入了这个世界。这个世界改变了我的人生，而我也目睹它改变了成千上万人的生活。它的发展和演变是一个传奇的故事，可能某天我会写一本书专门讲述这个故事，因为我是最先参与到这个故事当中的人之一。但目前，我要先带你进入这个世界，让你完全理解产品发售公式，并知道如何将它运用在你的业务和生活中，从而充分发挥它的作用。

毋庸置疑，无论你从事什么类型的业务、企业规模有多大，或者正梦想着进入一个新行业，这个乌托邦都能给你想要的东西。

遥想当年我开始创业的时候，互联网正呈几何式扩张，用户规模逐月暴增，"互联网"这个词炙手可热。似乎在一夜之间，大家都开始谈论互联网，但却没有人真正了解这个新事物，更别说利用互联网做生意了。稍有生意头脑的人都会问这个问题："这玩意儿能帮我赚钱吗？"

大型公司一般没有利用互联网做生意的计划。从很大程度上，互联网营造出的不是一个正常的商业环境，而更像拓荒时期的美国大西部。大型公司不太可能进入这种不成熟的领域，反而是许多名不见经传的"小人物"适合在这里茁壮成长（我所说的"小人物"不限男女，因为许多初创企业都是由女性经营的），而事实也证明了这一点。

互联网为"小人物"们提供了极佳的创业机会。创办互联网企业成本不高，也没有固定的上班时间（因为网站总是在线），更不需要实体办公场所。这个行业既不存在根深蒂固的竞争，也没有成熟而严苛的规章制度，创业者可以轻易接触到全球市场，而且互联网正飞速发展着。

这类互联网企业专注于提供两类信息：一类是关于如何解决问题的信息，例如学习弹吉他或安装房屋的吊顶装饰条；另一类则是提供娱乐内容，例如笑话段子、创意照片、网络游戏等。

我在 1996 年创业的时候，根本不知道有多少家赢利的在线企业，但我猜测数量肯定不多，或许只有几十家，也可能有几百家，但不管怎么说，行业规模都不大。然而，这个行业或者说群体最终得以迅速扩张，是因为人们发现创办一家互联网企业是多么快速和简便。互联网行业并没有推翻传统的创业法则，也就是说大部分初创企业都没能长存下去。不过，由于初创企业的基数庞大，所以存活下来的企业也不在少数。

这些幸存者后来成为互联网世界的先驱者。比如，当年杰夫·贝佐斯打算以联营方式创建亚马逊时，专门制定了一份讨论名单，而我正是名单上的一员。往事如昨，历历在目。

这就是互联网商业世界的原始形态，也正是在这个世界里，我发明了后来家喻户晓的产品发售公式。

游戏规则的改变，为普通人提供了极佳的创富机会

现在，你可能在想一个问题："产品发售公式究竟是什么东西？"还有另外一个更重要的问题：它对我有用吗？简而言之，产品发售公式是一套体系，它能让你的产品（或企业）与顾客亲密接触，从而在产品正式上市之前，就勾起顾客强烈的购买欲望。

产品发售公式可以用于各类市场和产品，尤其适用于发行新产品和创办新企业。从 1996 年起，我就一直在使用和完善这套体系，并从 2005 年起将它传授给我的客户。多年以来，这套体系一直在发挥作用，其效果不言自明。

在开始学习这套体系之前，让我们先了解一个众所周知的事实：自 20

世纪 90 年代以来，互联网的发展从根本上改变了这个世界。处在这样一个截然不同的世界，我们再也不能用过时的方式做事，这一点在商业领域尤为明显。我们需关注互联网时代的三大变化。

沟通速度　在互联网时代，营销人员与市场的沟通变得更加容易和便捷。这一点或许太显而易见，以至于现在的很多人都忽略了这种变化。只需几分钟，你就可以写好一封邮件，并将其群发给一大批潜在消费者，而点击"发送"按键之后的几秒钟内，他们就能看到这封邮件。更不用说，你还可以只花几秒钟时间，就能在社交媒体平台上同步更新你的信息，让粉丝们及时看到你的最新动态。几年前，产品从创意制造、发售，到最终的消费，所需时间均以天、周，甚至以月来计算。如今，这个过程被压缩到几分钟之内。

沟通成本　给客户发送一封邮件或向社交媒体"粉丝"发送消息的成本非常之低。普通人进入发售行业的障碍已经被消除。一个人要花多少钱才能发表作品？如今，只要在脸书、Instagram 或 Twitter 等社交媒体上注册一个账号，任何人都可以立刻发表文章。而大约在二十年前，如果有人想通过广播或出版物发表消息，通常要花费数千美元。

互动性　当"粉丝"对你的信息做出反馈，你就有了各种可追踪的数据，你就可以立刻知道自己的信息与目标市场的共鸣程度如何。相比之下，在多年以前，发售消息就像对着空旷的荒野呐喊，有时候你能听到一点微弱的回声，但更多时候你根本得不到任何反馈，而这一切都取决于地形地貌和其他自然条件。

你可能从未思考过这些变化，或者已经把这一切视为理所当然，但无论如何，这些变化对人们的体验产生了重大影响，其范围涵盖了政治、娱乐、医疗以及人际关系等领域。

我们这里主要关注的是社会变化对商业领域的影响，因为沟通速度、沟通成本、互动性这三大要素改变了商业和市场营销的运作模式，创造了一个

全新的世界，让头脑灵活的创业者能在业务中创造惊人的成就。在后续章节中，你将会发现，我此前与你分享过的那些"疯狂数字"开始变得合情合理了。

没有苹果的预算和团队，照样能卖爆的神奇公式

你可能已经注意到，好莱坞在发行新电影前都会预先造势。首先，在电影发行前 6 个月，发行商会先推出预告片；然后，在电视上发布广告介绍这部电影；接着，演员们频频在脱口秀节目上露面。在今天，在电影首映之前，发行商还会借助社交媒体宣传电影。

苹果公司又是怎样发售产品的？他们通常会进行大规模的宣传活动，为产品的正式发售日做准备。在产品发售前几个月，苹果公司的"粉丝"网站上就各种传闻满天飞，狂热的"粉丝"纷纷揣测新产品的发售时间、谍照以及新功能。产品上市前，宣传活动制造了大量噱头，观众不禁为之热血沸腾。其实，产品上市本身就是重大事件，这件事本身就足以令人们对产品怀抱巨大期望，并全身心投入。

现在，我们把预售造势这种宣传活动与普通的市场推广活动进行对比，后者就是我之前说过的希望营销法，也就是你开发一款产品、创办一家公司或者推出新一轮的广告宣传活动之后，希望它们自行顺利进展的营销方法。

希望是鼓舞人心的东西，并且在生活的各个领域发挥着神奇的作用。举个极端的例子，假设你乘船出海时遭遇船舶失事，在等待救援时，求生的欲望让你活下来。但在商业领域，希望是一个丑陋、肮脏的词，因为它会吞噬我们的灵魂。要想取得事业的成功，就得掌握人生的主动权，你要尽力抓住机会，摆脱命运的控制。千万不要把企业的未来寄托在所谓的希望上面。

显然，如果你能通过产品发售、业务拓展以及产品促销活动让潜在客户热切盼望这些活动，那就更好了。这就是好莱坞发行大片和苹果公司举行新

品发布会的深层原因。难道你不想让自己的企业获得发展的动力吗？不妨想象一下，这样的开局会如何改变你的企业，然后再思考一下如何在你的产品面世之前制造巨大的悬念，从而完全改变市场格局。

你还面临一个难题。你没有数百万美元的预算来促销，或者没有经验老到、富有创造力的团队负责推广活动。既然你没有苹果公司或好莱坞环球影城那样的资源和人力，似乎就只能继续使用希望营销法了。

但是，坚持一下吧，因为产品发售公式正是从这里开始改变游戏规则的。还记得我之前提到过的改变游戏规则的三个要素吗？互联网使沟通成本下降，沟通速度加快，人与人之间的互动也得到极大改善。这三大要素就是你通往成功的钥匙。而这也正是像你我这样的普通人所经营的小企业能够创建一个全新业态的原因，因为这个行业充满了前所未有的商机。

对话比独白或演讲要有趣得多，这是一个放之四海而皆准的真理。既然如此，那就让我们从对话说起。**互联网的演变就是人们不断加强对话的漫长过程。**通过互联网，我们可以与更多人沟通和对话，这在人类历史上前所未有。虽然有时候当你浏览 Youtube 视频网站上的评论时，那些对话可能会让你质疑人类是否有未来。尽管如此，在当今社会，人与人之间的对话显然比历史上任何一个时期都要频繁。这种对话已经延伸到商业领域，尤其是市场营销领域。

对于以往电视广告中厂商声嘶力竭叫卖产品的做法，消费者已经不感兴趣了。其实在以前，消费者也很反感这种做法，只是他们现在有了更多选择，所以如果你还继续对他们大喊"买我的产品！买我的产品！买我的产品！"，只会让他们更加不搭理你。

因此，与其对你的潜在客户大喊大叫，不如跟他们进行一场对话。例如，想象你是一个刚接触吉他的新手，正在网上跟一名高手学习，这位老师对你说了这番话：

我有一种新的吉他练习技巧,这个技巧很棒,可以让大家每周学会弹一首新曲。我刚刚产生一个想法,就是把它编写成课程,向大家传授我的独门绝招。其实我并不知道它算不算是独门绝招,但我从未看到过其他人用过这种方法。我曾向一些朋友展示过,貌似很管用。我简直不敢相信学生们能在短期内取得如此大的进步。

在编写课程之前,我希望自己已经考虑到了所有相关问题。所以,你能不能帮我个忙,告诉我你在学习弹奏一首曲子时,面临的最大挑战是什么?

这是一个简单的提问,但它开启了一段对话。这位吉他高手绝对没有对他的追随者高喊:"买我的产品!"

我把与你的潜在客户对话的做法称为"鸣炮示警",这是产品发售前开展宣传活动的最好方式。你可以根据不同的市场对这个问题进行修改,它是无数成功的产品发售活动的开端。

产品发售公式的核心:发售序列、讲故事以及心理诱因

我刚给你举了个小小的例子,告诉你如何开展具有产品发售公式风格的预售工作。也许它看起来没那么强大或特别,但很快你就会明白,这个表面不太光鲜的开端会演变成伟大的事物。

发售序列、讲故事及心理诱因是产品发售公式的核心。我们先解释一下什么是发售序列。

发售序列

一天当中,每个人接收信息的数量都大得惊人。我们会收到各种电子

邮件、语音邮件和文字信息，还要看电视节目，听收音机，接电话，网络聊天等。我们还会看到无所不在的广告，就连坐飞机的时候，都躲不过座椅后背的广告。生活中的信息和数据与日俱增，甚至呈泛滥之势。

但我们消化和理解这些信息的能力并没有增强，这意味着我们要更加努力地过滤那些信息。我们想主动回避它们，不理会它们的存在，或者借助科学技术把需要的信息保留下来，然后过滤掉大多数无用信息。

在如今的商业环境，存在着"沟通迷雾"。作为一名商人或市场营销人员，你需要在这样的环境中展开竞争，找到穿越迷雾的方法，否则你的企业就会倒闭。就这么简单。你不能依赖于单一的市场信息，相反你要以承上启下的序列式思维看问题。**在表明自己的观点时，你不能采用单次交流的方式，而要借助一系列的沟通，因为这些沟通彼此依存。**我们的产品发售公式同样是序列式的，它包括造势、预售、发售以及发售后的跟进工作。

请想一想《哈利·波特》系列小说，哪一部最引人入胜？是第一部还是最后一部？答案是最后一部，因为前六本书引起了越来越多人的关注，"粉丝"规模越来越庞大，实际上该系列的每一本书在推出之前，"粉丝"都狂热期待着。

下面，让我们快速浏览一下产品发售公式的主要序列。

造势　产品发售始于造势。通过造势，你可以培养忠实"粉丝"对产品的期待（我知道，你在现阶段可能还没有任何忠实的"粉丝"，我会在第3章讨论这个问题）。你还可以通过造势宣传来判断市场对你产品的接受程度，并收集消费者对产品的意见。造势之后，你还可以对产品进行微调，从而确定最终版本。

预售　这是产品发售序列的核心和灵魂。在这个阶段，你可以用极具价值的三段式的预售内容来渲染市场。通过预售，你将引起消费者的内心共鸣，例如权威感、社会认同感、群体意识、期望以及互惠心理。与此同时，你也回应了市场对产品的反对意见。通常情况下,预售内容要发布 5 ~ 12 天,它的形式多种多样,既可以是视频文件、音频文件、书面的 PDF 报告,也可以是博客文章、远程论坛或软件等。

开通购物车 这是你一直为之努力的时刻。这时你要真正地把产品或服务推向世界,然后开始接收订单。我称这个阶段为"开通购物车",因为你正在开通人们的购物车。发售产品有自己强大的序列,它通常以一封类似于"开张大吉,欢迎选购"的电子邮件开始。产品发售时间有限,通常是 1 ~ 7 天,之后发售活动就会结束。

跟进 这属于扫尾阶段。在这个阶段,你开始跟进新客户和那些还没有向你下单的潜在客户。跟进阶段不如其他阶段那么令人兴奋,但它很重要,因为这是你传递价值、树立品牌形象的良机。如果能把客户跟进到位,就可以为下一次产品发售打下基础。

这一切听起来相当简单,对吧?没错,确实很简单,如果你在各个阶段加入"故事"元素,那就近乎完美了。

讲故事

故事充满力量。故事记载着人类历史上的智慧、知识以及文化。请回想一下自己的学生时期,真正让你印象深刻的课程可能都与故事有关。

我是个理性的人,我热爱知识、喜欢用事实说话,因为我生活在一个客观世界里。

在本书中,我很想只给你提供数据、理论和案例,然后补充相关数据。但请看一下本书的前两章,我在第 1 章中讲述了自己的故事,然后又在本章讲述了约翰·加拉赫的故事。猜一猜,一个星期以后,你还会记得这两章的哪些内容?我敢打赌,你肯定只记得"全职奶爸七天狂赚数十万美元"的故事以及"从吃救济粮到收入六位数"的故事。这就是故事的力量。

想要人们记住你的产品，那你就要在市场营销中讲故事。我并不是要让你成为一名小说家，而是建议你向潜在客户讲述一个与你的产品和服务相关的动人故事，并告诉他们，这些故事为什么对他们如此重要。你要把这些故事清晰地传达给潜在客户。

产品发售序列是讲故事的最佳场合。这是产品发售公式的秘密武器之一，因为传递信息的最有效方式就是讲故事，而预售阶段有承上启下的作用，这时候最适合于讲故事。

大多数产品在预售阶段都有三段内容，这并非偶然。大部分电影和小说会自然地分成三大部分，或许你也听说过三幕剧。自古以来，我们就一直在使用这种经过实践证明的经验，所以，为什么我们不在市场营销过程中也使用它呢？为什么不以它为基础构建产品发售序列，把产品发售分为造势、预售和发售三个主要阶段呢？

这种做法看似简单，但却蕴含着惊人的力量。当你开始把发售序列与讲故事叠加在一起时，你就创造了一个强大的产品发售结构。

心理诱因

人类是有趣的动物，我们总是认为自己所做的决定合情合理、逻辑严密，但实际情况并非如此。实际上，我们的绝大多数决定和行为都源自情感反应和心理反应，我们只是在行为发生后，用矫揉造作的逻辑理论来合理化这些决定而已。

影响我们决定和行为的心理诱因多种多样，这些诱因一直在我们的潜意识中发挥作用，并对我们的行为方式产生巨大影响。

例如，如果我们意识到某样东西属于稀缺物品，我们就自然而然地更加重视它。

而假如我们认为某个人是权威人物，就会不自觉地受到他的影响。又或者，如果我们把自己当成某个团体的一分子，就会一边倒地按我们认为这个团体成员应有的行为方式做事情。

上述假设涉及三种心理诱因：稀缺性、权威感和群体意识。心理诱因不止这三种，我会在后面再做深入讨论。现在你需要明白的是，这三种诱因会对我们的行为产生巨大影响，它们超越了时间和地域的限制，而且在任何时候都不会失去说服力。无论你说哪种语言、生活在哪个国度、从事哪个行业，它们无时无刻不在对你发挥着作用。

一言以蔽之，无论你想攻占哪个利基市场，你都要对潜在客户和买家施加影响力。而产品发售序列让你有机会激活潜在客户的这三种心理诱因，从而对其产生影响。

把三者结合起来

通过本章的学习，我们对产品发售公式有了初步了解。我刚才告诉你的只是一个大致概念。在接下来的章节中，我会介绍产品发售公式的更多细节。现在，你可以开始考虑如何把产品发售序列、故事的力量以及心理诱因这三者结合起来使用。

当你不再单独依赖某一种诱因，而是把它们结合起来时，你就可以制造出一条更具影响力的信息。把这些心理诱因嵌入一个令人信服的故事当中，这个故事要能帮助你穿越市场营销中的重重迷雾，把你的产品或服务与未来客户的希望、梦想、恐惧或渴望联系起来。

你的故事最好有紧凑的情节，这样你才能把产品发售变成一个重大事件，紧紧抓住潜在客户的好奇心，让他们翘首盼望产品发售的那一天。现在，你已经充分掌握产品发售的公式了。约翰·加拉赫正是利用这个公式一次性卖出 670 套游戏，而他用传统的希望营销法只卖出了 12 套。后来，他不断地使用这个公式，在一个小众市场把生意越做越大。

在我们开始学习产品发售公式的细节之前，我还要告诉你一个更关键的因素。这个因素可以变成你的专属"印钞机"。虽然我只是打了一个比喻，但这个方法真的可以帮助你合法地赚钱。你完全值得拥有这样一台"印钞机"。我所说的"印钞机"，其实就是你的客户名单。我们会在下一章探讨这方面内容。

第 **3** 章

客户名单：你的专属"印钞机"

LAUNCH HOW TO SELL ALMOST ANYTHING ONLINE,
BUILD A BUSINESS YOU LOVE,
AND LIVE THE LIFE OF YOUR DREAMS

UPDATED & EXPANDED EDITION

在本阶段，消费者刚开始与你接触，所以你一定要把事情做好，而做好这件事的第一步就是要知道你的客户群在哪，谁是你的潜在客户。在这里，要使用"替身法"，也就是把你自己想象成具有代表性的潜在客户，把你自己替换成你最希望接触的人群。你是谁的"替身"？

▶▶▶ LAUNCH

我已经在本书中给你讲过一些产品发售活动。接下来，你会看到"点击""发送"和"推送"等字眼。它们可能会让你怀疑是否有某种神奇的"发售"键来开启发售活动。如果真是这样，你要去哪里找这些按键？

这不是在变魔术，但是你的确可以通过点击某个按键来开启产品发售，而且结果似乎很神奇。你只要点击一下按键，就能向所有订阅你电子邮件的用户发送邮件，从而推动产品发售。

如果你白手起家，那手里就不会有这样一份客户名单。没关系，每个人刚开始的时候都没有客户名单，包括我在内。本章将会教你如何从零开始。如果你已经有了一份客户名单，或者一群老客户，那你就有了优势，并且比其他人更接近发售阶段。一旦你开始建立客户名单，并将它与本书的产品发售公式结合起来，那你就具备了按需销售的能力。电子邮件名单就是你的"发售"按键。不妨说句听起来有点俗气的话：电子邮件名单就是你的专属"印钞机"，能为你带来滚滚财源。

你想拥有这种按需创收的能力吗？这就是本章要讲的内容。

先让我讲讲我本人的故事吧。当我和妻子决定搬家离开丹佛时，时机不是很理想。我的业务刚刚起步，玛丽也刚辞去工作在家里照顾孩子。但我们就是想搬到山区去，科罗拉多州西南部的美丽小镇杜兰戈正是我们的心仪之地。我们似乎应该过一段时间再搬家，因为玛丽适应家庭主妇一职尚需时日。此外，由于我的生意成为家里唯一的收入来源，我们都感觉有点紧张。

计划永远赶不上变化。玛丽辞职几个月后的某个周末，我们去了趟杜兰戈，尝试寻找合适的安身之处。最终，我们找到了新家，那是我们梦寐以求的房子，左邻右舍都非常友好，而且马上就可以搬进去。这房子非常抢手，我们不赶快决定就会被别人买走。时间是最大的问题。我们想让孩子在目前的学校读完这个学年，这意味着在我们卖掉丹佛的房子之前，就要有能力在杜兰戈买下新家。为此，我急需一大笔钱来支付新房子的预付款。

遇上这样的情况，许多人可能开始考虑从银行、朋友或亲戚那里借钱。但我可不这样想。我的第一个念头就是："我能发售什么？我该向邮件名单上的客户提供什么样的产品，才能迅速筹得这笔钱？"

这就是客户名单的力量所在。它赋予你创造财富的能力，让你在需要钱的时候财源滚滚。我是这样做的：我先看了一遍与客户的沟通记录和他们的反馈信息，然后规划出客户想要的产品，接着我要确保自己能快速简便地制造出这种产品。接下来，我开始筹划这款产品的发售流程。

在第 1 章，我提到自己通过产品发售在 7 天里赚了约 10 万美元，而上述案例就是这发售背后的故事。产品上市后，一周内的销售额达到了 106 000 美元，其中利润高达 103 000 美元。就这样，我迅速赚到了新房子的预付款。这都要归功于我的客户名单以及那场精心策划的产品发售活动。

我要再次强调，我既不是魔术师，也没有超能力。为了创建这份名单，我可付出了不少努力，你同样也可以做到这一点。客户名单就是你的资产。想象一下，如果你在工作和生活中拥有这样一份资产，那将会是什么样子。再思考一下，它将让你的人生发生怎样的转变。本章要讨论的就是如何创建有求必应的客户名单，从而给你的人生注入无穷力量。

黄金策略：创建有求必应的客户名单

创建客户名单是我在开拓业务时最关注的核心问题之一。读完这本书后，如果你也开始注重客户名单的创建工作，那么对你来说，这本书的价值就是它售价的一万倍。

客户名单到底是什么？客户名单上的人就是要订阅你电子邮件的人。通常情况下，你的产品网站上应该有一份"选择加入"的表格，客户在表格中填写电子邮件地址后才能订阅你的邮件。我十分确定你也曾多次加入这样的名单，或许是为了从某人那得到你感兴趣的话题的资讯，亦或许是为了从网上零售商那里获得最新的信息。你需要找到各种理由，说服人们订阅你的邮件，比如让他们随时接收时事资讯、每日产品特惠信息和其他有趣内容。无论你向客户承诺了什么，这个承诺都必须是他们选择订阅你邮件的理由。

举个例子吧。我是个狂热的滑雪爱好者，所以到了冬季，我每天都会查看我家附近两个滑雪场的天气情况。每天早上，滑雪场都会给我发一封简短的电子邮件，告诉我今天的积雪厚度。我还喜欢弹吉他，因此我也订阅了相关邮件，时不时会收到一些最新的吉他教程。此外，我用的电脑是苹果公司的 Mac 系列产品，因此我订阅了苹果公司的电子邮件，他们会定时给我发送一些 Mac 软件的最新信息。这只是一部分例子，我并没有订阅太多其他的电子邮件。我相信，你也曾订阅过别人的电子邮件。

毋庸置疑，一旦你创建了一份用于业务拓展的客户名单，你就在掌控自己财富命运的道路上又迈进了一步。无论你从事哪个行业，这都是颠扑不破的真理。客户名单、潜在客户数据库、忠实客户数据库永远是你最重要的资产之一。如果你拥有一家干洗店，时常来光顾的客户就是你的衣食父母，如果你经营着一家餐厅，每周或每月来就餐的食客就是让你生意兴隆的保障。

不过，互联网让一切变得更快、更强，客户名单也不例外。在网络世界里，你的客户名单起着决定性作用。只有你点击"发送"按键时，才能真正理解这份名单的力量。几秒钟过后，你会看到名单上的客户开始回应你，浏览你的网站。这种力量非常激动人心，一旦见识过这种力量带来的改变，你就会意识到自己的生活方式已经完全不同。

另外，由于在线数据非常多，你要在第一时间监测结果。对于规模较大的客户名单（例如订阅人数在一万名以上的），你的邮件服务器可能要花好几分钟时间才能把所有电子邮件发送出去，而一旦邮件开始发送，你就可以在几秒钟之内看到结果。

如果你的客户名单的规模非常大（我的订阅客户数量超过 30 万，有些人的客户规模甚至比这个还要大），那么你可能就需要采取额外的预防措施，这样人们在浏览你推荐的网站时，网站才不会因流量过大而崩溃。举个例子，当我在个人网站上发表我的第一篇博客时，我向客户名单上的所有人都发送了一封邮件通知。结果，过大的点击量使得服务器很快就崩溃了。

我不想在本章的讨论中过早地让你接触技术细节，因为我不想吓退你。如果你才刚刚开始创建客户名单，那现在根本用不着担心服务器崩溃的问题。我之所以提到这个问题，是为了向你展示一下客户名单的力量。

网络营销行业有一个说法，即"按下'发送'键，财源滚滚来！"拥有一份客户名单，就好比拥有了一台"印钞机"，你可以随心所欲地印钞票。这就是我根本不必为孩子的大学教育费用担心的原因。

在我们继续学习之前，我要澄清一件事情。我所说的客户电子邮件名单并不包括垃圾邮件地址，这份名单中的客户是真心想向你订阅电子邮件的人。人们对垃圾邮件的定义不一。随着时间的推移，什么样的邮件才算垃圾邮件，人们的看法也有所改变，而与垃圾邮件相关的法律法规也一直在演变中。对我们而言，垃圾邮件可以被定义为"来路不明的商业电子邮件"。

当我论及客户邮件名单以及如何创建名单的时候，都是指人们主动要求接收电子邮件。我从 1996 年就开始在线发布信息，一直以来，我从来没有发送过任何一封垃圾邮件。实际上，我一直反对给人们发送垃圾邮件，并要求我的学员以我为榜样。事实上，如果你群发垃圾邮件，你的生意很快就会玩完。千万别这么做。请把邮件发给那些主动索要信息的客户。

如何拥有一个容易产生共鸣的客户群？

我已经说过，自创业以来，创建客户名单一直是我的核心策略。其实，在创业伊始，我就只有这么一个策略，甚至在产品网站还没建好时，我就开始创建客户名单了，那时候，社交媒体还没有兴起。

至于我为什么从一开始就如此专注于创建客户名单，具体原因已无从考证，我只记得当时意识到客户名单的力量有多大。那些名单已经成为我开展业务的基础。这些年来，很多人也逐渐明白了这个道理，但相比其他创建客户名单的创业者，我有自己的独门法宝，那就是人际关系。

这听起来有点滑稽，因为我们现在探讨的是如何把邮件发给成千上万的人，这与亲密、具体的人际关系有什么关系？实际上，你的电子邮件会进入到很多人的收件箱，你的每一位订阅者都是独一无二的个体。我知道这是众所周知的事情，但许多拥有客户名单的人却忘记了这一点。我常听说有人把向客户群发邮件称为"地毯式轰炸"，但谁愿意被别人"轰炸"？

请记住，你的电子邮件会被发送到读者的收件箱里，这是一个很私人的地方。如果你对邮箱的私人性保持怀疑，那么不妨想象一下：假如一个陌生人获取了你的电子邮箱密码，那将是怎样一番情形？我想，大多数人都不会太高兴。我们都想保护自己的收件箱不受侵犯。由于你发出的每一封邮件都会进入订阅者的邮箱，所以你实际上拥有极大的权力。

很多时候我去参加会议都会有不少人与我交谈，我与这些人素未谋面，而他们却视我如久违的朋友。有时候我甚至会怀疑他们是否真是被我遗忘的老朋友。寒暄几句之后，他们就开始真正的交流，例如最近有没有滑雪，有没有去山地骑行，孩子最近好不好，吉他学得怎么样等，这些生活里的点点滴滴都是我在邮件里与他们分享过的。

这样的交流对我来说是件好事，因为我想让我的读者觉得他们与我有着密切的联系。正是由于这层关系，他们才会打开并阅读我的邮件，并最终点开产品链接。

如果你的邮件在订阅者的收件箱里原封不动，那么，你的客户名单再长也没有用。如果他们不打开并阅读你的邮件，你就不必再费尽心思地去创建名单了。

我上面所说的正是你的客户与你的共鸣度。不同客户的共鸣度千差万别。在某些客户群里，60% 的客户会打开邮件，这样的共鸣度就非常高；在另外一些客户群里，只有不到 1% 的人会打开邮件，如此低的共鸣度自然会打击邮件发送者的信心。

显然，你必须拥有一个容易产生共鸣的客户群。让我们假设两种情形：一种情形是你的名单上只有 100 位客户，他们当中 60% 的人会打开你的邮件（即 60 个人会阅读邮件）；另一种情形是名单上有 1 000 位客户，但只有 1% 的人会打开邮件（即只有 10 个人会阅读邮件），哪一种对你更有利呢？当然是前者。该如何创建并维护一个高共鸣度的客户群？方法多种多样，但归根到底，你要懂得人际关系的艺术。提高客户共鸣度的最简单办法，就是加强你与客户之间的联系，对此你应记住以下两点：

⊙ 客户群的规模远没有客户共鸣度那么重要，所以你与客户之间的关系质量极其重要，你要鼓励客户回复。

⊙ 产品发售公式是与客户建立密切关系的最佳方式之一。

借力社交媒体，"吸粉"事半功倍

除了客户邮件名单，还有其他类型的名单。你还可以在 Instagram、Snapchat、YouTube 或 Twitter 等社交媒体上创建一份"粉丝"名单。从很多方面来说，在社交媒体上积累粉丝比创建电子邮件名单更简单。前者似乎易如反掌，你只需发布一些关于你的最新消息或视频，就能收获一批粉丝，无须制作销售诱饵[1]或"选择加入"页面，更无须寻找一个保存客户名单的主机。还有什么比这更简单呢？

但从现在来看，电子邮件对于提升点击量和销量仍有相当大的作用。在写这本书的时候，一个电子邮件订阅用户对我的业务所起的作用是一个社交媒体粉丝的 20 倍。换言之，我宁愿手里有一份 1 000 名客户的电子邮件名单，也不要 2 万名粉丝追随。当然，很多因素会带来截然不同的结果，比如平台和参与度等。但行业研究证实了我的经验：总体而言，电子邮件订阅用户在点击率和销量方面的反应速度会远超社交媒体粉丝，两者结果相差甚远。

这并不意味着你应该忽略社交媒体，我的意思是你不要把它作为不创建电子邮件名单的借口。如果这样做，你肯定会追悔莫及。

更妙的是，你可以用自己的社交媒体来创建电子邮件名单。社交媒体是你接触未来客户的好地方，他们聚集在社交媒体上相互交流，所以你也应该去那里找他们。你要参与到交流当中，为对话增添价值，然后邀请他们加入你的电子邮件名单当中。我将在第 12 章深入探讨这方面内容。

社交媒体 + 电子邮件 = 促销最佳组合

尽管我持续专注于教你创建电子邮件名单，但社交媒体还是有一些令人

---

[1] 市场营销专业术语，指向潜在客户提供一些有价值的物品，以换取客户的邮件地址或其他联系方式。

惊叹之处的。若你把社交媒体与电子邮件名单结合起来使用，它就可以成为一种强大的工具，可以提升任何促销活动的整体效果。你的潜在客户正在使用社交媒体，你只要向他们发送电子邮件，同时使用他们最喜欢的社交媒体网站，就能得到更多接触到他们的机会。

总体来说，你可以在电子邮件名单和社交媒体广告之间协调产品促销活动。这种机制因具体社交媒体平台的不同而有所不同，并且在不断变化。我将在关于社交媒体和付费流量的章节中介绍它们。但你要知道，你在社交网站上做的广告完全有可能影响你电子邮件名单上的潜在客户。所以，你在早上发电子邮件提醒潜在客户看你的预售内容时，也可以同时在社交媒体上向这些目标人群投放广告，促使他们去看邮件中的预售内容。这种方法叫作"双管齐下"，效果相当不错。这种情况下，社交媒体确实起到了事半功倍的作用。

你要谨记一点：电子邮件仍然是你创建客户名单的核心所在，无论潜在客户是否点击邮件或他们最喜欢的社交媒体网站，你要做的是让他们点击你的内容。当他们加入你的客户名单，进入到你的世界之中，一切就开始了。

在后续的第 12 章和第 13 章中，我将详细介绍如何将社交媒体和付费流量融入你的整体产品发售策略。

潜在客户名单 VS. 买家名单

客户名单的类型很丰富，明白它们之间的区别很重要。很多时候，在谈到客户名单的时候，人们动不动就说："我的名单上有 3 万人！"这样的话并没有太大意义。

让我们抽丝剥茧，继续深入探讨客户名单的问题吧。到目前为止，我们已经讨论过两种客户名单，即电子邮件客户名单和社交媒体"粉丝"名单。

我刚才也分析过，电子邮件客户名单比社交媒体"粉丝"名单的作用更大。但只有将两者加起来，才是效果最强大的组合。

另一个关键的区别存在于潜在客户名单和买家名单之间。两者的定义非常简单，潜在客户是指那些还没有购买你的产品但有购买需求的人，而顾客或买家是那些已经购买过产品的人。在拓展业务的过程中，这两种名单你都要拥有。另外，买家名单比潜在客户名单重要得多。根据我的经验，买家名单上一个人的价值比潜在客户名单上一个人的价值高出 10 ~ 15 倍。

这种价值之间的悬殊，引出了两个关键点。首先，你要把潜在客户名单上的人转移到买家名单上（机缘巧合之下，我发现产品发售公式最适合做这件事）。其次，你要区别对待这两份名单。虽然你很想与这两个群体都保持良好关系，但如果两者只能选其一的话，只有买家群体才值得你付出额外的时间和努力去维持关系。也就是说，你要花点时间和精力去准备，然后给买家发送一些有趣的内容，或者制造一些意外惊喜。

我曾向某电商订购过商品，之后我再次光顾这家店铺时，他们总会随商品赠送我一些糖果或小玩意。这种情况虽然不是一直都有，但我经常遇到。赠品的成本虽然不过几分钱，但事情过去好几年后，我仍然记得它们。只要给客户一点小惊喜或人情味，他们就会长时间记住你。例如，对于那些购买产品发售公式的新买家，我通常会给他们寄一张明信片，上面有我手写的"谢谢你"。这个方法虽然简单，但却让你与众不同，更有助于你与客户建立良好的关系。

在拓展在线业务时，你可以把相关的一些培训视频或产品报道内容制作成赠品发送给客户，这是非常简单的事情。显然，对于以出售信息为主的创业者而言（如前文提到的吉他老师），这个方法尤其适用，但它也同样适用于其他类型的业务。

举例来说，出售吉他教学课程的创业者可以额外赠送一段如何弹奏可移动型和弦的视频教程，但不限于此。假如你是一家专门出售吉他的电商，你可以在卖吉他的时候赠送一段类似的教学视频，或者一段关于吉他保养的视频。你可以把赠送视频直接放在网站上，让客户观看。这个方法十分简便，除了需花时间制作和剪辑视频，你几乎不用花一分钱。此外，你可以把视频链接放到写给客户的电子邮件中，这样就很容易说服客户打开邮件，并点击你的链接。如果你时不时在电子邮件中赠送客户一些讨喜的小礼物，他们就会一直期待你的下一封邮件。

如何创建客户名单

关于客户名单的好处我已谈了许多，希望你接收到了我的信息，而且想尽快获得一份客户名单。下面，我们谈谈如何创建客户名单。我要声明的是，这里只是概述一些创建客户名单的方法。实际上，单单这一个话题就已经足够写一本书。而由于这个话题内涵丰富且无比重要，我决定自创一套课程。

你要做的第一件事，就是弄清楚谁是你的潜在客户。在这里，我要使用"替身法"，也就是把你自己想象成具有代表性的潜在客户，把你自己替换成你最希望接触的人群。

如果你要教别人打高尔夫，你的潜在客户不应该是所有高尔夫球手，而是那些想获得大学奖学金的适龄球员；或者年龄在 45 ～ 55 岁的家庭妇女，因为她们会因为小孩上大学了而有大把需要打发的时间；或者差点①在 10 杆以下的球员，因为他们想提高短杆击球技术。

实际上，我对高尔夫球市场并不太了解，上述只是我假设的情形。但你可能是这个行业的专家，对市场状况了如指掌。在这三个群体当中，无论你

---

① 指一名高尔夫球员通过在一家或几家球场打球后被给予的一个评比数字。差点有两个组成因素，一个是球场难度，另一个是打球者在该球场的成绩。

选择哪一类作为目标群体，你的营销策略都会迥然不同。

可以说，创建客户名单是邮件营销中最艰难的事情。在本阶段，消费者刚开始与你接触，所以你一定要把事情做好，而做好这件事的第一步就是要知道你的客户群在哪，你是谁的"替身"。之所以要把这步工作做好，是因为我们要创建一个名单撷取页（Squeeze Page），也叫压缩页。

在这个页面上，有一个销售诱饵。它可以是一段视频、一份特殊的报告、一段简短的网课，或是一份测试。你的目的是让网站的访问者知道，只要他们订阅或加入你的名单，他们就能得到这份有价值的礼物。名单撷取页和销售诱饵是创建客户名单的关键所在。

> 重要提示：我刚才说过，创建客户名单是邮件营销活动的第一步，也是非常重要的一步，所以你一定要开个好头，以便在激烈的市场竞争中抢得先机。不过，你也不必吹毛求疵，实际上也没人一下子就把这一步做得尽善尽美。循序渐进是最容易获得成功的方法。你可以先做出名单撷取页的雏形，然后再逐步完善它。
>
> 在线营销最吸引人的地方在于你可以获得大量数据，并且很容易验证你的某些设想。你可以创建两个版本的名单撷取页，样式尽量简单而实用。然后，借助软件把这两个版本轮流展现给网站访客，你就会知道哪个版本的名单撷取页反响更好。得出结论后，你就可以使用反响更好的那个版本。不过，你还要继续进行下一个实验，看这个版本是否有改进空间，以此类推。
>
> 上述过程就是所谓的"网页对比测试"或"A/B测试"，它是不断提升网站转化率的关键手段。在这个例子当中，网站转化率就是加入你的邮件客户名单与网站总访问量之间的百分比。
>
> 重申一遍，你一定要记住一点：刚开始的时候，不必凡事追求

完美，没有谁一开始就能把事情做到尽善尽美。你要先做好第一个版本，然后逐步完善，这才是关键。

如何让潜在客户加入你的名单

什么是名单撷取页？它由我的朋友迪恩·杰克逊（Dean Jackson）在多年前提出。事实证明，名单撷取页是互联网营销行业最具意义的新生事物之一。名单撷取页是一个非常简单的页面，只给网站访客提供以下两种选择：

⊙ 填入自己的邮件地址，成为你的会员，从而获得某种免费物品也就是所谓的销售诱饵。

⊙ 离开这个页面。

这或许有些强迫访客选择的意味。实际上，这就是在迫使他们做选择。你要从一开始就明白这个道理：对绝大多数网站来说，大部分访客在登录后都会选择离开名单撷取页。

每当想到这个事实，网站创建者就黯然神伤。但实际上，有一件事是百分之一百能肯定的：每位访问者最终都会离开你的网站。你要明白，在离开你的网站之前，如果他们没有向你购买任何东西，或者没有选择成为你客户名单中的一员，那他们再次光顾的概率就非常小了。我所说的概率非常小的真正含义就是"根本不会再回来"。

如果你不相信我的话，不妨回想一下自己的上网行为。你会多次访问某个偶然登录的网站吗？即使你把某个特定的网址放进收藏夹，即使某个网站确实很棒，你会经常访问吗？不太可能会。有句俗话叫"离久则情疏"，说的就是这个道理。**你网站的访客也一样，除非你拿到了他们的邮件地址，否**

则，他们一旦离开，一般就不会再回来。但如果他们加入了你的客户名单，那就是另外一码事了，因为那时候你可以用电子邮件敦促他们再次访问你的网站（或者访问你希望他们访问的网站）。

以这样的思路创建客户名单，你就会更加明白：在网站上创建名单撷取页，迫使人们在访问网站时做选择很有必要。要么加入，要么离开，你一定要让他们在这两者之间做出明确的选择。

如果你还是很难接受名单撷取页这个概念，那就换一种方式思考吧。请思考一下你的一位订阅者的价值有多大。当你刚起步的时候，这个数字或许很难估量，但我要告诉你的是，在我的利基市场中，按照常规，一位订阅者的价值是每月 1 美元或每年 12 美元。这只是粗略估计，如果要准确衡量电子邮件客户名单的价值以及各种客户名单的特点，恐怕要占用很长的篇幅。在这个例子中，我们就暂定为每年 12 美元吧。

我们假设你还没有创建名单撷取页，但你有其他类型的表格可供访客在网站上订阅邮件。或许在网站右边的菜单上有一个方框，上面写着"订阅电子报刊"。这也算是一种让访客加入你的客户名单的方式，但成功率不太高，因为它只能让大约 3% 的访客订阅你的邮件。也就是说，在下一年度，每名访客的价值只有 36 美分。

计算过程如下：由于每位订阅者的价值是每年 12 美元，而只有 3% 的访客会订阅你的邮件，所以每位访客的价值是 $0.03 \times 12 = 0.36$（美元）。

现在，我们假设你已经创建了名单撷取页。然后你要迫使访客做选择题：要么加入你的名单，要么离开你的网站。有了名单撷取页，你的客户名单转化率很可能大幅提升。在本案例中，我们假设你的客户转化率已经达到了 20%，这个数据是切实可行的。这意味着在下一年度，每位访客的价值将是 $0.20 \times 12 = 2.40$（美元）。

也就是说，假如没有名单撷取页，你在每一名访客身上就会损失 2.40

美元，你在每名访客那里只能赚取 36 美分，而不是 2.40 美元。当然，这只是假设，还有各种不同的因素和变量在起作用。但在大多数情况下，只要在网站上创建名单撷取页，就能立刻提升网站的赢利水平，这是不争的事实。

因此，要让名单撷取页发挥作用，关键是拥有一个强大的"选择加入"订阅框，也就是我前面提到过的"销售诱饵"。从根本上来说，当访客进入名单撷取页时，这个订阅框就是你提供给访客的好处，你用它来说服访客订阅你的客户名单。

什么才是最合适的销售诱饵呢？这取决于你的"替身"。对你的"替身"来说，他的真正需求是什么？他最害怕什么？他最想得到什么？让我们回到高尔夫球的例子。如果你的"替身"是一名球技平平的高尔夫球手，他每周都会和球友打一轮高尔夫球，他可能只是想把球打得比其他人远一点而已，尤其是在打第一杆球的时候。在这种情况下，销售诱饵或许就是一个视频教程，教他如何在第一杆时把球击得更远；或者一份相关的专题报告。

要做好名单撷取页，关键在于这个诱饵。它无须从一开始就很完美，因为你可以通过后续的测试完善它。但归根结底，名单撷取页是否有效，在很大程度上取决于销售诱饵的质量，还有它与潜在客户的希望、梦想和渴望的一致性。理论已经说得够多了，现在让我们看几个名单撷取页的范例吧。目前为止，我们谈到了以下三个方面：

⊙ 确定你的潜在客户是谁；

⊙ 创建名单撷取页；

⊙ 在名单撷取页上加入销售诱饵。

现在，一切准备就绪，只要你的名单撷取页能够吸引一定流量，客户名单工作就将走上正轨。

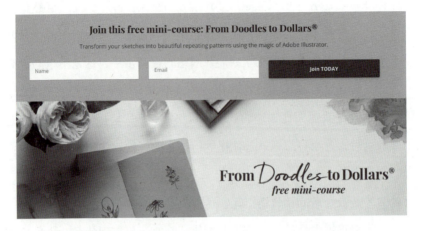

安妮·拉福莱特 60 多岁被裁员后开始创业，从爱好到年入 6 位数。

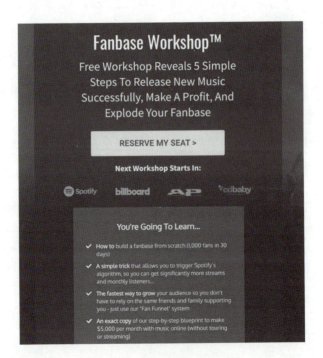

迈克尔·沃克的粉丝研讨会

巡回乐队的音乐家也能兼顾梦想与家庭

凯茜·海伊：成为大师裁缝
从不温不火的网站到一次销售额超 75 万美元的发售

这样用搜索引擎，流量滚滚来

吸引流量是热门话题，或许我应该再写一两本书探讨这个话题。但这个话题经常变化，如果我真的写了一两本这方面的书，当你读到它们的时候，它们很可能已经过时了。不过，我可以给你一个大致的方向。

提高网站流量的方法很多，大部分人首先想到的是通过谷歌之类的搜索引擎来提高流量，这通常被称为自然搜索流量，也就是网友通过搜索引擎发现你的网站而产生的流量。提升网站在搜索引擎上的排名既是一门科学，也是一门艺术，它能让人倾注毕生的心血。你需要谨记的是：提高名单撷取页在谷歌搜索引擎上的排名并不容易。尽管如此，我还是会在某种程度上将自然搜索纳入我的业务当中。

提高网站流量的另一种方法就是付费搜索。在谷歌搜索列表的顶部和右边，你会看到许多小广告，它们都是付费的。脸书、Instagram 和其他网站上也有类似的广告。这些广告通常以竞拍形式出售，价高者得。实际上，这

49

个过程非常复杂，但现在我们只需这么理解就可以了。尽管付费搜索的费用不菲，但非常适合用来测试名单撷取页对网友的吸引力，因为只需要几分钟，网页流量就会迅速上升。我会在第13章深入讨论付费流量的问题。

通过Instagram、Twitter和YouTube等社交媒体，也可以提高网站流量。这同样是一个很复杂的话题，我们在这里无法进行深入的探讨，但我在刚开始做在线营销时，还是会考虑使用类似于脸书这样的社交媒体提高流量。

在脸书上创建一个页面只需几分钟，但很快你就可以聚集一大批"粉丝"。你知道，我更偏好于首先创建好电子邮件客户名单，但你还是可以通过社交媒体的曝光度来提高名单撷取页的流量。换句话说，你可以将社交媒体上的"粉丝"转移到电子邮件客户名单中。在第12章中，我将详细探讨如何利用社交媒体来创建客户名单。

提高名单撷取页流量的方法很多，例如创建口碑良好的精彩内容（我个人一直很喜欢这个方法）、其他形式的广告以及在线论坛等。**还有一种提高流量的办法，那就是关联伙伴或者说联营伙伴，即通过其他拥有客户名单的人来大幅度提高你的网站流量。**这个方法不需要投入任何前期成本，只有当这些流量产生销量时，你才需要付款给这些合作伙伴。这是在短期内创建一份大名单的最快方式。实际上，我也亲自尝试过这个方法，在短短几天内，我的客户名单增加了5万多人。不过，这是一种很高深的策略，现在还没到谈论它的时候。稍后，我会深入介绍所有细节，它们一定会让你大吃一惊。

发售名单策略

我提到过，名单有两种类型，分别是潜在客户名单和买家名单。这两者之间的区别非常重要。你所有的业务只有一个目标，那就是把你的潜在客户名单转化为买家名单，因为把产品卖给已经购买过你产品的人更容易。除此之外，还有一种重要的名单需要弄清楚，即发售名单。

发售名单由那些对你的发售活动特别感兴趣的人组成。当你是新手，并为某个特定的产品发售活动创建客户名单时，如第9章所探讨的"种子式发售"，你可以假设名单上的每个人都会对你的发售活动感兴趣。这就意味着你的整份名单基本上是一份发售名单。

然而，在你创建名单一段时间之后，出于各种原因，逐渐有更多的客户加入这份名单。他们已经习惯了你以一定频率向他们发送某种类型的邮件。进入发售阶段时，你的邮件及其标题很可能会改变，你也许会向客户发送更多邮件。这时候，采用发售名单策略才是明智之举。例如，你可能已经创建了一份名单，名单上的客户都对"正念"这个主题感兴趣。这可是你花了好几年时间才收集起来的一份庞大名单。

现在，你想推出一款关于治疗心理创伤的产品。因为产品与"正念"相关，所以名单上的有些客户将对它感兴趣，但一定不是所有人。此时就是使用发售名单的时机了。

因此，你要创建一个"选择加入"的页面，邀请所有已注册的用户来获得你的发售内容。在上述例子中，发售内容可以是一系列关于心理创伤治疗的视频。然后，你给名单中的客户发送电子邮件，告诉他们，你即将发售该视频系列。也就是说，你给他们发送的邮件是预售内容。你要给整个名单的客户发送好几封电子邮件，尝试鼓励他们观看你最新的视频系列，即你新发售的产品。

当你进入发售阶段时，你就只给发售名单中的客户发送邮件，而不是给客户名单中的所有人发邮件，只有那些对心理创伤治疗感兴趣的人才会收到这些电子邮件。

只给部分读者发电子邮件，这听起来可能有违常理，但从长远来看，这是一种制胜策略。你要发邮件给那些对发售活动感兴趣的人，不要让那些不想收到邮件的人感到不愉快。你将会和那些选择加入发售名单的人建立关系，并与其他那些只想大概听说"正念"的人保持联系。

秘诀就是马上行动

到目前为止，我希望我已经让你认识到了客户名单的重要性，并意识到创建客户名单在业务拓展过程中的绝对必要性。可是让我抓狂的是，很多人仍然不愿意动手做这项工作。从本质上来说，客户名单就是业务的根基，名单上的潜在客户和现有买家就是企业最重要的资产。甚至对大多数在线业务来说，客户名单几乎就是它们唯一的资产。

自从我开始传授产品发售公式以来，人们最常问我的一个问题就是："如果我没有客户名单，那该怎么办？"有时候人们也会抱怨："杰夫，这个公式对你很管用，因为你有一份大名单，而我却没有。"

事实上，我也是从零开始的。刚开始创业时，我的名单上一个客户都没有，但我马上着手去做这项工作，有条不紊地、孜孜不倦地积累客户。有时候，我花了好几天时间才会获得一个新的订阅者，有时候甚至一无所获。但渐渐地，我的努力收到了成效，平均一天开始有三四名网友向我订阅产品。我继续努力着。很快，日均新订阅者数量达到了 30 人，累积下来，每个月就会收获 900 名新订阅者，每年就有 10 800 名。而在许多利基市场，如果你拥有一份覆盖 10 000 名客户的名单，你的年销售额就可以达到几十万美元。

假如你想推出一项切实可行的在线业务，就必须专注于创建客户名单，这是重中之重，是你的核心原则，也是我把这些内容放在本书前半部分的原因。客户名单是产品发售公式不可分割的一部分，因为没有什么方法比产品发售更能让客户名单的效果最大化。

我要告诉你的一个秘密就是，想迅速创建一份客户名单，就必须依靠产品发售。还记得约翰·加拉赫和他的棋盘游戏吗？在那次产品发售过程中，他的客户名单上没有几个人。在没有采用产品发售公式之前，他的首次发售只卖出去 12 套产品；在他采用了产品发售公式之后，则销售出了 670 套产品。还有一件事，我之前没有告诉你，那就是：抛开销售量激增不谈，在发售产品的过程中，约翰的客户名单上又添加了 1 000 名新客户。

按产品发售公式合理策划，你的产品发售也能像约翰一样成功。这是你创建客户名单的最好方式之一。不过，这番话说得有点早。

第 4 章

翻页式促销信：
如何不露痕迹地推销

计量广告的单位不是页数，而是天数，而翻页式促销信的秘诀在于：不需要写一封冗长的信件，巨细靡遗地讲故事，而是用翻页广告的形式来展示销售过程。你不需要制作一份 10 页的促销信，而是以 10 天作为一个阶段，在数天内把它分割成一系列触点。

▶▶▶ LAUNCH

早在 1996 年，我就开始接触在线业务。但那时候，我根本不懂销售，也不懂市场营销，一切都是摸着石头过河，于是我犯了一个足以改变我人生的"错误"。那个错误后来成为我的核心策略，正是借助这个策略，我赚得了数百万美元，也让我的客户赚到了几亿美元，并改变了在线销售的格局。这个策略就是翻页式促销信。

刚开始创业时，我不但不知道该如何卖东西，甚至不知道人们已经创立了一整套营销理论。我对各类销售理论和知识简直一无所知，我完全是只菜鸟。因此，我做了一件似乎天经地义的事情：独创一种属于自己的销售方法。实践证明，这种方法非常适用于当时刚刚兴起的线上生意。由于互联网的存在，人与人之间的联系日益紧密，销售行业也因此发生了翻天覆地的变化。我自创的做生意的方法与当下的数字生活刚好完美贴合。

想象一下：当你需要某种消费品时，可以马上登录亚马逊网站挑选，并参考买过这件商品的消费者的意见；当你打算去度假时，可以立刻在猫途鹰上看到驴友们对目的地的评论；当你想看电影时，可以上网查询网友对最近上映的影片的评分。互联网的好处无所不在。

由于互联网让人与人之间的联系更加紧密，人们变得越来越注重真实性。

于是，人们的疑心更重了，仿佛每个人都随身携带着一个巨大的谎言探测器，这个探测器极其灵敏，而且一直处于高度戒备状态。很快，人们学会了捕风捉影和疑神疑鬼，这都是互联网的副作用。在大多数情况下，传统的销售方式已经不太起作用，或者不如翻页式促销信那么有效。

在阐述翻页式促销信之前，我先介绍一下相关背景。几十年前，直销领域有一种传统的销售工具，叫作促销信，也被称为长式促销信。大致来说，这是一份信件式样的、冗长的印刷广告。这些促销信的篇幅可能达 8 页、12 页或 24 页，甚至更长。对大部分第一次读到这种长式促销信的人来说，促销信的命运分两种：如果信件主题引起了他们的兴趣，且文字优美，他们会选择阅读这封信，并且很快就被它俘获；相反，如果信件的主题唤不起他们注意力，或者文笔拙劣，它根本不会被读完。

千万别忘了，促销信已经被使用了几十年，并为各种类型的产品带来了数十亿美元的销售额。长式促销信是销售和市场营销领域最重大的进步之一。借用广告行业传奇人物阿尔伯特·拉斯克的一句老话，长式促销信"成倍地提高了销售力"。有了它，你不和潜在客户进行面对面的交流也可以实现复杂的销售。

取代传统销售方式的"翻页式促销信"

在互联网时代，促销信扮演着怎样的角色？它让在线业务变得更加简便了。在短短几年时间里，促销信已经在互联网流行开来，而且变得更加冗长，因为你再也不需要花钱把它打印出来。发送一封 40 页促销信的成本与发送一封 12 页的毫无二致，因此，促销信开始变得越来越长。

在过去几年，网络视频兴起。冗长的促销信摇身一变，成了冗长的促销视频，时长一般为 20 ~ 30 分钟。你可能访问过一些带有长式促销信的网站。

它们的版面很简洁，通常只有一个页面，页面上是一封很长的促销信，介绍着他们的某种产品。在这个网站上，除了一个"立刻购买"或"添加到购物车"的按键，再也没有其他链接了。你要么购买这个产品，要么离开这个网站。

又或者，这个页面有一段促销视频。在这种情况下，网页版面会更加简单，视频的长度从15分钟到60分钟不等，有时甚至会更长。网站上唯一的链接还是那个"添加到购物车"的按键。

在1998—1999年，美国电子商务和在线销售业务日渐兴起，长式促销信被人们，尤其是被那些自力更生的小型企业主广泛应用到各个领域。然而，长式促销信只在信息营销领域才能发挥作用。

回顾过去，在这个时期，一些比较大的在线品牌深陷互联网泡沫当中。它们不关心网站的转化率，甚至不关心收益，而是将所有心思放在用户获取率和网站黏度上，因为这两者是华尔街投资者评估的指标。对于互联网企业来说，营业额和利润不是它们最关心的东西，这的确令人难以置信。只有那些斗志昂扬、单打独斗的微型企业创业者才会关心营业额和利润，而正是这些微型企业率先采用了直销技术，并领导在线电子商务走到今天。

不管怎样，当长式促销信被引入互联网在线营销领域时，它确实发挥了作用。许多网站使用了这种老式直销工具之后，转化率和利润都大幅上升。然而，即使这些网站规模迅速扩大，它们的好日子也快到尽头了。

我在无意中发明了翻页式促销信，它的秘诀在于：我并没有写一封冗长的信件，用长达8页、12页或20页的篇幅巨细靡遗地讲故事，而是用翻页广告的形式来展示销售过程。我计量广告的单位不是页数，而是天数。我没有制作一份10页的促销信，而是以10天作为一个阶段，我没有写一封超长的信件，而是在数天内把它分割成一系列的触点。这些触点即预售内容。

我不认为自己能写出那种充满诱惑力、人们愿意一页页读完的促销信，相反，我借助连续性的精彩内容和故事，让潜在客户开始留意我的销售信息。

我并没有发表长篇大论的独白，而是把整个销售过程变成了一场对话（即发售对话）。当潜在客户进入销售页时，我并没有把所有宝贝都押在一个触点上，而是借助多点接触和序列的力量来激发潜在客户的期待感，从而把我的营销活动变成一个重大事件。

从本质上说，翻页式促销信就是一系列含有销售信息的预售内容。典型的预售内容分为三部分，你要在 12 天里与潜在客户分享这三部分内容。这些年，我一直用此方法，也把它教授给我的学员们。虽然内容的形式不断变化，但根本的策略不变。目前，这种内容通常以在线视频的方式出现，但也可以借助其他形式，例如电子邮件、博客文章或 PDF 报告等。预售内容要有煽动性、有价值，要自然而然地带动产品的销售。在预售序列快结束的时候，你要把潜在客户引导到销售页上，从而开通购物车，完成销售目的。

我想强调一下预售内容的重要性。预售内容不是宣传用语，制作预售内容的目的不是为了让产品在一两周内尽人皆知，而是为了经由整个制作过程，向潜在客户传递真正的价值。现在，我们已经了解了翻页式促销信和产品发售过程。接下来，我要告诉你更多操作细节。不过你要知道，翻页式促销信将带来惊人的效果。让我们先来看一个案例。

如何摆脱用时间换金钱的生活模式

巴里·弗里德曼是一名职业杂技演员，且成就不俗。巴里在 15 岁时开始玩杂技，并迅速迷上了这门技艺，决心成为一名职业杂技演员。然而，他的高中辅导老师告诉他，如果选择做杂技演员，过不了几年他就会穷困潦倒、无家可归。这个预言并没有成真。巴里取得了巨大成就，他在 23 岁时登上约翰尼·卡森主持的《今夜秀》（*The Tonight Show*），并受邀到白宫表演。

除了精湛的技艺，巴里还善于利用自己的专长做生意。很多公司邀请他

杂技演员巴里在事故中结束职业生涯后，重新找到财富之门，
华丽转型为艺人培训师。

现场表演，这为巴里带来了不菲的收入。他的生活丰富多彩，衣食无忧。直到有一天，巴里山地骑行时遭遇了严重的事故，导致肩膀和锁骨骨折。病床上的巴里开始思考今后的生计问题。他的杂技事业要求他全国各地到处飞，到处进行现场演出和舞台表演。如今，他要躺在床上休息6个月，而且就算完全康复，他也不确定自己是否还能继续表演杂技。巴里的收入完全取决于他的身体状况以及能否继续登台表演。

巴里收入的高低，与他能否继续工作有着紧密关系，与常人无异。与上班族每天驱车上班或坐在办公室隔间里整天对着电脑相比，登台表演似乎更令人向往一些，但即使如此，巴里也是在用时间换取金钱而已。虽然他是一名自由职业者，每场表演都能获得不菲的报酬，但本质上讲，他仍然在用时间换取金钱。如果他不上台表演，那就一分钱也得不到。

养病期间，巴里开始制订新计划，解决"以时间换金钱"这种模式带来的问题。**他打算用另一种方法赚钱，我把这种方法称为"杠杆手段"，即他的收入不再与他的工作时长挂钩。**巴里知道，他的许多同行都不太会做生意，他们不善于自我营销，而策划一场演出可不是件容易事。但这正是巴里的特长，因为除了努力成为一名世界级的杂技演员，他一直都很善于寻找商演机会，尤其是那些收入颇丰的企业演出机会。他知道如何出售自己的服务，并获得不菲的收入。

于是，巴里决定教人们寻找商演机会。他看过许多在线培训课程，这种形式似乎非常适合用来教艺人获得更多高收入的商演机会。巴里还找到了产品发售公式，并学完了全部课程。他创建了一个名为"获取更多商演机会"的在线会员网站，客户只要每月交 37 美元订阅费，就可以获得持续的培训。

产品发售公式确实非常适合巴里创办的这种会员网站，但我想特别强调一下巴里的下一款产品。巴里决定成立一个高端辅导小组，为客户提供更精准的服务。当然了，这种服务的费用不低。

巴里看过一些高端辅导课程（比如我的产品发售公式），他知道自己能变得多强大。因此，他拟定了一份演艺蓝图计划。这是一套为期 10 周的小团体辅导课程，他的客户每周都要接受几次团体辅导。此外，巴里还为每位客户定制了"优先名额"，这意味着客户们可以得到针对他们生意过程中遇到的挑战的具体建议。巴里甚至还提供每周一次的"办公时间"、私人社区网站以及其他一些优惠服务。为了确保每位客户都能得到个性化关注，这套课程的参加名额只有 15 个。如果报名者提前支付全额费用，则该课程费用为 2 000 美元；如果分期付款，那就要多交一点。

显然，与巴里的会员网站相比，演艺圈蓝图计划提供了一种更高级的培训、辅导和互动体验课程，它针对的是演艺圈的高端客户。这种精品项目非常适合用产品发售公式进行发售，因为购买这种产品是一项重大决策，需要下很大的决心。翻页式促销信为你提供了充裕的时间，让你和客户可以就产品的真正价值进行沟通。

在发售项目时，巴里的客户名单里不足 1 000 人。在第一段预售内容中，他迅速与客户建立起友好关系，并表示充分理解客户的痛苦。实际上，巴里不仅了解对方的痛苦，也亲身经历过这种痛苦。

巴里知道自己的目标客户非常善于获得一些免费的或是报酬低廉的表演机会，例如图书馆组织的活动、节庆会演以及生日宴会之类，但不知道如何争取到有偿的表演机会。他们甚至没有意识到，他们之前使用的营销方式只能带来低收入的演出机会，甚至赶走高报酬的表演项目。

巴里在他的翻页式促销信中指出：一般艺人所面临的真正痛苦是害怕自己丢失本行而不得不另外寻找一份谋生的工作。对一位极具天赋的魔术师、口技演员、喜剧演员或杂技演员来说，变成服务生或卡车司机无疑是一场噩梦。更糟糕的是，他们甚至要承认他们的父母、老师或朋友的看法是正确的，即他们根本无法靠演艺为生！

因此，在第一段预售内容中，巴里告诉潜在客户，他真的理解他们，因为他和他们一样，也曾拥有过同样的希望、梦想和恐惧感。然后，他话锋一转，描绘了一个非常美好的愿景，告诉对方他可以用自己已有的技能开拓出业务，并获得丰厚的收入。促销视频的内容大致是这样：

> 我的经历和你们如出一辙。小时候，我很喜欢玩杂技，但别人却说我无法靠这门技艺谋生。我的高中辅导员帕夫利加先生说过，如果我把杂技当成毕生事业，那么我 22 岁时一定会身无分文，甚至落到无家可归的境地。那时候我就对自己发誓说，我要证明他是错的。
>
> 几年后，当我第一次在《今夜秀》上表演时，我刚好 23 岁。我听着约翰尼·卡森介绍我和我的搭档，心中只有一个念头：真希望帕

夫利加先生在看这个节目。曾有人告诉我，我永远做不了一个专业杂技演员，我选择不理睬他们。现在，我已经上过一百多个电视节目了。而这一切，你们也能做得到！现在，我就要教你们怎么做。

视频内容远不止这些，但这段话奠定了总体基调。从根本上来讲，巴里正在树立自己的口碑，培养自己与潜在客户之间的亲密关系，并且传递鼓舞人心的信息。与此同时，他还创造出了真正的价值，那就是告诉艺人，他们完全有可能获得报酬高昂的大型演出机会，而且这种自抬身价的技能是可以通过学习掌握。最后，视频还表示，艺人完全可以发挥自己与生俱来的才能，并挣得一大笔钱。视频中没有提到任何与销售有关的字眼，也没有游说客户购买产品，但效果不言而喻。

产品发售对话：说一半，藏一半

翻页式促销信中非常重要的一环就是产品发售对话，因为当你想公布预售内容时，通常会利用博客或网站发布视频，而在视频下方，会有一个让观看者发表评论的地方。正如我在前面提到过的，你可以采取不同的形式发布预售内容，但目前最常见的方式仍是视频或网络直播。视频结束后，你要以某种方式要求观看者回应你，比如提交问题或发表评论。巴里会加入观看者的讨论当中，他会回答大家的提问，并与潜在客户互动。当你这样做的时候，就是把一场独角戏变成了产品发售对话，而对话永远比独角戏有趣得多。评论还能让你深入了解潜在客户的想法和感受，让你发现潜在客户对产品的意见，并让你有机会在评论区或后续的发布过程中回应这些意见。

在第二段预售视频中，巴里首先回顾了生意失败带给他的痛苦，然后开始切入正题。视频内容大致如下：

　　如果你失败了，就会证明父母当初的话是正确的，你该怎么办？如果你不能成为一名职业艺人，又该怎么办？如果你想在这一行取得成功，就要把它当成一项事业。你已经花了很长时间来提高自己的技艺，但这只是问题的一方面。演出只是精彩还远远不够，你还需掌控这个行业。你要学会自我营销。

　　我想到一个办法，不但可以让你的表演更精彩，还能让你把自己的绝活变成赚钱的手段。以下是我在成为一名成功的职业杂技演员过程中所做的工作，里面方法有些很管用，有些则属于无用功。如果你正在犯这些错误，我将告诉你如何纠正过来。

　　接着，巴里开始教客户一些自我营销的原则和方法，并称这是艺人必备的素质。很多时候，人们会担心在预售阶段遗漏太多"好东西"，担心潜在客户拒绝购买他们的产品。但根据我的经验，这有些杞人忧天，不舍得放弃一些"高质量"的内容是很多预售内容都会犯的错误。在巴里的案例中，他发售的是一种超级精品，在这个行业里，尚未有其他人敢收费2 000美元。假如你也打算卖高端产品，那么吸引高端客户的最好办法就是事先向他们传递大量价值，正如巴里那样。

　　请记住，尽管巴里是一位颇有建树的杂技演员，尽管他靠这门手艺环游世界，甚至还上过电视、去过白宫，但他的大部分销售对象从未听说过他的名字。在教人们如何做生意时，他根本没有任何官方的教学资质证书。因而，巴里实际上只是凭经验去教别人。对于大多数潜在客户来说，有一个不争的事实，即巴里是个陌生人。

　　但是，通过在预售视频中分享大量内容，巴里树立了自己的权威，他向自己的潜在客户表明，他有足够的经验教对方开发客户和拓展业务，并且获得超额收入。和第一段视频一样，第二段预售内容根本没有出现任何与销售相关的字眼，只有大量实实在在的内容。巴里要树立自己的权威，并与观众建立一种互惠关系。

我刚才提到过，人们总是担心在预售阶段遗漏太多"好东西"，我不妨直说了吧：假如你担心人们在看完预售视频后不买你的产品，那你的担心绝对是必要的。你的大部分潜在客户都不会购买你的产品。事实上，在所有产品发售活动中，绝大多数潜在客户都不会购买产品。这种情况很正常，直销模式本就如此。不过，起决定性作用的是那些购买你产品的客户。请想一想，巴里要卖出多少套价格是 2 000 美元的产品，才能明显改善自己的生活质量？答案是：不需要太多。

亮明销售重点，把产品卖出去

在第三段预售视频中，巴里先回顾了一遍他的产品发售故事，然后加快了教学进度。他浏览了许多艺人的网站，并指出其中的错误，最后讨论了如何轻松纠正这些错误。然后，巴里开始阐述销售重点：他将亲自指导 15 个人学习演艺圈蓝图计划。他指出正是这个计划使他获得了业内出场费最高的演出机会，甚至接到了约翰尼·卡森的采访和白宫的演出邀约。这是巴里首次提到自己的产品，并暗示它的上市为期不远。

在最后一段预售内容中提出销售重点至关重要，许多人在这个时候犯的错误就是遗漏了销售重点。**在制订产品发售计划时，人们通常过分注重提供预售内容，反而不愿意在预售视频的最后一部分谈论销售问题。**

为了进行案例研究，我采访了巴里，问了他一些与产品发售相关的问题，并专门讨论了谈论销售的时机问题。不出所料，巴里告诉我，他不会在第一段预售内容中就提出销售重点。巴里喜欢教学，客户也很喜欢他，因为他成功教给他们丰富的知识，他不想用即将上市的产品这个尴尬的话题扰乱已有的良好氛围。但巴里说："我还是决定遵循产品发售公式。你跟我说要在第三段预售内容中提出销售重点，于是我照做了。这个公式真的有效。"

巴里用了 6 天时间发布这三段视频。当他开放注册的时候，15 个名额被秒杀，总销售额达 29 955 美元。巴里本次发售的成本几乎为零，他只在处理信用卡订单时花费了一点点费用。产品首次发售的反响热烈，客户也得到了他们想要的结果，这让巴里有了足够的动力再开办一个培训班。也就是说，他的总销售收入将达到 59 910 美元，而此时他的客户名单规模还不足 1 000 人。计算下来，巴里在每位潜在客户身上赚了 59.9 美元。换句话说，他的客户名单上的每个人都贡献了大约 60 美元！

故事并没有到此结束。从那时候起，巴里用同样的视频，又进行了 4 次产品发售。每次他都成功组建了一个有 15 ~ 18 名学员的学习班。这几次产品发售之后，巴里不再向学员提供单独辅导，这意味着他在利用时间方面又迈出了一大步。尽管他把价格降到了每人 997 美元，但他再也不用花时间去单独辅导学员了。现在，他可以毫不费劲地把产品卖出去，他已经摆脱了用时间换金钱的生活模式，开始利用杠杆效应赚钱了。

到目前为止，巴里已经开了 6 个班级，每个班级人数为 15 ~ 18 人，大部分人交的学费为 2 000 美元，有些不用单独辅导的学员的学费是 997 美元。也就是说，巴里几乎没花什么钱就实现了 10 万美元的销售额。他不但赚了钱，而且给客户带去了巨大的价值。

这就是产品发售公式和翻页式促销信的力量所在。在第 7 章，我将告诉你预售的具体步骤。现在，你只需记得翻页式促销信给予你时间和空间，让你和潜在客户充分沟通，并为他们提供真正的价值。它指引你走出市场营销的误区，并把你和其他竞争对手区分开来；它创造了一个极其高效的销售机制，即使你不是一名出色的销售人员，也能靠它创造出色的业绩，并让你在达成交易时不必汗流浃背、声嘶力竭。

第 5 章

心理诱因：扩大影响力的工具

LAUNCH HOW TO SELL ALMOST ANYTHING ONLINE,
BUILD A BUSINESS YOU LOVE,
AND LIVE THE LIFE OF YOUR DREAMS

UPDATED & EXPANDED EDITION

心理诱因无时无刻不在影响着你的潜在客户的决策和行动。如果你能在产品发售的各个阶段叠加使用这些心理诱因，那就意味着你策划了一次令人无法抗拒的促销活动。这就是产品发售公式的魅力所在，也是它能够改变游戏规则的原因。

▶▶▶ LAUNCH

2005 年我首次推出产品发售公式培训课程时，发生了两件事情。第一件事是，使用了产品发售公式的客户基本都取得了惊人成果，业内人士对它印象深刻，因为产品发售公式比此前常见的产品发售模式强 2 倍、5 倍、10 倍甚至 50 倍。

第二件事是，许多专家预测，产品发售公式只是昙花一现，消费者很快就会厌倦它，因为只要人们看过一次这种产品发售活动，它就会成为明日黄花，下一次的效果也会一落千丈。

然而，专家预测的情形没有发生。如今，我的学员取得的成果比刚开始时要大得多。我说的完全是事实。从本书第一次出版到第二次出版的这 7 年间（2014—2021 年），这种盛况从未改变。事实上，我刚刚见证了两次超大规模的发售活动，都是在竞争异常激烈的细分市场。所以，我的结论是，产品发售公式没有过时，在我们的不断改进下，它甚至变得更有效了。

这种模式之所以能一直发挥作用，很大一部分原因是我们在不断完善它。在我刚开始举办发售活动时，网络视频、网络直播和社交媒体都还没有兴起。然而，现在我们早已把这些技术手段都运用到了发售活动中。但更主要的原因在于我们所应用的整体策略，这些策略不会因时间的流逝而失效。

2005 年时，专家没有明白这一点，直到今天，他们当中的一部分人仍执迷不悟。接下来，我将向你展示，产品发售公式与人类的心理活动是密不可分的。在一本关于市场营销和创业的书籍中，上述言论可能有点夸张，但这正是我们在本章中要阐述的内容。此前，我曾向你提到过心理诱因这一概念。

心理诱因是影响我们的行为模式和决策方式的关键因素，它们有着无比强大的力量，并在我们的潜意识中发挥作用。心理诱因早在数千年前就形成了，如今它们在我们所有人身上都有着不同程度的体现，除非我们大脑的工作方式发生根本性的改变（这基本不可能），否则它们会一直对我们的行为产生巨大影响。

产品发售公式的魅力在于，它仿佛给了你一张可以自由发挥的画布，在准备发售产品的过程中，你可以利用这张画布激活消费者的心理诱因。

心理诱因（连同产品发售序列和讲故事这两个因素）是取得成功的重要基础。在预售阶段和发售阶段，只要一次次地触发这些诱因，你就相当于对潜在客户甚至整个市场施加了一种咒语，这种咒语几乎可以起到催眠的效果。

九种心理诱因"套牢"客户

在我详细描述这些心理诱因之前，我需提醒你，它们非常强大，既可以用来行善，也可以用来作恶。

坦白讲，我知道这方面的知识会被某些不道德的人掌握和利用，但多年来，我的学员都成了非常优秀的人，他们按照合乎道德规范的方式运用这些知识，并为这个世界创造了巨大价值。我希望你也能利用这些知识取得令人惊叹的成就，并与世界分享你的天赋。

下面让我们开始吧！以下是我最喜欢使用的九种心理诱因。

权威感

人们往往崇拜那些权威人士，比如只要一看到医生走进体检室，我们几乎就会立刻变得毕恭毕敬，我们对医生言听计从，认真对待他们的建议，即使不认同他们的话，可能也不敢直接提出反对意见。

这种反应非常合理，我们常常希望在别人的指引下做决定。和其他心理诱因一样，权威感能帮我们缩短决策过程。在漫长的人生路途中，我们每天都要做无数的小决定。我们的每一项行动，实际上都经过某种程度的思考。**为了更有效地做决策，我们的大脑发明了一种方法，那就是敬畏权威。**

如果你想在市场营销活动或行业中更具影响力，那就要让别人视你为权威人士。当我还在读高中时，就学习了关于权威感的重要一课。在参加完学校的橄榄球比赛后，我和三位朋友准备驱车回家，当时有好几百名观众也正在离场，因此基本上所有车子在停车场乱作一团，动弹不得。

我的一位朋友很了解权威感的作用，他在车上找到一支手电筒，很快想出一个点子。他走下车，打开手电筒，开始指挥交通。显然他不是真的在指挥交通，而是在想办法让我们的车杀出重围。其他司机看到手电筒的光束后，不禁认同了这位"交通指挥员"的权威，于是很快我们的车就开出了停车场。他的权威来自手电筒，人们因为他掌握着手电筒的光束，就认为他属于权威人士。那天晚上，我学会了一个道理：有时，树立权威并不需要太多东西。

产品发售公式是树立权威的一种完美方式。在预售阶段，我们已经与潜在客户分享了高品质的内容，我们在客户心中的权威性就这样自然而然地建立了。巴里·弗里德曼在他的预售中提及自己上过《今夜秀》，并且在白宫表演过，这立刻为他赢得了权威地位。由于他谈论这些成就的出发点是帮助客户，所以并没有给人吹嘘的感觉，相反，这番话加深了他与潜在客户之间的情感联结。

互惠心理

互惠心理是指如果某人给了我们某样东西，我们会觉得有义务回报他。这是一种非常重要的心理诱因，同样是从几千年前遗传下来的。实际上，互惠心理是商业和贸易的基础。贸易的出现，源自人与人之间在某种程度的信任，也就是说，当我们给别人提供某种产品或服务的时候，我们坚信他们会遵守约定并完成这笔交易。

互惠心理是一种强大的心理诱因。例如，我们中的绝大多数人都要过圣诞节，而互赠礼物是圣诞节传统之一。如果一位朋友或邻居突然出现在你家门口，双手奉上一份礼物，而你却没有礼物回赠给他，请相信我，那种难受的感觉简直无以复加。我敢肯定，无论是不是在圣诞节，你都有机会体会到这种感觉。当别人给你一份礼物，而你却无以回报时，你会深感愧疚。

使用产品发售公式时，你要用整个预售阶段给予人们馈赠，向他们免费提供精彩的内容，这正是整个预售过程的意义所在。在你提供这些内容时，你和潜在客户之间就形成了一种不平衡的互惠关系。预售内容价值越高，这种不平衡就越明显。最终，当你要求对方给予回报时，潜在客户报答你的可能性就越大。在产品发售结束时，这种回报等同于销售。

在预售阶段，互惠心理要经历几个阶段。也就是说，在要求客户下订单之前，你要不断地给予他并接纳他。毫无疑问，互惠心理是一种极其强大的心理诱因，你要在产品发售过程中不断触发这个诱因。

信任感

要影响别人的生活，最便捷的方式之一就是建立信任。在很多时候，当父母、老师或信任的朋友告诉你某件事情时，由于你们关系密切，你会对他们所说的话深信不疑，而一位陌生人告诉你同样的事情，你则会心存疑虑。这就是信任的力量。显然，如果你想影响某个人，而他信任你，这就不是什么难事；如果你想让某个人帮你做一件事情，只要他信任你，事情也会变得相当简单；如果你想说服某个人买你的产品，只要他信任你，这更是易如反掌。在生意场上，要获得别人的信任并不容易，尤其是在当前的市场环境中，每个人每天都会收到成千上万条信息。冲破市场迷雾已经足够困难，要想在这种环境中建立信任，简直难于上青天。

时间是建立信任的良药。你可能会想起以前有位邻居，刚接触时你觉得他有点高深莫测，行为有点古怪，你并没有把他当成朋友，甚至不愿意了解他。但当你和他做了很久邻居之后，渐渐发现他是个可靠和值得信赖的人，于是对他的信任感就会增强。这就是所谓的日久见人心。

产品发售公式和翻页式促销信为你提供的"奢侈品"就是时间。与平常的驱动式广告或促销宣传相比，产品发售公式和翻页式促销信让你有更多的时间与潜在客户互动。与传统的市场营销相比，它们更容易让你与潜在客户建立信任关系。

期望

另一种超级强大的心理诱因是期望，它也是产品发售公式的基础之一。我刚开始讲授产品发售公式时，许多人就把它称为期望营销法。

期望是一种能让你穿越市场迷雾的心理诱因，它能让你紧紧抓住市场的注意力。回想一下，当你还是个小孩时，是否总是在盼望着某个特殊日子的到来？这个日子可能是你的生日，可能是圣诞节，也可能是暑假前的最后一节课。当你期待中的重要日子即将来临时，你的内心会兴奋无比。

话说回来，虽然我们已经长大成人，但从本质上来说，我们仍是一个孩童，心中仍会有所期待。在产品发售过程中，如果能触发期望这一心理诱因，其效果不亚于让客户同时体验到过生日和过暑假带来的双重喜悦。

期望与稀缺性紧密相关。稀缺性是另一种强大的心理诱因，它是指人们越是处于资源有限而环境越是想获得更多的一种心理状况，稍后我会详细介绍。期望还与一些重大事件密切相关，例如人们习惯在日历上把某个重要日子圈起来，然后把所有注意力都集中到这一天。如果你能正确利用人们的期望心理，他们就会在日历上把你的产品发售日圈起来，然后满心期待着这一天的到来，就像追剧一样，迫不及待地想知道下一集中剧情会如何发展。当你同时触发期望与其他心理诱因时，其力量会加倍放大，影响力也非常惊人。

亲和力

你肯定感受过亲和力这种心理诱因。简单来说，我们喜欢和自己认识、欣赏和信任的人做生意。如果我们欣赏某些人，他们就能对我们产生影响；如果我们讨厌某些人，他们就会变得无足轻重。怎样才能更具亲和力？做讨人喜欢的事是方法之一。如果大家都觉得你为人和蔼亲切、慷慨诚实，他们就会更加喜欢你，而人们越喜欢你，你的影响力就会越大。

人们通常喜欢与具体的个人做生意，而不喜欢和冷冰冰的大型企业打交道，这不难理解，不少创业型企业深谙此道。现在一些大型企业也意识到这一点，于是开始调整策略，与客户沟通时尽量做到更加人性化。在这个日益繁荣的数字化时代，我们都在寻求人与人之间更紧密、更真实的联系。

回顾一下预售序列你会发现，一个精心构建的序列会让你更受人喜爱，因为你给人们提供了精彩的免费内容，并回应了他们的问题和评论。这些行为都让你更具亲和力。

重大活动与仪式感

当你把市场营销变成一场重大活动时（借助产品发售公式筹备的产品发售会通常都会发展成一场重大活动），你的营销活动就会立刻变得引人注目。

人们都喜欢参加重大活动，就像这些活动与他们的生命同等重要一样。这正是球迷会为一支球队痴狂的原因。事实上，球员和他们素昧平生，但观看自己喜欢的球队的比赛却是球迷生活中的大事件。

重大活动带来的心理作用有另一种表现形式，即仪式感。当人们参加重大活动时，会产生一种仪式感。仪式让人们聚在一起，产生一种独特的体验。体育赛事给人们带来了隆重感，所以在西方人的生活中，体育赛事占据了重要位置。我们并不是要讨论如何解决体育经营权问题，而是探讨如何因时制宜地利用这个强大的心理诱因。只要把市场营销变成一场重大活动，你就能取得巨大的成就。

群体意识

群体意识是一种非常强大的心理诱因。通常情况下，我们会跟随群体中其他人的行动而行动。我生长于美国中西部，在那里，每个家庭都会在自家门前开辟一片绿色的草坪。想要让这片草坪一直郁郁葱葱需要花费大量时间、精力和费用。我认为，人们如此辛苦地种植和维护草坪，并不完全因为他们喜欢这些草，还因为当地的社会规范让居民认为自己"应该"种植一片受到精心养护的草坪。

回想一下你的人生，我敢保证，你也曾是许多群体或团队中的一员。即使并未言明，每个群体可以是工作群体、社交群体、朋友圈，甚至是线上群体。即使并未言明，每个群体都有各自的行为规范，群体成员的行为必须符合相关的规范要求。各个群体的规范会千差万别，但在群体内部，它们都发挥着巨大的作用。有件事可能你还不太了解。虽然有些群体看起来规模庞大，你似乎无法对它造成影响，但实际并非如此。你可以在产品发售过程中建立属于自己的在线群体。一旦人们开始与你互动，他们相互之间也开始互动，那么你就是在创建属于自己的群体。也就是说，你可以创建属于自己的群体规范。这些规范也可以是一些具体行为，例如要求成员帮忙向外界宣传你的预售内容，在你的产品发售博客上发表评论，在你的社交媒体主页上"点赞"或者直接购买你的产品等。

稀缺性

毫无疑问，稀缺性是最强大的心理诱因之一。道理很简单，随着某样东西越来越少，我们就想更多地占有它。实际上，正是因为我们觉得资源会变得稀缺，才想占有更多。这是一种力量。

回想一下自己的经历，你会发现稀缺性曾在我们的生活中以各种形式反复出现。为什么人们更钟爱钻石而不喜欢其他漂亮的石头？因为钻石不但难以发掘，而且很难切割，同时钻石储藏量有限，一年少过一年，因而价格昂贵。黄金、劳力士手表和法拉利跑车也是如此。

稀缺性的另一个作用就是迫使人们做决定。当人们需要就某个问题做决定时，我们倾向于推迟和拖延，尤其当这个决定涉及到花钱时。市场营销的最终目的之一就是迫使人们做决定，这正是稀缺性的作用。如果某样东西十分稀缺，那么就会有人在稀缺资源消失前迅速采取行动。

完美的产品发售活动离不开稀缺性。你必须让潜在客户知道如果他们不在发售结束前购买产品，就必须承担负面结果（价格上涨、断货等）。如果你的产品确实包含了稀缺性因素，你就能得到一个完全不同的结果。

事实上，许多销售都是在最后关头才达成。如果你巧妙安排产品的发售过程，顾客在最后一刻购买产品的冲动绝不亚于人们在情人节购买鲜花的热情。这就像形势变幻莫测的体育运动。如果你已经在产品发售中融入了稀缺性因素，那么在产品发售的最后一晚，你大可以捧着爆米花，窝进沙发看着订单如雪片般涌入你的邮箱。请再认真阅读并揣摩上述三段内容，因为稀缺性将会改变你的销售结果。在本书教给你的所有方法中，即使你只使用稀缺性这个单一的心理诱因，获得的收益也将是本书价格的一万倍，前提是在每次发售产品时你都要坚持用这一招。

社会认同感

社会认同感是另外一种强大的心理诱因。在以往的市场营销中，社会认同感很难形成，但在以产品发售公式为主导的产品发售活动中，获得社会认同感将轻而易举。社会认同感是指当我们看到别人在采取某项行动时，我们也倾向于和他们采取一样的行动。通常情况下，当我们不确定该如何行动时，就会从身边的人那里寻找线索。人是社会化动物，会受到身边的人的影响，这是非常正常且合理的事情。

举个例子。假设你开着车到了一个陌生的小镇。肚子很饿，想找一家餐厅吃饭。然而，你的手机没电了，不能上网查看网友对附近餐厅的评价，所以在选择餐厅时，你必须自己做决定。小镇有两家餐厅，一家在道路右边，但它的停车场里一辆车都没有；另一家在道路左边，停车场里有6辆车。你会选择哪家餐厅？我猜你会选择停车场里有车的那家，因为你倾向于认为里面吃饭的人肯定知道哪家的饭菜味道更好。这就是社会认同感在起作用。即使你可以上网查询网友对餐厅的评价，那么实际上你还在寻找另一种形式的社会认同感。你会根据其他人的言行举止来决定自己的行为。

再举一个例子。假设你想下载一个软件或应用程序，你在应用商店搜索的结果显示，总共有12款不同的软件符合你的要求，其中一款软件被下载过350万次，另一款被下载过1.7万次，其余软件只被下载过几百次或更少。你要下载哪一款？大部分人都会选择被下载过350万次的那一款。你会认为其他用户肯定知道哪个软件更好。社会认同感再一次起作用了。

社会认同感同样适用于你的产品发售。由于你的产品发售注重互动性，所以你可以制造各种各样的社会认同感。对刚刚登录你网站的访客而言，如果看到其他人在评论你的预售内容，说你发售的产品让他兴奋不已，而且迫不及待地想购买，那么，社会认同感就会发挥作用，引导这位访客做出有益于你的决定，而且社会认同感的力量通常都大得令人难以置信。

分层与排序：效果翻倍

现在你已大致了解了各种心理诱因。从根本上讲，这些诱因每天都影响着我们的决策和行动方式。通过阅读这本书，我更希望你明白，这些诱因也无时无刻不在影响着你的潜在客户的决策和行动。

刚才我只是对心理诱因进行了大致介绍。由于篇幅所限，我只介绍了少数几种心理诱因，但实际上它们只是我发现的心理诱因的 50%。谈及心理诱因，你要懂得的最重要的一点是：它们并非相互孤立，许多诱因其实都密切相关，它们以协同的方式发挥着作用。当它们被同时使用时，效果会翻倍。

例如，信任感和权威感紧密相连。当你得到别人信任时，就更容易树立自己的权威；而信任感通常是权威的自然产物。有一个耳熟能详的短语可以形容这两者的结合，那就是"值得信赖的权威机构"。另一个例子则是稀缺性和社会认同感。如果某样东西非常稀缺，通常是因为这样东西供不应求，这意味着需求量非常大，而需求量大，那就证明它有很高的社会认同感。因此，稀缺性和社会认同感就像是同一事物的两个方面。

心理诱因相关的另一个重点是，当你把它们进行排列和叠加时，它们会变得更强大。这正是产品发售公式具有无可比拟的力量的原因。我们的产品发售公式给予你足够的时间和空间来使用多种心理诱因，并让它们彼此协同发挥更大作用。在后面的预售序列和发售序列中，我会更深入谈论这一点，包括应该在序列的哪个节点激活哪种诱因。现在我先举一个简单的例子。通常在预售开始时，你要先发布一段很有说服力的内容，为发售产品做出总体承诺，告诉人们这款产品会带来哪些好处。在这个节点上，如果你能与潜在客户分享有说服力的内容，你的权威马上就会树立起来。这样做还可以培养互惠心理，因为你免费向客户提供了精彩内容。你让内容的受众觉得他必须回报你，这种心态通常会融入产品销售中。而当你在第三段预售内容中大谈特谈将要发售的产品时，人们对产品的期望也随之而来。

当你完成预售阶段继续前行时，人们已经对你的预售内容有了公开客观的评价，这些评价可能出现在博客上、社交媒体上，而无论何种方式，这都表示你已经赢得了社会认同感。

此外，在整个预售过程中，你与潜在客户的互动预示你对他们来说具备亲和力，他们甚至还可能对你产生信任。然后，在预售结束、开通购物车的日子即将来临之际，人们已经开始期待你的产品上市了，你在此刻已经触发了重大活动和仪式心理诱因。紧接着，当你开始谈论即将上市的产品，并提到产品数量有限时，就自然而然地触发了稀缺性。

我想要强调的是，任何运用了产品发售公式的发售活动都将让你有机会综合使用这些心理诱因，让它们发挥出的效果呈现指数级增长。这才是心理诱因的神奇之处，因为人们对不同诱因的反应不一样。例如，对某些人来说，社会认同感可能对他们的影响更大；而对另一些人来说，信任感和权威感是影响他们决策的重要因素。如果你能在产品发售的各个阶段叠加使用这些心理诱因，那就意味着你策划了一次令人无法抗拒的促销活动。这就是产品发售公式的魅力所在，也是它能够改变游戏规则的原因。

现在，我们已经做足了铺垫工作，为你学习产品发售公式打下了坚实的基础。是时候加快速度，学习产品发售的核心细节了。我们要从产品发售中最不为人所知的那部分着手，这部分内容将是你取得成功的基础。现在，让我们开始学习预售造势吧。

第 **6** 章

预售造势：
如何吸引消费者的注意力

LAUNCH HOW TO SELL ALMOST ANYTHING ONLINE,
BUILD A BUSINESS YOU LOVE,
AND LIVE THE LIFE OF YOUR DREAMS

UPDATED & EXPANDED EDITION

凭借一封简短的电子邮件和一次问卷调查就可以完成一次预售造势工作。预售造势最大的好处是，它虽然简单，但拥有无比强大的力量，而且它在 95% 的时候都管用。

▶▶▶ LAUNCH

在阅读本书的过程中，你会逐渐意识到，在发售产品之前，必须做大量准备工作和详细的规划。我能理解你的抱怨，其实我也不希望做这么多事情，但如果你想发家致富，就需要开始行动。如果你认同我的观点，就不应该为这点工作发愁。

通常情况下，你要从预售造势着手。这是一个神奇的时刻，你会看到自己的许多预想已经初具规模，有趣的事情马上就要发生了。

这些年来，我发现很多人想逆向分解产品发售公式。他们看过我的几次产品发售会，然后想逐步分解产品发售的各个环节，从而找到其运作规律。然而，他们不知道，产品发售的某些环节属于机密信息，而这些关键环节一旦遗漏就会满盘皆输。在这些环节中，人们通常最容易忽略的就是预售造势活动，因为这些工作都必须严格保密。有趣的是，它也是整套产品发售公式中最简单易行的环节。

预售造势工作的主要目的在于调动固定客户群体的积极性，如果你还没有一个固定的客户群体，就要在这阶段建立一个。与此同时，你还要做一些其他的基础性工作，比如测试客户对你的产品的兴趣度。你需要知道人们对产品不满意的地方在哪，只有这样，才能在产品发售前改善并满足客户需求。

最后，你还要收集各种信息，把产品的最终方案落实到位。实际上，在为产品预售序列做铺垫的过程中，你都在做上述工作。

我把这种预售造势工作称为鸣炮示警。鸣炮示警是指军舰对可疑船只发炮，炮弹会落到对方船首附近，以示警告。这样做的目的，是在不动用武力的情况下引起对方船只的注意。同理，你在产品预售前做的一系列工作都只是为了得到市场的关注，而不是向消费者兜售具体的产品。

听起来是一项艰巨的任务？没错，在预售造势阶段，的确有许多事情要做，可如果你把预售造势工作视作一件简易的事，就会发现它相当奇妙。一般来说，我的预售造势工作都是通过一两封电子邮件完成的。不过，如今社交媒体也成为许多产品发售的主要造势工具。我还使用过视频和调查表。

预售造势前的 10 个问题

在产品发售前，我会首先思考产品的预售造势工作。在这个阶段，以下10 个问题会一直在我脑海中萦绕。

1. 如何让人们知道我即将推出新产品，但又不留下推销痕迹？

一旦人们认为你在推销产品，他们就会产生抗拒心理。当潜在客户认为你有推销的嫌疑，他们对你的信任感就会下降，甚至根本不相信你。所以，在与潜在客户谈论产品的时候，不要露出任何推销的马脚。

2. 如何激发人们的好奇心？

好奇心是另一种强大的心理诱因，它与人们的期望值密切相关。好奇心就像钩子，紧紧地钩住人不放。如果你在一开始时就激发起潜在客户的好奇心，那你就能在整个产品发售中让他们对你的产品保持兴趣。

3. 如何在潜在客户的帮助下开发产品？如何发挥协同效应？

人们会珍视那些他们共同创造的东西。所以，如果你能让潜在客户参与产品的开发，让他们觉得自己是项目的联合创始人，那你就是在把这些潜在客户变成产品的忠实"粉丝"。

4. 如何知道人们不喜欢这款产品的理由？

要把产品卖给别人就必须绕开他们对销售的抗拒，而只有找到他们不喜欢这款产品的理由，才能克服这种抗拒心理。你只有和他们建立了友好关系，才有可能知道自己被拒绝的原因。遗憾的是，大多数人在发售产品时，根本不清楚人们对产品有哪些意见。而通过预售造势，你可以在产品发售前期就了解这一点。在预售造势期，你也可以回答或解答人们的疑问。

5. 如何与潜在客户就产品展开对话？如何吸引他们的注意？

如何知道人们不喜欢这款产品的理由？如何避免用冠冕堂皇的说辞毁掉我的产品发售？这个问题与第一个问题密不可分。第一个问题是如何在不着痕迹的前提下让潜在客户知道某些重要产品即将上市，而这个问题增加了投入感，即开始与客户展开对话，并且一直保持对话的状态。换句话说，在预售造势阶段，你发明了一种对话式的营销方式，你不再一个人唱独角戏，从而为发售对话埋下伏笔。

6. 如何使产品发售变得风趣幽默甚至刺激无比？

虽然我交给你的工具非常强大，但在激烈的市场竞争中，要让人们的注意力一直聚集在你身上是一件非常困难的事情。在与潜在客户打交道时，你要把他们的注意力想象成下一秒就可能转移的"炸弹"。因为他们将精力集中在你身上的时间非常有限。

这不是危言耸听，现实情况中，你的潜在客户面对着成千上万种可供选择的产品，它们无时无刻不在"拐骗"客户的注意力。你不妨把幽默或惊喜想象成"重置"按键，它能够重新吸引客户的注意。每次让潜在客户嘴角上扬或哈哈大笑的机会，就是把"炸弹"（客户的注意力）的爆炸时间重置为零的时候，这样你就能获得几秒额外的宝贵时间。

7. 如何在竞争激烈的市场中脱颖而出？

这与第 6 个问题相关。脱颖而出是指唤起潜在客户的兴趣，并将他们的兴趣保持下去。我从不希望自己的市场营销模式和别人的一样，我要与众不同、独一无二，并给客户留下深刻的印象。

我一直有个定律：在现实生活中，大部分人并非十分成功，他们只是普通人。我不想成为平庸之辈，你也不应该如此。所以，千万别做普通人所做的事情。相反，你要观察"普通人"的行为，然后反其道而行之。从你所在的市场中脱颖而出并吸引客户并不是什么难事，只要做一些与竞争者相反的事情就可以了。

8. 怎样判断客户是否喜欢我向他们推销产品？

你可能会认为客户在市场上四处闲逛，不是为了别人给他们推销产品。你想得没错，他们的确不喜欢被推销产品。但他们在生活中也面临不少问题，他们怀揣希望、梦想、欲望和恐惧，想找到解决方案。如果你能为他们消除烦恼，他们当然会听从你的建议，向你购买产品。

9. 该如何向客户提供合适的产品？

无论产品发售公式有多么神奇，最终你还是要向客户提供一款优质的产品，我称之为决定性产品。

这不是一个专有名词，但你应该懂我的意思：只有给客户提供具有决定性的产品，你的产品发售才能成功。

要推出一种决定性产品，预售造势至关重要，因为当你以正确的方式询问潜在客户时，他们才会告诉你如何推出具有决定性的产品。

10. 如何把预售造势自然而然地导入预售序列？

由于你的产品发售与序列有关，这里所说的序列就是创建一个顺畅的通道，让产品发售那天顺利到来。因此，你要把预售造势与预售序列紧密结合起来，这是自然而然的事情。

任何时候都适用的预售造势策略

上述 10 个问题总是在我脑海中萦绕，因此，我想通过一两封电子邮件找到解决问题的巧妙策略。幸运的是，我找到了，而且它在 95% 的时候都管用，当然也会对你起作用。这个策略有许多不同的版本，但即使最简单的版本，效果也极其明显。

让我举个例子吧。2005 年时，我准备发售一款与股票交易相关的产品，预售造势工作正有条不紊地进行着。首先我要声明的是，如果你觉得这个故事已经老掉牙了，根本不适合现在的市场，那么我要告诉你，我的产品发售公式辅导课程学员现在仍在使用这个策略，并且取得了巨大的成功。我还要说明的一点是，虽然这个事例关于股市，但它也曾被成功地运用于其他方面，比如吉他教学、保健按摩、宠物照料服务等。

这是一种简单且体面的做法，普通读者并没有意识到这种方法有多么神奇和强大，但我相信你会见识到。我的预售造势工作以一封简单的电子邮件开始，我把这封邮件发给了客户名单上的所有人。近年来，我在脸书和 Instagram 上也做同样的事情。邮件内容如下：

主题：简短声明及求助

我是杰夫·沃克。稍后，我将给你发送一份《股市最新信息》，但在这之前，我想请你帮个忙。

经过长时间的筹备，我即将完成《股票交易手册》的编撰工作，并计划在 1 月初上市。在此之前，我们想征询你几个问题，你可以帮我这个忙吗？

祝好！

杰夫

我给了他们一个真实可用的调研链接，但仅此而已。这封简短的邮件只有寥寥数语，语言平实无华，但开启了整个预售造势工作。光是那封电子邮件，就可帮我完成相当多的工作。读者点击邮件中的链接后，将会看到一个新的网页，其内容如下：

你好！

经过长时间的筹备，我们即将完成《股票交易手册》的编撰工作。我们花了 4 年时间来制作这本手册，现在终于要圆满完成这项工作了。我们将于 1 月初推出该手册。

该教程将关注点聚焦在股票交易的支撑线和阻力线上，它包括 2 本纸质手册、8 张 CD 和 1 张 DVD。我们将把自己所了解的支撑线和阻力线的相关知识毫无保留地传授给你。

这本手册涵盖了创造支撑区和阻力区的所有方法，并告诉你我们是如何在这些区间内进行股票交易的。

不过，我们需要你的帮助。在我们这本手册定稿并出版之前，我们要确保其内容无遗漏之处。

这就是我们向你发出邀请的原因。请花几分钟时间来回答这份篇幅简短的调查问卷。这是我们对你的唯一请求。

请你告诉我们，在股票交易教程中，关于支撑线和阻力线，我们最需要关注哪两个问题？

我用一封篇幅极短的邮件，对读者进行了极其简单的问卷调查。我承认，"CD"和"DVD"这两个词听起来都很古老，但这种写邮件的方式永不过时，它对你现在将要推广的线上教程和会员网站同样有用。在未来，线上教程和会员网站也会变得很古老，但这种预售造势的策略不会失效。回顾预售造势相关的 10 个问题，你会发现，我的邮件对这 10 个问题进行了一一解答。

如何让人们知道我即将推出新产品，但又不留下推销痕迹？ 我当然让人们知道我即将推出新产品，并且不露任何痕迹地做到了这点。我只是请求他们给予我帮助，请他们对这个项目作出反馈。这封电子邮件表面上是一封求助信，但它在其他方面发挥了巨大作用。

如何激发人们的好奇心？ 我用了好几种方法来做这件事。首先，我告诉他们，有新产品即将上市，但他们目前还买不到。然后，我又告诉他们，只要点击链接，就能"获得更详细的信息"。

接着，我说了非常关键的一句话："经过长时间的筹备，我们即将完成《股票交易手册》的编撰工作。"这句话在电子邮件和问卷调查中都出现了。告诉人们这本手册是"经过长时间筹备"的，相当于让人们对本来就好奇的产品更加充满期待。这一点很重要，因为这样的氛围、好奇心和期望值是相辅相成的。因此，通过在前期植入这种观念，我提高了客户的期望值，为今后的产品发售做好了铺垫。

这款产品真的经过了长时间的筹备吗？我不知道。我只知道自己花了很长时间暗示人们它即将到来，并且创建了一份客户名单，正是他们要求我开发这款产品的。我在这个项目上费了很多心思，我已经准备好发售这款产品了。对我而言，说它是经过长时间筹备的，一点都不虚夸。

如何在潜在客户的帮助下开发产品？如何发挥协同效应？ 当我的读者点击链接、进入问卷调查页面时，我问他们最关心的是哪两个问题。通过征求潜在客户的反馈意见，我让他们参与到产品的开发过程中来。以下这句话是重点："不过，我们需要你的帮助。在我们将这本手册定稿并出版之前，我们要确保其内容无遗漏之处。"

请记住，对于自己参与开发的产品，人们总会抱着珍视的态度。而我需要做的就是提供读者一个参与开发产品的机会。在这里，还有另一种微妙的心理因素在起作用。还记得在上一章中我提到过的互惠心理吗？虽然有点违反常理，但我们就是在与互惠心理打交道。你可能在想："这里怎么有互惠心理呢？是因为你要求他们帮忙吗？"

还记得吗？读到这段文字的人都是订阅了我的电子邮件的客户，他们当中许多已经是我的老客户，而由于我每天向他们发送消息，他们已经把我视为专家甚至是"大师级人物"了。

现在，通过咨询他们的意见，我给予了他们足够的关注。在这里，关键词是"给予"。通过给予关注，我正在许多读者心中建立起互惠心理。只需要一封简短的电子邮件和一份小小的问卷调查，我们就可以建立心理诱因的汇合点，它们会在今后发挥积极作用。

如何知道人们不喜欢这款产品的理由？ 这个问题很简单。在问卷调查中，我直截了当地请求他们提出反对意见。虽然我并没有用"反对意见"这个词，因为人们可不认为自己在反对我。但通过询问他们"最想问的两个问题"，他们会把反对意见告诉我。当你这样做时，通常会发现人们的回复有两三个甚至四个共同的主题，这些主题就包含了潜在客户的主要反对意见。

如何与潜在客户就产品展开对话？如何吸引他们的注意力？如何知道人们不喜欢这款产品的理由？如何避免用冠冕堂皇的说辞毁掉我的产品发售？ 首先，请看一下那封电子邮件和问卷调查，根本没有"冠冕堂皇的说辞"。在邮件的开头，标题就是"简短声明及求助"。大型企业什么时候会在他们的电子邮件中请求客户的帮助？整个短而精的序列紧紧围绕如何与客户展开对话展开。在请求读者反馈意见时，对话就开始了。

如何使产品发售变得风趣幽默甚至无比刺激？ 在这款产品的预售造势阶段，我并不确定自己是否做到了这一点，但我能确定的是，在新产品面世之前，我就和读者分享了它的相关创意。我让他们进入我充满创意的世界，这就像是在一个挤满人的房间里跟某个人说悄悄话，其他人看到了，也想知道你对他说了什么。在这个例子中，我正是这么做的。

如何在竞争激烈的市场中脱颖而出？在产品发售之前向客户咨询意见，让他们参与到产品开发的过程中，这个做法非常重要且关键，因为人们一定会支持自己所参与创造的产品。在产品开发过程中，我只是给了他们一个很微妙或者微不足道的角色，而这一行为却达到了笼络人心的目的，这样他们才会一直支持你的产品发售工作，甚至购买你的产品。

怎样判断客户是否喜欢我向他们推销产品？这就是问卷调查的意义所在，除了收集人们对产品的反对意见，还可以给你带来各种额外的数据和信息。

如果进行问卷调查，你最好使用选择题和问答题相结合的形式。人们对选择题的回应程度更高，因为选定选择项比打字方便多了。不过，问答题能让你更深入了解受访者的想法，而这种想法会让你知道如何构建产品预售和发售序列。通常情况下，我会将问卷上的词句复制下来，直接粘贴到预售内容上加以利用。直销行业有句老话：你要进入潜在客户的心中，与他展开对话。从问卷调查上获得的反馈，让你更容易进入客户内心并与之对话。问卷调查的力量无可比拟。

该如何向潜在客户提供合适的产品？这个问题的答案存在于问卷调查的反馈当中。实际上，问卷调查只是第一步。如果我发售一款信息类或知识类产品，就可能需要不断做问卷调查，直至产品发售为止。所以，在整个准备和预售阶段，我都会不断收集数据，对产品进行微调。

即使你卖的是一些实体商品，也可以在整个产品发售活动中添加更多信息。例如，在这次产品发售中，我最终增加了互动问答的远程论坛。由于远程论坛都是在产品发售之后发起的，所以在产品发售过程中不需要投入太多的精力。其他类型的产品发售同样可以采取这样的方法。

如何把预售造势自然而然地导入预售序列？发出第一封电子邮件几天后，我给名单上的客户又写了封邮件。我对他们的热情回应表示感谢，并告诉他们，这个项目已经接近尾声，我感到非常兴奋。这段话让我能够继续和客户探讨即将上市的产品，并且不显露任何推销痕迹。我并没有声嘶力竭地大喊："买我的东西！买我的东西！"相反，我邀请名单上的客户和我一起共同开发这款产品。

预售造势工作向他们表明，我很想把这款产品做好，而且对他们问题和要求非常感兴趣。我给他们制造了一种期待，让他们觉得这款产品是最符合他们需求的产品。

信不信由你，我穿着浴袍赚了 11 万美元

预售造势最大的好处是，它虽然简单，但拥有无比强大的力量。虽然这项工作需要动些脑筋，并且要提前规划，但它的实施过程相当简单。请看一下我刚才的例子吧，凭借一封简短的电子邮件和一次问卷调查，我就完成了一次预售造势工作。写邮件和制作问卷只要 1 个小时。

这只是其中一个例子。我曾使用过不同的技巧进行预售造势，但问卷调查最有效。我建议你把这个方法用于第一次预售造势。如果你既想让市场知道你的产品即将上市，同时又想收集反馈信息，这绝对是个好方法。问卷调查给了我一些极其重要的反馈信息，让我知道市场需要什么、潜在客户有哪些反对意见以及我在产品发售过程中应该使用什么样的沟通方式，从而为产品发售积聚力量。那次产品发售是我第一次销售实体商品，也是我第一次发售一套完整的教程。我身后没有大型出版商的支持，只有我自己、我的电子邮件订阅客户和一个简单的小网站。

如果我说"我穿着浴袍赚了 11 万美金"，那听上去一定很做作又虚伪。然而，我说的就是事实。我的确是穿着浴袍坐在餐桌旁发售的这款产品，下图就是开通购物车之后不久，妻子帮我拍摄的照片，照片中的我喜笑颜开。

而在此之前，随着发售时间的临近，我也经历了一段紧张的时期。就像每次发售产品时那样，我的手指悬停在鼠标上方，犹豫不决。我想确认一切是否就绪，更想知道点击鼠标之后会发生怎样的事情。

结果答案很快就揭晓了。在我点击"发送"按键之后不到 4 分钟，就收到了第一张订单。第二张订单在 5 秒之后到达，可谓好戏连台。在之后的 1 个小时，销售额达到 2 700 美元。当我在 1 周后结束产品发售时，销售额超过了 110 000 美元。

在没有任何附属机构、经销商、电话销售和销售人员的情况下，我实现了这样的业绩，所有的资源不过是一个简易的网站和一份电子邮件客户名单。当然，要取得这样的成果，除了预售造势，还需要其他技巧。除了这封百余字的电子邮件和一份简单的调查问卷，还有其他因素在起作用，这正是我们在下一章要学习的内容，它是产品发售公式的核心和灵魂。现在，是时候把你的预售序列组合起来了。

我穿着浴袍，坐在餐桌旁发售产品，赚了 11 万美元。

第 7 章

预售的魔力：
客户需要什么，我就卖什么

LAUNCH   HOW TO SELL ALMOST ANYTHING ONLINE,
BUILD A BUSINESS YOU LOVE,
AND LIVE THE LIFE OF YOUR DREAMS

UPDATED & EXPANDED EDITION

你的人生和事业是否成功，与你在这个世界上创造的价值紧密相关。而创造价值的最佳方式，就是筹划一个令人印象深刻又能创造巨大价值的预售序列。你不用等待太长时间就会看到成果，因为成果会在产品发售日，也就是开通购物车的时候纷至沓来。

▶▶▶ LAUNCH

当威尔·汉密尔顿和朋友开始创建 FuzzyYellowBalls 网站时，他关心的是这三个问题：观看在线视频可以提高网球技巧吗？在线辅导能够取代（或补充）实体网球课程吗？人们会花钱在网上学习打网球吗？

刚从大学毕业的威尔·汉密尔顿想成为职业网球教练，但这需要长期的积累——这种"长期"让他兴趣大减。因此，他利用父母家的地下室开始在网上做生意。威尔最初的计划是在 YouTube 上发布视频，通过做广告赚钱。但他很快明白，这种经营模式没什么前途，因为网球教学课程的浏览量和点击量太少，根本不可能吸引到广告商。

威尔创建了一个专注于网球视频教学的会员网站，他和合伙人将会员价格定为每月 25 美元。人们到底会不会花钱在网上学习网球教程？这个问题的答案似乎是否定的，因为报名学习的人数实在太少了。10 个月后，威尔和他的合伙人连基本生活都无法维持，他们觉得这次创业即将宣告失败了，于是准备关闭网站，继续寻找下一个项目。就在这个时候，威尔发现了产品发售公式。他只准备了几周时间就发售了第一款产品。威尔后来也认为，他的首次产品发售有许多不够完善的地方。但他很快完成了预售工作，并且只使用了产品发售公式中一些最基本的方法。

在本章中，你将会看到，即使你只恰当运用产品发售公式的一些基本原则，效果也相当惊人。在威尔首次发售产品后的第 1 个星期，销售额达到 35 000 美元，这几乎是他们自开店以来，10 个月的总销售额。而由于威尔的产品是通过网络发售的，销售额就相当于纯利润。

几乎一夜之间，威尔的网站活过来了。未来方向非常清楚，他们肯定要发售更多产品。在第二次产品发售中，威尔全力以赴，并且更加严格地执行了产品发售公式，最终销售额翻了一倍，达到 65 000 美元。第三次产品发售的业绩更为出色，销售额突破 6 位数大关，达到 105 000 美元。

每完成一次产品发售，威尔和他的合作伙伴的客户规模就提升一个等级，产品的市场定位就更加清晰，营销技能也更加纯熟。威尔第四次发售的产品是一款名为"网球忍者"的新产品，最终它创造了 170 000 美元的销售额。这次产品发售有一个突破：它引起了职业网球选手鲍伯·布莱恩和麦克·布莱恩的经纪人的关注。这对双胞胎在网球界被称为布莱恩兄弟，他们无疑是网球史上最成功的职业男子双打组合之一，而这一次他们有兴趣和威尔共同开发一款新产品。

布莱恩兄弟与威尔合作的成果就是《布莱恩兄弟双打培训教程》，这是一套成熟的教程，由鲍伯和麦克亲自示范，威尔负责出版和销售。这次产品发售远远超过了以往的成绩，销售额达到惊人的 450 000 美元。

几个月后，布莱恩兄弟勇夺温布尔顿网球赛冠军和奥运会金牌，威尔有机会戴着两兄弟赢得的金牌和他们一起合影。下图居中拿着两块奥运金牌的人就是威尔。

我虽不能保证你使用产品发售公式之后，就一定能戴着两块奥运会金牌与世界冠军合影，但从威尔取得的成绩中可以看出，执行得当的产品发售将会产生巨大影响。而在威尔的整个产品发售中，作用最大的还是预售序列，这正是本章的要义，如果你能把预售工作做好，其他难题就会迎刃而解。

威尔·汉密尔顿手持奥运会金牌与布莱恩兄弟合影

产品发售公式救活了在线网球课程，还吸引了世界冠军

从"快来买我的产品"到"我要买你的产品"

你已经知道了讲故事、预售对话和序列这三种元素的强大力量，并且对心理诱因所产生的惊人影响已经有了清楚的认识。你也了解了翻页式促销信的作用。与此同时，我向你介绍了一些普通人的产品发售经历。他们借助产品发售公式，用不同的产品在不同的市场取得了同样辉煌的成功。

现在，是时候深入细节了，我们要开始深入探讨预售序列。在这个阶段，所有技巧将汇集在一起，也正是从这时候开始，你得把希望营销法从观念中赶走，并真正开始借助强大的产品发售公式来筹划自己的产品发售。对于预售序列（以及整个产品发售公式），你要记住一点：它不是单独发挥作用的，而是集各种元素于一体，帮助你提高客户转化率，并促进业务发展。

简而言之，产品发售并不是某个特定的因素产生了惊人效果，而是一个协同合作、精心筹划的过程，是所有方法、策略和心理诱因的共同作用。它能使销售过程彻底改头换面。现在我们需要趁热打铁，学习预售序列。

执行产品发售公式的关键环节之一，就是向潜在客户兜售产品前，向他们传递价值，并与他们建立亲密关系。这看似简单，实际上，很少有人能做到这一点，更多的情况是，人们通常会做一些类似于沿街叫卖的举动，大声叫嚷着："快来买我的产品！快来买我的产品！"

问题在于，无论你处于哪个行业或市场，都有成百上千甚至上万的人和你一样大声叫卖，他们会与你争抢潜在客户。沿街叫卖很难让你的产品脱颖而出，你的生意也只会越来越难做。媒体宣传如洪水般淹没了我们的日常生活，而且愈演愈烈。总有些人嗓门比你大，叫卖时间比你长，产品价格比你低。

你或许不想参与这种竞争，因为它会消磨你的精力，而最终，没有人可以从这场竞争中胜出。更麻烦的是，当你发售一款新产品或开拓一项新业务时，就会身不由己地与那些拥有大量忠实客户的老牌企业为敌。想要打一场与众不同的战争，你就必须创造一套仅仅于你有利的规则。

如何才能做到这一点？不要为了吸引客户的注意而大声叫喊，你应该在暗示客户购买你的产品之前，为他们创造价值，从而吸引他们的注意。我的朋友乔·波利希有句口头禅："生活给予给予者，索取索取者。"我觉得这句话很有道理，把它应用于当今的商业环境再适合不过。

互联网经济使给予成为一件轻而易举的事情。现在，给予别人某样东西比以前更容易、成本更低，因为你可以在网上赠送别人许多"内容"，既可以是书面资料、视频和音频文件，也可以是其他任何形式的东西。而且，给予这样的内容根本不用花太多钱。

需要注意的是，你在给予别人东西时不可太随意，否则不会得到太大好处。假设你的产品是针对企业高管的辅导服务，那么送给他们素食食谱显然不会帮助你提高销量。你要把向客户提供的内容构建成一个序列，让这个序列为你的销售做准备。这才是产品发售公式的精髓所在。

循序渐进：预售序列

预售序列一般由三部分预售内容组成。你可以把它想象成一个由开头、中间、结尾组成的三段式戏剧，每一部分预售内容都有具体的工作要做。三部分内容彼此独立，但三者组合起来，才能构成一个完整的故事。你要避免抛出三段毫无关联的内容，否则你就不可能得到理想的结果。

以下是故事的整体框架：首先，你要引导潜在客户识别变化或转型机遇；然后，你开始全方位教学，向客户展示这种变化或转型；最后，你要和客户分享自己的创业体验。在最后一个阶段，你需要将话题的重心转向自己的产品，以及产品对你的潜在客户所带来的影响。

你要把我们在第5章谈到的心理诱因逐步放入整个序列中。在向潜在客户提供免费内容时，你自然而然地触动了他们的互惠心理。接着，通过展示你在相关领域的知识水平，你触发了权威感这一心理诱因。在产品发售过程中，你顺理成章地获得了客户的信任感。而当你收集与预售内容相关的评论并营造对话氛围时，就是在培养客户的群体意识。由于你带领潜在客户经历了整个序列，这就相当于触发了他们的重大活动与仪式感。最后，随着产品发售日的临近，潜在客户的期望就会越来越高。

你会发现，预售序列会接二连三地触发各种心理诱因，因为它本来就是按这样的流程设计的。如果这些方法运用得当，你会处于一个极具影响力的位置，而不必依赖一些只适合于二手车店的销售手段。事实上，你正在用人类建立影响力的方式建立自己的影响力，而且是以超快的速度在做这件事。

整个序列包含着不可思议的魔力。即使你不是一名天赋异禀的广告文案人员或一位业务能力超群的销售人员，也同样能够取得成功。如果你能把这两种才能结合起来，那绝对是再好不过的事情。归根结底，产品发售公式相当于市场营销的均衡器，它让那些没有受过专门训练的营销人员能策划出一场卓有成效的销售活动。如果方法运用得当，在预售即将结束时，你将收获一大批潜在客户，而他们已经迫不及待地等着购买你的产品。

在这里，我要简单说一下预售内容的表现形式。预售内容的制作是一个很灵活的过程，你可以通过电子邮件、博客文章、PDF 报告或音频文件等形式发布，但在过去几年中，大多数人使用的都是视频。

提前录好的视频或是直播视频有许多优点，首先，在当今社会，大多数人看视频的时间显然比阅读时间多得多。其次，制作一个引人入胜的视频通常比坐下来写一份内容丰富的报告容易得多，除非你天生擅长写作，否则还不如用视频来打动客户，因为视频更容易让潜在客户认识你，并让他们觉得与你产生了某种联系。最后，视频比其他类型的内容有更高的感知价值。

一般的视频有两种类型：屏幕捕获视频和全动态视频。屏幕捕获视频是从电脑屏幕捕捉下来的一段带声音解说的视频，你可以用这个方法记录一份PPT 报告、一段网站演示或某种软件的使用情况。

全动态视频就像你在电视上看到的那样，它是用摄像机拍摄下来的。这两种视频没有优劣之分，它们各有千秋。有些人喜欢用屏幕捕获视频，因为他们在摄像机前感觉不自在；而有些人则喜欢用全动态视频，因为不用做太多准备工作。

既然视频成为预售内容的主要媒介，那么在本章的剩下部分，我将假设你要用视频作为预售内容，不过请记住，你不一定非要用视频不可。我发售过许多成功的产品，也就只用过电子邮件这种简单的工具而已。

下面，让我们进一步了解预售内容的每个步骤吧。

第一段预售内容：你为什么应该在意我

第一段预售内容很重要，它必须紧紧抓住潜在客户的注意力，把他们吸引过来。因此，这段内容一定要扣人心弦，并且要回答一个至关重要的问题："为什么？"潜在客户为什么要在意你？他们为什么要花宝贵的时间来关注你？他们为什么要听你的？你能够为他们做些什么？

你该如何回答这些问题？每一款产品、每一次产品推销的背后，都蕴含着某种转变。如果你销售的是一款高尔夫培训产品，你就是在向潜在客户提供一个转变的机会，因为你将帮助他提高球技。销售帮助人们寻找真爱的产品，也是在提供转变机会；销售邮件服务器同样如此，因为他打开邮件的速度将提高 3.8 倍。

有些人就是不喜欢转变这个词，或者他们没有意识到自己的产品具备这样的功能。没关系，只要你喜欢，用"变革"或"影响"这样的字眼也可以。关键在于，你的产品最终能给潜在客户带来哪些好处。说到底，你要么帮助客户解除痛苦，要么给他们带来快乐。

这个道理不仅适用于产品发售公式，也适用于其他销售方式。广告文案人员都知道一句话：如果你有一家五金店，并且店里出售电钻，那你就不是在卖电钻，而是在卖"木头上的钻孔"。

人们只想为最终结果掏钱，而不管你卖的是什么产品，他们对实现结果的工具并不感兴趣，因为工具只是实现结果的手段而已，而你要卖给他们的正是这个工具。

让我们换一个角度看待问题。如果你想去自己喜欢的海滨度假，你应该只关心如何高效、安全、舒适地到达那个地方，并且最好少花钱。可能你并不太关心使用什么交通工具，只要能达到上述要求，乘坐什么样的交通工具都没有太大区别，因为你的目的是到达目的地。

现在，**你应该已经明白，人们不购买你的产品最首要、最普遍的原因就是他们对你的产品不感兴趣。**比如说，你可能有世界上质量最好的轮椅，它在现有产品中最舒适、最有效、最可靠、设计最灵活，甚至价格最低，但如果你把它推销给一个根本不需要轮椅的人，那你肯定卖不出去。

人们不愿购买你产品的第二个原因是他们没有钱。他们身上没这笔钱，而且也没办法挣到这笔钱。如果真是这样的话，那就没办法了。

人们不愿购买你产品的第三个原因是他们不信任你。不管你告诉他们你的产品有多好，他们就是不信你的话。他们坚定地认为你在撒谎或者你弄错了。换句话说，他们要么觉得你的道德有问题，要么觉得你能力有问题。

人们不愿购买你产品的第四个原因有点复杂。他们信任你，相信你对产品的理解是正确的，并且认为这款产品很不错，但是他们觉得这产品不适合他们。举个例子吧，比如你正在向人们兜售某种戒烟方法，你的潜在客户完全信任你，并且相信你的方法对于很多人都有效，但他们在私底下会这样想："我已经尝试过十五种戒烟方法了，没一种管用。"

对于前两种情况（他们不想买你的产品或手上没钱），产品发售公式也无能为力，但如果你把产品发售公式运用得炉火纯青的话，就能应对第三和第四种情况。要让潜在客户信任你和你的产品，就必须借助在第一段预售内容中加入以下内容：

做出承诺。告诉潜在客户你的产品能给他们的生活带来变化。

确立权威性。告诉潜在客户，他们为什么要听你的。

你不能一直大谈特谈机会，还得向潜在客户传递价值。让潜在客户对产品提出意见，然后回应这些意见，或者承诺在即将发售的视频中回应这些意见。事实上，无论你推荐什么产品，都会有人提出反对意见。你要勇敢面对这些意见。

为第二段预售内容预热。让潜在客户知道，还有一段视频将要发布，并透露一点第二段预售内容的精彩内容，让他们期待着。

号召人们采取行动。在产品发售博客或社交媒体上要求人们发表评论。

第二段预售内容：你的生活会产生哪些改变

第一段预售内容关于"为什么"，第二段则阐释"做什么"，即转变是什么，它们给你的生活带来了哪些变化。第二段预售内容更多的是教导，教人们一些真正有价值的小窍门或技巧。

在 5 ~ 10 分钟里，教会潜在客户什么技巧才能对他们产生影响？你如何才能立刻转变他们的人生，或者至少让他们扭转思维，从而认为转变是可以实现的？这种影响或改变不一定要惊天动地，只要能让他们有进步就可以了。例如，在推出产品发售公式这款产品时，我的第二段预售内容就是种子式发售模式，我明确告诉我的潜在用户该怎么做。

你会在第 9 章学到种子式发售，它是指在没有客户群或产品的情况下进行的快速产品发售方式。

由于第二段预售视频只有 18 分钟，我不能像在产品发售公式辅导课程里那样深入地教导学员，但我已尽量深入地探讨这个问题了。很多看过这段视频的学员中，有些人已经成功进行了种子式发售。

虽然大部分学员并没有立刻进行种子式发售，但我还是想给他们提供足够的培训，这样他们至少演练过一次。重点在于，如果第二段预售内容能让你的潜在客户看到自己身上发生了你承诺的变化，那你就达到目的了。

以下是第二段预售内容应包含的基本要素，它们能让你的预售内容给人留下深刻印象：

> **感谢与回顾**。感谢人们对第一段预售内容所提出的问题和评论，然后简单回顾一下第一段内容。

> **回顾承诺**。迅速回顾第一段内容提到过的机遇，但不用花太多时间。别指望你的潜在客户已经看过第一段视频，更不要指望他们留意

过或记得它们，要知道他们都非常忙碌。或许产品发售对你来说很重要，但对他们也许无关紧要。

简要回顾你的地位。你要让他们记得你是谁，以及他们为什么要听你的。但不要花太长时间，请速战速决。

进行案例研究或教一些实用的东西。你要给观众创造一些真正的价值，教他们一两样可以马上派上用场的实用技巧。

解答疑惑。谈谈客户提出的两三个重大的问题。你要追踪潜在客户的最大疑惑，直至你所承诺的转变已经成真。

为第三段预售内容预热。你要让他们知道，还有一段视频即将发布。透露一点那段视频的内容，增强他们对视频的期待感。

号召人们采取行动。要求人们在产品发售网站上发表评论或在社交媒体平台上转发。

第三段预售内容：跟我学，慢慢来

第一段预售内容关于"为什么"，第二段讲述"做什么"，第三段要开始回答"如何做"这个问题。

换句话说，你已经向潜在客户展示过可能会发生的变化，例如学会弹钢琴，让自家草坪更茂盛，让爱犬更温驯或是掌握冥想打坐的技巧。但是他们通常不知道如何让自己的生活发生这种变化。第三段视频的目的就是帮助他们掌握改变未来的主动权。他们将理解并感受到自己拥有转变的能力。毫无疑问，问题的终极答案就是购买你的产品或服务。在第三段预售内容的末尾，他们就会得到这个答案。但开始时，你要继续为潜在客户创造价值，而不是号召他们购买你的产品。

在整个预售序列中，你要做的最重要的一件事就是制造惊喜和悬念。请把预售序列想象成一部电影或一本小说。随着故事的发展，你会看到"剧情上升"，这个术语是我上高中写作班时常用的，它的含义是故事正往高潮发展。每发布一段预售内容，你的节奏就应该更快，兴奋感也更强烈。以下是第三段预售内容应包含的基本要素：

表达你的感激和兴奋之情。感谢你的观众在第二段预售内容中所提出的问题和评论。告诉他们，你和他们一样兴奋（如果你在第一和第二段内容中表现出色，你的观众就会非常兴奋）。

快速回顾承诺，再次强调你的地位。别指望他们记得（或看过）你的前两段视频。简短地向他们描述一下转变是什么，并告诉他们你是谁，他们为什么要听你的。不要在这上面花太多时间，要一带而过。

有可能的话，展示一小段案例研究。如果你还没有成功案例可以分享，别担心，下一次发售时你一定会有的。

回答人们问你的几个重大问题。换句话说，你要对人们的反对意见做出回应。也许在之前的预售视频中，你已经做过这件事了，但即便如此，在现在这个阶段你还是要再做一遍。人们会问一些不同的问题，也就是以不同的方式提出同样的反对意见。所以，你要继续回答那些不断出现在评论里的问题。

向潜在客户讲解你的宏大规划及实现规划的方法。这时，你要后退一步，思考哪些事情是可以实现的。如果你的潜在客户购买了你的产品，他们的人生最终会发生什么变化？你要从各个角度去分析，然后将这些未来可以实现的转变代入到你对客户进行的描述中。

将话题重心转向产品推荐，实现"软着陆"。用第三段预售内容最后 1/10 的时间来完成这项工作。现在，你的潜在客户已经爱上你了，因为你给他们带来了巨大的价值。是时候让他们为即将到来的产品做准备了，这就是所谓的"软着陆"。

你肯定不想在上一段视频中还和他们是好朋友，但转眼就在另一段视频中成了二手车销售员。因此，你要在产品还没发售时就提醒他们，你要向他们推荐一款产品，而他们将会迎来人生转变，如果他们准备好了话。

为你的产品发售培养稀缺性。你要在产品发售中体现出产品的稀缺性，而在第三段预售内容的末尾，你要向人们提及这种稀缺性。但要注意，千万不要用稀缺性打击潜在客户，因为他们在这个阶段还没有看到你推荐的产品。但这是一个很好的时机，你要提醒他们留意你的下一封电子邮件，因为你推荐的产品将是限量发售的。

号召人们采取行动。在产品发售网站或社交媒体上要求人们发表评论。

以上，便是预售序列的全部内容。如果操作得当，你不但可以和潜在客户建立亲密关系，还可以体现你无可辩驳的权威，并让人们产生互惠心理。在这个过程中的每一步，你都要给潜在客户创造巨大的价值。

当潜在客户在你的博客留下评论时，产品发售对话就开始了。人们开始浏览彼此的评论，甚至开始往来交流，这样的对话让人们逐渐形成一个群体，从而赋予你强大的洞察力，知道潜在客户最不能接受的东西是什么。此外，通过评论你还可以评估预售内容是否打动了潜在客户。

我要提一下与案例研究和法律相关的问题。在深入这个话题之前，我要澄清一点：我不是一名律师，也没在网络上扮演过律师，所以我所说的都是行外话，你千万别把它当成专家观点。此外，在我写这本书的时候，还不清楚相关的法律法规是否有所更新。但最基本的一点已经非常明确，即多年前，美国联邦贸易委员会颁布了当前正在使用的广告代言法规。具体内容指，所有产品的广告代言必须以实际使用效果为基础。

过去，卖家在公布产品结果时，会加上一则类似于"该结果不具代表性"的免责声明。现在，这样的声明已经不管用了。这方面的问题我不打算进一步解释，因为我不是律师，而且这个话题还存在许多争议。

之所以谈到这个话题，是因为我们要在预售内容中引入案例。在写这部分内容时，在什么情况下案例分析会与广告法规相抵触我尚不清楚，所以如果你对销售过程的某个环节或预售内容存在疑惑，但又决心在美国销售产品，最好还是找律师咨询一下，看看自己是否遵守了相关法规和准则。

优秀预售序列的关键：创造价值

现在让我们思考一个关键问题：预售序列应该持续多长时间？发布每段预售内容的时间间隔要多长？一切要视情况而定。

我个人策划的预售活动从 3 天到 27 天不等，但我不推荐你在最初几次发售产品时用这两种极端的时长。在刚开始时，预售时间最好是 7 ～ 10 天，计时要以你发售第一段预售内容为开始，真正发售产品和开始接订单为结束，也就是我们所说的开通购物车之时。

假如你销售的是价格较低的产品，例如单价为 27 美元的电子书，那我认为预售时间可以短一点，7 天或者 5 天就足够。假如你销售的是价格较高的产品，例如单价为 297 美元的豪华游轮求职培训课程，那我建议预售时间长一点，比如 10 天左右。

一个为期 7 天的预售序列通常是这样的：

第 1 天：发售第一段预售内容

第 3 天：发售第二段预售内容

第 5 天：发售第三段预售内容

第 7 天：开通购物车

一个为期 10 天的预售序列通常是这样的：

第 1 天：发售第一段预售内容

第 5 天：发售第二段预售内容

第 8 天：发售第三段预售内容

第 10 天：开通购物车

安排预售序列时你要记住关键的一点：预售内容远比预售序列的时长重要。只有你向客户传递真正的价值，并遵循我教给你的产品发售公式，一切才会顺利。

现在你可能已经在思考一些让预售序列奏效的具体细节。但请先后退一步，从大局角度思考。有时候，人们第一次看到产品发售公式时，会认为它只不过是一堆运用心理学技巧迷惑潜在客户的市场营销把戏而已。现在，如果你能把这些技巧运用起来，我承诺其作用不亚于对潜在客户施加魔法。

制定优秀预售序列的过程，就是为市场创造巨大价值的过程。你要为那些参与整个发售过程的潜在客户创造价值，这是你必须要做的事情。但这并不意味着你要血本无归，也不意味着你要讨好那些整天寻找免费赠品却从不买任何产品的人，更不意味着你要用尽自己的所有资源赔本赚吆喝。

创造价值是指发布真实的内容，给人们传递真正的价值。你不但要唤起他们的兴趣，还要给他们实质性的东西。例如在第一段预售内容中，你要教会他们识别转变，但又不能光谈转变。我发售产品时都会得到大量产品评论，客户往往讶异于我所提供的内容。推出产品发售公式辅导课程时，数以百计的人借助我在预售阶段提供的免费资料成功发售了产品。我觉得这是个了不起的成绩，因为除此之外，我没有其他办法把产品卖给客户。我要穷尽一生为客户创造价值。

归根结底，你的人生和事业是否成功，与你在这个世界上创造的价值紧密相关。而创造价值的最佳方式，就是筹划一个令人印象深刻又能创造巨大价值的预售序列。你不用等待太长时间就会看到成果，因为成果会在产品发售日，也就是开通购物车的时候如约而至。

第 8 章

开通购物车：三，二，一，发售！

LAUNCH
HOW TO SELL ALMOST ANYTHING ONLINE,
BUILD A BUSINESS YOU LOVE,
AND LIVE THE LIFE OF YOUR DREAMS

UPDATED & EXPANDED EDITION

今天是开通购物车之时，你筹备了几个月，就是为了这一天。尽管客户已经通过你的产品发售序列知道了产品预售的内容，但你可不能对销售信息敷衍了事。你要从向客户承诺开始，告诉他们整个产品的故事。记住，要强调产品带来的转变，竭尽全力引起客户和市场的注意。

▶▶▶ LAUNCH

艾米·斯莫尔（Amy Small）喜欢纱线，也爱好织东西。她对这件事充满了热情，甚至创立了一家公司，开始设计和销售手纺纱线和针织图案。她告诉我，她在 2010 年开始创业，但在初期，她采用的完全是"希望营销"模式（Hope Marketing）。她把纱线卖给零售纱店，但利润十分低。她一直勉强维持着生意，公司负债累累。最令人沮丧的也许是，艾米的纱线产品很有特色，深受终端用户喜爱，但她没有与他们建立真正的联系，她的客户是贮存她纱线产品的零售店。

后来，一个朋友向她推荐初版的《浪潮式发售》。艾米说，当她拿起这本书的时候，还以为它只是一本普通的商业书籍，根本没有预料到本书将对她的企业和人生带来巨大影响。她的首次发售就实现了 1.2 万美元销售额，艾米说："它完全改变了我的生活。"

与销售额同等重要的是，艾米现在直接跟她的客户合作。除了销售纱线，她还为新客户提供针织图案，举办"一起织东西"活动。她的首款产品并不完美，但她一直努力改进。不断地与新客户建立联系，电子邮件名单也越来越长。艾米第二次发售的销售额增长到 1.7 万美元，提高了将近 50%。第三次发售的销售额则增加了一倍多，达到 4 万美元。她每次都在改进整个发售过程和产品体验。艾米确实很努力工作，但成果之大还是让她感到难以置信。

有一点至关重要：艾米卖的是实物产品，即纱线，但她也改变了人们的生活。首先是针织活动本身，它呈现出的是一种近似冥想的特质。紧接着，她的"一起织东西"活动在客户群中营造了非常强烈的社区意识，而社区是人们极其渴望的事物。成为社区的一份子是一种转变，客户感觉自己融入了更大的世界中。该社区还协助人们完成针织项目，而完成艰巨的任务正是一个人所能做的最具转变意义的事情之一。

与客户互动时，艾米可以感受到他们生活中的转变。所以，在下一次发售活动中，她决定将这种转变添加到她给客户发送的信息中。如果说艾米觉得她使用发售公式所取得的前期成果令人难以置信，那么，接下来发生的事情更让她大吃一惊。

简言之，后续的发售取得了惊人的成果。在前 1 个小时内，销售额就超过了 10 万美元！当你得到这样的成果时，你就知道你的预售信息是正确的。艾米关注客户未来生活中即将发生的转变，这才是最重要的。她也非常注重"稀缺性"这一诱因（见第五章），因为她的纱线数量有限，而某些颜色组合的纱线数量更少。那次发售的销售总额达到 26.4 万美元。正如艾米所说，"这简直太疯狂了！"由于她的客户非常渴望继续与她保持联系，所以那次发售结束后，她推出了一个会员网站，每月都有 250 人花 22 美元购买会员资格，加入她的网站，也就是说，她每月都有 5 500 美元的经常性收入。

艾米的故事还有一个关键点，那就是客户身份的转变。在看这本书之前，她的客户是纱线商店，而现在，客户变成了纱线的用户。她与这些热情的客户建立了直接联系，看到客户用她的纱线织成漂亮的毛衣和围巾。随着业绩水涨船高，艾米对自己的公司非常满意，身心十分愉悦。

艾米没有停下发售的脚步，现在她每年发售两次产品。在最近一次发售中，有 1 400 人加入了她的"一起织东西"活动，实现了 32.2 万美元销售额。

这些发售的产品和活动相加起来，使她今年的营业额超过 100 万美元。所有一切都发生在两年多时间里，艾米就是用你现在手里拿着的这本书开启了整个旅程，这样的故事足以令人惊叹。

艾米·斯莫尔与客户建立联系，从负债累累到年入百万美元。

开通购物车阶段，客户参与是重中之重

记住，机会、转变和所有权是预售阶段的重点。当你进入到实际的发售阶段，即开通购物车阶段时，参与就变成了重中之重。整个序列是这样的：

第 1 段预售内容：机会

第 2 段预售内容：转变

第 3 段预售内容：所有权

第 4 段预售内容（开通购物车阶段）：参与

我所说的参与是指说服潜在客户报名购买你提供的产品或服务。如果你经营着一家非营利组织，参与的目的就是让他们捐钱捐物。但这并不是参与的唯一目的，参与其实就是要求你的潜在客户为了以后的好处成为你的会员。记住，无论你卖什么产品，都将给他们的生活带来某种转变。你的产品要么给他们带来更多快乐，要么以某种方式减少他们的痛苦。然而，在他们获得这种转变之前，他们必须先接受它。他们必须参与到这种变化中来，为了将来更好的自己。

也许这听起来很神秘，但道理很简单。如果有人要报名参加你的戒烟计划，他们首先要明白这个计划对他们有效，还要认定如果他们能够坚持下去，就能戒烟。他们必须说："没错，我可以戒烟。我可以跟香烟说再见。"他们要参与到未来的变化中。以艾米为例，她的潜在客户必须对自己说："好的，我可以织完那件毛衣。"底线是，你的未来客户必须参与到他们的未来当中，成就一个新的、更好的自己。在开通购物车阶段，你必须提醒客户参与进来。

点击"发送"按键，就像宇宙飞船发射

我很难描述产品发售日带给人们的兴奋之情。今天是开通购物车之时，人们筹备了几周甚至是几个月，就是为了这一天。为了迎接这一天的到来，你积攒了无数的能量，竭尽全力引起客户和市场的注意。这就是产品发售的全部意义所在。如果你已经按产品发售公式的要求去做了，就会把市场的兴趣提升到一个巅峰状态。自然而然地，你的情感和能量也会处于巅峰状态。

我断言，你将永远不会忘记第一次点击"发送"按键和开通购物车时的感觉。我的一位朋友是宇航员，他曾去过三次国际空间站。他向我描述了宇宙飞船发射升空前几秒的情境，那种瞬间加速所带来的力量感简直妙不可言。

虽然这听起来很傻，但他的描述让我想起一次完整的产品发售时的感觉。在发售产品时，你将获得类似的瞬间加速感，这种感觉美妙无比。

产品发售日需注意的重要细节

我们一般用开通购物车日来指代产品发售日，因为你会在这天开通自己的购物车，开始接受客户订单。可能你已经猜到了，发售结束这天就被称为关闭购物车的日子。虽然我们并不会真的关闭购物车，但你仍然要明确地告诉客户，产品发售活动已经结束。现在谈论这个话题为时过早，稍后我再回到这个话题。

如果到目前为止，你一直按我告诉你的流程做事，那你已经拥有了一组强大的预售序列，它将带领你一路走到购物日。你的预售内容与客户名单相关，你激发了客户的心理诱因，营造了权威感、社会认同感及群体意识。在预售的最后几天，你的产品具备了稀缺性。最后一段预售内容给你提供了强大的支撑点，你开始向人们宣告产品即将到来。换句话说，你已完成了销售过程中最繁重的工作。

启动产品发售的方法十分简单。你要制作一个优质的销售页面，内容通常是一段销售视频或一封促销信。尽管经历过你的产品发售序列的人已经知道产品预售的内容，但你可不能对销售信息敷衍了事。你要从向客户承诺开始，然后告诉他们整个产品的故事。记住，要强调产品带来的转变。

无论你是用销售视频还是促销信来制作销售页，一旦准备就绪，下一步要做的就是向参与产品发售的客户发送邮件，让他们知道你已经准备好开张了。邮件内容应简明扼要，里面要有销售页的链接。

到目前为止，你已经花了足够多的时间和精力铺垫，因此，这封邮件一定要开门见山、直奔主题。

以下是购物日电子邮件的范本，我发售产品发售公式培训课时，用的就是这封邮件：

各位：

我刚刚开放注册了产品发售公式课程，该课程现已接受预订。请点击以下链接，申请购买产品发售公式课程。

之所以稍微提前开放注册，是为了减轻服务器负担，避免抢购导致网络堵塞。

此致

杰夫

备注：你不必惊慌，课程名额并没有立马被销售一空，但是如果你希望参加产品发售公式现场研讨会，那就千万别迟疑，名额很快就会卖完。

正如你看到的，这封电子邮件简明扼要。邮件开头只有一句话，然后就是促销信的链接。当然，在我发出这封电子邮件之前，已经确认过链接一定可以打开。请注意，大部分人在看电子邮件的时候，都会留意备注中的内容。所以我用它来触发人们的稀缺性诱因，提醒邮件阅读者不要延迟订购，否则他们会错失参加现场研讨会的机会。

我不怕你说我啰唆。在发送那封开通购物车的电子邮件之前，请确保你已经检查并测试过每一个步骤，甚至重复测试也是有必要的。你的销售页是否可用？页面上的所有链接是否都可以打开？你是否已经编制好订货单，并且校对过单据内容？你是否已经仔细检查过整个订购流程？客户下单后，你会第一个知道后面所发生的事情吗？客户购买产品后，感谢页面如何设置？

确认订单的电子邮件该怎么写？订单履行程序制定好了吗？

如果一切已经准备就绪并经过仔细检查，那么请其他人也来检测一下吧。所谓当局者迷，以防万一总是有好处的。双重检查过后，是时候发出这封电子邮件了。我得告诉你，无论我发售过多少次产品，每次在给客户发邮件之前，我都十分紧张，在点击按键发送开通购物车邮件之前，我仍然会犹豫不决。这是一个重要时刻，因此难免忐忑不安。但只要你做了最后校验，那就可以马上发售产品了。

一旦你的产品发售开始启动，前一两个小时就会像是观看一场引人入胜的体育赛事。你肯定会为前期的结果感到心神不宁。当收到第一个订单时，你终于可以松口气了，因为它意味着一切运转正常。

收到第一个订单后，我通常会花一两个小时观察各项数据。我会观察网站的流量、客户打开和点击产品发售邮件的次数、订单数量以及订单背后的细节即人们所做的选择、他们是谁以及他们来自哪里等。要观测的数据规模非常庞大，就算你花上一整天估计也看不完。但一小时之后，你必须从这些数据中抽身，重新投入工作，因为你的购物日才刚刚开始。

生意开张当然令人兴奋，但它只是整个产品发售序列的一个组成部分。一般来说，产品上市的时间应持续 4～7 天。有时候，我的产品发售时间更短，我的产品会在 24～36 小时内销售一空。除非你已经发售过好几次产品，积累了一定经验，否则你要避免压缩产品发售时间。在产品上市时间过短的情况下，假如不小心犯下错误，就会几乎没有时间纠正。对于首次发售产品，上市时间保持在 5 天会非常好。

产品上市后的效果取决于你所在市场、推出的产品以及整套发售策略。不过，通常来说，你会在第一天获得大约 25% 的订单，在最后一天获得大约 50% 的订单。

之所以第一天的效果如此明显，是因为你已经使客户对这款产品充满了期待；而在最后一天销量剧增，是因为稀缺性心理诱因开始起作用。显然，余下的订单会在产品发售开始和结束之间逐渐到来。

产品发售后期如何创造稀缺性，掀起抢购狂潮

一次成功的产品发售，离不开完美的句点，这是一项基本准则。你要明确告诉客户，如果他们不在产品发售结束前购买你的产品，将会失去一次绝好的机会，即错失好东西。这种遗憾的结果会给你的关闭购物车环节打一剂强心针，因此产品销量会在最后的 24 小时剧增。

很多人会尽量避免在产品发售后期制造稀缺性。你千万别犯这种错误，否则会自食其果——销量减半。在产品发售的最后阶段，你要采取一些真正行之有效的方法才能获得事半功倍的效果。

制造稀缺性的主要方法有三种：

涨价　在产品发售过程中，你给顾客提供的是特价，顾客只有在这个阶段购买才能得到这个价格，而在发售最后阶段价格要恢复到更高的水平。这一点很容易理解，它就像是商场的盛大开幕促销，感恩节之后的超级购物日。虽然涨价很容易操作，但进一步吸引顾客购买的功能并不是特别强大。

取消额外奖励　让我们假设一下，你正在推销一款吉他教学课程，在产品发售阶段，客户购买你的产品就可以获得一份特别奖励，即可以通过 Skype 从你这里接受一次个人吉他辅导课程。如果潜在客户不在产品发售期间购买课程，他们将无法获得这份奖励。这将营造一种非常强大的稀缺性。如果你向客户提供的是极富吸引力的馈赠，那么取消奖励将比涨价更具威胁性。

产品会下架　在产品发售阶段，如果客户不购买你的产品，那他们就会与这次机会擦肩而过。也就是说，他们永远失去了购买一款优质产品的机会。在大多数情况下，这是最有效的稀缺性诱因，比涨价更能激发人们的购买欲。

但唯一的问题在于，这种稀缺性不太适合某些产品。

例如，如果你要开一家餐厅，那你肯定不希望几个星期后就关门大吉。我个人经常使用这种稀缺性，因为我的产品是以类似于大学授课的方式向一群学员教授课程，也就是说，我接受报名的时间有限，如果有人错过了报名期，就无法参加我的课程。如果这种稀缺性适合你的产品，那它就是一种极其有效的激励因素，能刺激人们购买你的产品。

关键点在于，你可以把这三种形式的稀缺性结合在一起使用。在产品发售快结束的时候，如果你能使价格上涨，并且让产品下架，那你的产品就具备了更明确的稀缺性，产品发售效果也更加显著。

最后请记住，能够利用这三种稀缺性并不意味着可以操纵别人。这些稀缺性必须真实存在才能起作用。

以稀缺性结束产品发售会助你取得极佳的效果，因为你的潜在客户可能正在迟疑。如果你的产品非常棒，能够给他们的生活带来巨大影响，那你要尽量给他们一个好理由帮助他们克服犹豫不决的毛病。你要用感叹号结束自己的产品发售，在稀缺性当中注入一丝紧迫感，这才是正确的方式。

在开通购物车期间，你不应该掉以轻心。我看到许多学员在最后阶段泄气，因而错过赚钱的好机会。在这个阶段，你每天都要坚持给潜在客户发电子邮件。

你一路走来，付出了许多时间和精力，千万不要在这个时间点上放弃在你的潜在客户面前制造存在感。在发售活动的早期，你传递的大部分信息都将与社会认同有关。逐渐地，信息的重点将转向产品的稀缺性。邮件是你与顾客沟通的主要方式，但同时你也要充分利用社交媒体和一切其他途径。接下来，我会向你展示最基本的开通购物车序列。

在产品发售日，你要发出两封电子邮件，并运用社交媒体平台。第一封是在开通购物车的时候，具体写法请参考上面的邮件。第二封则是在开通购物车之后 4 个小时。后一封邮件的作用是让你的潜在客户知道一切都在顺利进行着，你已经正常营业了。

开张第二天，你要给潜在客户发出一封邮件，告诉他们产品发售引起了巨大反响。你的目的就是触发客户社会认同感这个心理诱因。另外，你还需要在邮件中附上产品销售页面的链接。在这个环节，你同样可以利用社交媒体扩大信息的传递范围。

第三天，你要发一封篇幅更长的电子邮件，回答潜在客户对产品的首要疑问。和在产品发售期间的所有电子邮件一样，你要在销售页里至少放入一个链接。此时，仍然要记得利用社交媒体。

第四天，邮件的内容要与稀缺性有关，通常这样的邮件只需要 1 ~ 2 封。你要提醒潜在客户，产品发售活动将在 24 个小时之后结束。你要明白无误地告诉他们发售结束的准确时间，并且让他们知道，如果他们在发售结束前不行动起来，就会承担不小的损失。

第五天，你要发出 3 封电子邮件。第一封邮件要一大清早就发出去，重申你会在这天的某一个具体的时间点结束产品发售；第二封邮件则在发售结束前 6 ~ 8 个小时发出去；第三封邮件将会是最后的礼貌提醒，你应该在结束前的 2 ~ 3 个小时发送。

如果你按照这个步骤做，这将是锣鼓喧天的一天,订单会如潮水般涌进来。可惜的是，许多人在最后一天松懈了，这简直大错特错。他们要么没有给潜在客户发电子邮件，要么只发了一封。之所以发生这种状况，通常是因为他们觉得在产品发售期间已经发送了太多电子邮件，多发一封邮件大概也不会起什么作用。

这种想法完全错误，所以你千万不要重蹈覆辙。你要在产品发售结束这天给客户发送上述电子邮件。相信我，这样做会让结果完全不同。你的许多潜在客户都患有拖延症，他们一定要等到最后一刻才会做决定。

如果你发售过产品，并见识过人们在最后一刻抢购的盛况，就会同意我的看法。在什么时候结束产品发售并不重要，重要的是，你会看到人们在最后一刻下订单。所以，请务必在产品发售结束当天发送三封邮件。我这个建议完全是为你的利益着想。

进阶版开通购物车策略

过去几年里，PLF 界最大的创新之一就是"开通购物车"序列的演变。如今，在我的发售活动中，该序列得到的关注和预售序列一样多。一个更强大的开通购物车策略能给你大量站在潜在客户面前的机会，并在购物车关闭前保持住他们的注意力。

如果你刚起步，现在必定正忙着构建你的发售活动，而核心公式就是你要进行一场成功的发售活动。

为此，你只需遵循我上面概述的基本流程即可。但是，当你准备好提升发售的层次时，你还可以采取以下方法。

全内容页面（All-Access Page） 我将把所有预售内容放到这个页面，它让所有内容都非常容易访问。如果我正在做一次联营式发售活动（见第10章），那我将会让我的联营伙伴要求他们的员工直接访问这个页面，而无须点击"选择加入"。

额外的 PLC 视频 有时候，我会增加第四个 PLC 视频，讲授一小片段内容。这段内容是独立的，因此它不会带来很多与前期 PLC 相关的问题，其目的是以软着陆的方式让人们了解即将发售的产品。

额外的直播培训 类似于发布额外的 PLC 视频，但我是以直播（见第11章)的形式做这件事的。同样地,直播培训内容也是独立的,时长相对较短,还应该把产品销售带入其中。

案例分析 我喜欢在开通购物车阶段以案例分析为主要内容。你要向潜在客户展示其他人已经如何成功地使用了你的产品或服务，这样做的效果非常好。案例分析有多种形式，包括视频、现场直播和书面案例分析。

常见问题解答页面 在这个网页中，或在社交网站帖子、视频或电子邮件中，你可以简要地回答潜在客户可能要问的所有重要问题。在最近一次发售活动中，我和团队创建了一个网页，上面回答了 50 多个常见问题。值得注意的是，你回答大部分常见问题的目的应该是让潜在客户进一步接受你的产品或服务。换句话说，对于潜在客户提出的主要疑问，你全都要作出回答。

直播问答 类似于常见问题解答页面，但形式变成了现场直播。如果你不反感用摄像机进行现场直播的话，这可比写一份书面的常见问题解答文档更容易 更高效。你也可以同时做这两件事，即进行直播问答和创建常见问题解答页面。

学员小组 我喜欢学员小组，因为我喜欢炫耀我的学员和他们的成就。我曾做过一次现场直播，让 6 ~ 8 名学员谈论他们借助发售公式做了什么事情，以及它如何改变了他们的人生。

名人小组 与学员小组类似，但这个小组以你所在的市场或细分市场中的一些名人为主。如果你能说服那些名人在直播期间向购买你产品的客户提供福利，那这个方法就会特别有效。我个人并不太支持这种方法，也许它非常有效，但我更愿意关注我的学员，而不是市场的名人。

更强大的开通购物车序列

如果你想使用上述某些方法来构建一个更强大的开通购物车序列，那么为时 5 天的序列可能是这样的：

第 1 天（发售日）：这天与上述基础版的开通购物车第 1 天相同。你应该给客户发送两封电子邮件，并在社交媒体上提醒客户参与活动。第一封邮件可以直接开通购物车，而大约4个小时后的第二封邮件则让你的客户知道发售已经开始，你正在营业当中。

第2天：向客户额外分享一个PLC视频或PLC直播。如果你分享的是视频，那你的电子邮件要出现在视频中，而不是你的销售页面中。如果你分享的是直播，就要在早上给客户发邮件，宣布即将进行直播，然后在直播前跟进客户是否收到邮件。

第3天：发布常见问题解答页面或进行一场问答直播。如果你选择发布常见问题解答页面，那你的电子邮件就要出现在那个页面中，而不是你的销售页面中。如果你进行问答直播，就要在早上给客户发邮件，宣布即将进行直播，然后在直播前跟进客户是否收到邮件。

第4天：加入案例分析、学员小组或名人小组。请记住，从这天开始，你给客户传达的信息要向稀缺性转变，所以，即使你分享视频或进行直播，也要开始提醒客户，今天是发售的最后一天，特惠即将结束。你要非常明确地说出发售结束时间，还要告诉你的潜在客户，如果发售结束前他们不下单的话会有何损失。

第5天：这天你要做的所有事情就是告诉客户发售即将结束。你可以通过直播来回答客户在最后关头提出的问题。

一定要给发送三封电子邮件，并在社交媒体上发布消息。更高级的序列可能就是这个样子的。

请记住，在开通购物车环节，你务必要从教学转向引导客户做出决定，购买你的产品。

此时，你要解答客户内心的疑虑，指明一条能给他们人生做出真正改变的道路，并温和地引导他们做出购买产品的决定。

当突发事件降临

尽管我希望一切顺利，希望每一次产品发售都能取得巨大成功，但挫折不可避免。有时候，产品发售的效果会不如预期。另一些时候，发售会彻底失败。所以，下面我将就一些最常见的问题给你提供有用的建议，让你在产品发售进展不顺利时知道怎么应对。

技术性问题

第一类问题是技术层面的。如果你发送太多邮件，过大的流量可能会导致网站服务器瘫痪。

在第一次发售产品时，你不太可能遇到这个问题，只有在客户非常多、业务规模非常大的产品发售中才会产生巨大的流量，从而导致服务器崩溃。所以我建议你在初次发售的时候，不必太担心这方面的问题。

我在一次大规模的产品发售过程中就遇上了这种情况，这让我无比痛心，因为我不但为此损失了大批订单和一大笔钱，还失去了客户对我的好感，信誉也大打折扣。千万别粗心大意，让服务器崩溃可不是什么好玩的事情。

收款问题

许多人忽略的另一个问题是收款，即客户要如何付款。如果你通过网络接收订单，就要使用某种支付网关或商业账户。无论你使用哪种支付手段，如果订单蜂拥而至，银行都会如临大敌。银行很可能将订单量剧增视为一种风险，他们担心你根本不发货，而是卷着一大笔钱去塔希提岛享受阳光了。在美国，假如你真的这样做，银行则要负责偿还订单金额。简而言之，当订单数量的增速超过正常水平时，你的商业账户开户行会被吓到。

我的商业账户和 PayPal 账户都遇到过好几次这样的状况。避免产生这种麻烦的最好办法就是，在产品发售前与账户提供商进行大量沟通，而且要和那些支持在线产品发售的账户提供商做生意。当你告诉银行，你要以"杰夫·沃克的方式发售产品"时，他们就明白怎么回事了。

订单问题

如果你的产品发售没有带来订单该怎么办？你开通了购物车，但购买者寥寥无几。虽然我想告诉你，这种情况很少有，但它确实发生过。假如真的发生了这种状况，那就赶快进入诊断模式。

首先，应该检查一下销售流程。先从产品发售邮件开始检查。进入电子邮箱里的群发功能，把里面的链接都点击一遍，确保它们正常工作。然后，检查一下你的网站，看看是否一切正常：销售页和促销信是否已经上传？订货单能否打开？自己下个订单试试，它能否正常运转？

接下来，你要确定网站流量有多大。查看一下电子邮件群发数据，看看电子邮件是否已经发送出去。检查网站点击数据，看看是否有人进入过你的网站。

最后，如果网站一切正常，流量也正常，但仍然没有接收到订单，那你可能是遇上客户转化率问题了。一般来说，客户转化率出现问题的主要原因有两个：产品有问题或者你的销售信息有误。想弄清楚到底哪个原因造成了低转化率，需要进行一系列复杂的工序。

首先，让我们确认一下产品。你发售的产品有吸引力吗？它是否提供了一种解决方案，或者解决了你客户关心的问题？你的产品是市场迫切需要的，还是你自以为客户需要的，或者只是你凭空创造的？产品是否满足了潜在客户追求梦想的需求，是否符合了市场的趋势？

然后，再确认你的销售视频或促销信里的信息。销售信息是否清楚地表明你的产品将给潜在客户带来转变？产品的优点是否显而易见？这些优点是否具体且实在？购买产品的流程是否简单易行？你是否清晰地告诉潜在客户你的产品是什么？如果按产品购买流程的每一个步骤去做，他们能得到什么？产品价格是多少？质保条款怎么样？

无论是产品问题还是销售信息问题，一旦找出原因你就必须立刻纠正。要知道，亡羊补牢，为时未晚。我曾看过一些人在产品发售进行到一半时调整产品内容或修改销售信息，他们几乎马上就打了一个漂亮的翻身仗。

通过产品发售，你会给客户留下深刻的印象，这正是产品发售产生的强大而惊人的效果之一。当你在预售内容中传递真正的价值时，无论是那些购买你产品的客户，还是那些只观看了预售内容而没有购买产品的客户，都会逐渐爱上你。当然，你不可能得到所有人的喜爱，但会得到其中大部分，他们才是与你志趣相投的人。

一旦你完成了产品发售并关闭了购物车，就要马上与那些购买你产品的人加强关系。这就是所谓的产品发售善后工作，这一步对业务未来的长期增长十分关键，因为你要借此延续和维持产品发售所带来的好势头和高地位。我总是不遗余力地为新客户多做一些事情，我建议你也这样做。

我习惯给客户提供一些额外的奖励，但在产品发售期间，我不会提及这奖励，而是在购物车关闭不久，才把奖励送给新客户。通常，出人意料的小恩小惠会产生惊人的效果，会让你从市场中脱颖而出。你不必发疯似的给予客户奖励，只需要比你所承诺的东西多一点就行。你要制定一个稳固的新客户跟进流程，这是最容易做到的事情，其中大部分工作都可以通过自动电子邮件完成。

还有一方面的工作马虎不得，那就是客户服务。

创业伊始，我并未花太多时间提供客户服务。但在接下来的那几年里，我吸取了教训。我相信我给客户提供了世界级的服务，而我在这上面花的每一分钱都收到了成效。

　　我并不把客户服务视为成本中心，而是把它视为业务拓展战略的重要组成部分。

　　最后，千万别忘了跟进那些没有购买你产品的客户。在预售阶段，你已经花了大量精力去"追求"他们，即使他们这次没有购买你的产品，但仍然是未来产品的潜在客户。千万别让这段关系随意终结。在产品发售结束几天后，给他们发送更多的内容，那他们势必会期待你下一次的产品发售。

　　到目前为止，我们已经学习了产品发售的全过程，下一章我将给你一样好东西——种子式发售模式。接下来我将告诉你，我如何利用一次简单的种子式发售，把我的小公司变成价值数百万美元的商业帝国。

第 **9** 章

种子式发售：如何白手起家

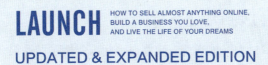

也许你既没有潜在客户名单，也没有可以销售的产品；也许你已经有了一份事业，可还想开展另外一项不同的业务；也许你已经准备好了一切，但不知道从何开始。种子式发售模式会解决上述所有问题。只要掌握了种子式发售的秘诀，你完全可以白手起家，创建自己的事业。

▶▶▶ LAUNCH

　　塔拉和大卫·马里诺的生活因为孩子的离世而彻底改变，丧子之痛是任何人都无法承受的事实。我无法想象这种痛苦，但我知道失去至亲之人，特别是年幼的孩子对于父母而言是一件多么悲痛的事情。要从丧子之痛中走出来，不是件容易的事情。

　　大卫有一份稳定且体面的工作，他的年收入达到 6 位数。但长年待在同一家公司中，他感觉自己像一只井底之蛙，看不到外面的天地。失去孩子之后，他觉得世界上已经没有什么值得关注的事情了。塔拉兼职做一点房地产生意，但大部分时间是一名家庭主妇，在家里陪着另外两个年幼的孩子。

　　塔拉有一个强烈的愿望，就是帮助自己的朋友过上更好的生活。她的朋友大部分都是像她一样的家庭主妇或全职妈妈。当她初次听说产品发售公式时，就觉得这正是她要寻找的工具，她要借助这个工具，把自己的想法传递给更多人并开创自己的事业。甚至，她觉得产品发售公式将帮助丈夫大卫重新振作起来，过上新的人生。

　　塔拉面临着巨大的挑战——她要白手起家。她帮助过很多朋友，有许多第一手素材，知道如何教人们过上更好的生活。但目前，她既没有现成的教材，也没有现成的研习班，甚至连演讲稿都没有，更谈不上真正的产品了。

还有一个问题：塔拉没有任何电子邮件客户名单或平台。虽然她在 Twitter 上有一些"粉丝"，在脸书上也有一些好友，但仅此而已。塔拉该如何开展业务？

连点子都没有也可以谈创业？

只要掌握了种子式发售的秘诀，你完全可以白手起家，创建自己的事业。这正是塔拉所做的事情。

塔拉从个人收件箱和社交媒体上收集了 200 个人的信息，制作了一份客户名单，然后开始预售工作。她推出的产品叫作"完美的你"。按塔拉和大卫现在的说法，整个业务简直就是在仓促中拼凑起来的。但最终，塔拉的培训课程卖出了 5 个名额，赚了 3 000 美元。

这个产品是一个为期 6 周的远程培训课程，塔拉准备了很多活页练习题和模板。也就是说，塔拉是在完成销售之后才开发出这款产品并发送给客户的。每一周，她都要为远程教学制作资料，然后打电话给客户，给他们上课。由于整个过程互动性很强，她可以从客户那里得到反馈，然后对课程内容进行微调，让客户在下一次上课的时候得到自己想要的东西。塔拉记录下了每一次远程教学的内容，这样，在第一个项目结束后，这些记录下来的资料就成为她下一次产品改进的基础。种子式发售既给塔拉带来了收入，也为她完善了一款产品。

第一次发售产品就赚得了 3 000 美元，这看似荒唐的事情原本已经足够令人兴奋，但接下来发生的才真正让人惊讶。在塔拉第一次讲授培训课程的时候，通过与客户互动，她又想到了另外两款产品，连产品名字她都想好了，叫"感性的力量"和"美丽方程式"。由于首次产品发售反响热烈，塔拉和大卫创建了一份拥有上千名客户的电子邮件名单。他们第二次产品发售的销售额约为 12 000 美元。与第一次相比，这已经是大幅度的增长了，但这只是开始。第三次产品发售的销售额达到 9 万美元，第四次则高达 19 万美元。每发售一款产品，他们的客户量都会增加，他们在市场上的声誉也越来越大。现在，塔拉的产品销售额已经超过了 50 万美元。

在此期间，大卫辞去了工作。虽然生意上的成功从未缓解他们的丧子之痛，但他们已经让自己的家庭生活焕然一新了。当塔拉和大卫带着两个年幼的儿子去法国过暑假时，生活又发生了戏剧性的转变——他们决定留在法国！塔拉一直梦想着住在法国，而她新的业务模式和生活方式突然间让这个梦想成为可能。于是，他们乘飞机回国，把大部分家当放进储藏室，然后举家搬到了法国南部。

至此，我相信你已经看到了精心策划的产品发售活动所产生的惊人力量，而且你已经看到，作为一种经过实践验证的营销模式，产品发售公式对于任何规模的业务都能发挥作用。

但是，有些人并不明白如何使用这套流程，尤其当他们刚开始创业的时候。也许你就是他们中的一员。可能你会觉得，虽然这些话都有道理，但就是不知道该如何开展业务。也许你既没有潜在客户名单，也没有可以销售的产品；也许你已经有了一份事业，可还想开展另外一项不同的业务；也许你已经准备好了一切，但不知道从何开始。如果真是这样的话，那本章内容就太适合你了，因为种子式发售模式回答了上述所有问题。

我之所以称它为种子式发售，是因为这种发售虽然规模很小，但能让一款产品、一项业务获得空前成功。

想象一下，一颗种子是如何长成参天大树的。如果你只是盯着这颗种子，怎么都想象不到它会有这么一天，然而我们知道，这一切肯定会发生的。种子式发售也是一样。在刚开始的时候，它可能只是一个想法和几次零星销售，但最终能发展成为一项规模庞大的业务。

产品未问世，销售已达成

在详细叙述种子式发售的原理之前，我想先举个例子，让你知道它是如何发挥作用的，并且会产生多深远的影响。这次种子式发售的故事发生在 2005 年，与许多产品发售一样，它是在一次迫切的需求下发生的。实际上，这是我亲身经历的一次产品发售，而且是遭遇失败后的二次创业。

我曾与别人合伙经营各类产品多年，但后来，这段合作关系突然终止了。这些年来，我和很多人合作过。顾名思义，所谓合作，就是这种关系不会持续太久，这是我对合作关系最深刻的体会。不管怎样，合作最终都会在毫无征兆的情况下结束。在一个周五的下午，我的合作伙伴打电话对我说，他不但要跟我散伙，而且要带走我全部买家。

大多数生意人都有过类似的经历。有一天，你突然就失去了生意和大部分收入。在我看来，这种情况并不罕见，必须要重视。因此，我做的第一件事就是坐下来，思考下一步我要做什么。我花了很长时间，把上一桩生意中自己喜欢和不喜欢的东西罗列出来，然后再把在新业务中希望发生的变化列出来，同时花大量时间去寻找符合我新业务的目标市场。最关键的是，我在思考自己的新业务可以给市场带来什么价值。

多年来，我关注的利基市场是股票投资和股票交易，我所有的产品都是教人们如何投资股票市场。尽管我很喜欢这个行业，但也难免有身心疲惫的时候。过去，我平均每年发布五百多次股市快讯，而由于我是在没有任何员工的帮助下做这件事，所以十分艰辛。我已经准备好投身于另一个市场，不用再整天赶稿。

我还要考虑另一个驱动因素：最近，我发现自己对创业和市场营销产生了极大热情。在刚开始创业的时候，我对市场营销一无所知，但多年后，我已经在这方面锻炼出了真本领。在一无所有的情况下，我创立了自己的业务，开发出大量订阅者，并发明了这个疯狂的公式来发售我的产品。其实，我一直在与其他创业者朋友分享我的产品发售技巧，而他们也取得了卓越的成就。我知道我的方法对其他人管用，就像它对我起作用一样。

我在市场营销和产品发售方面的专长能为人们创造价值，我也非常喜欢所有与创业和市场营销相关的利基市场。但我有两个问题：一是我没有适合这个市场的客户和产品，此前业务所开发的客户虽多，但他们只对股票市场感兴趣；二是这些客户对我的新业务没有什么帮助。不过，有一件事是对我有利的：我要在几周后参加一个市场营销会议，并受邀在会上发言。我打算利用这次发言的机会建立新业务。

我做了一份介绍整个产品发售过程的精美报告。这份报告的演讲时长为90分钟，在报告的末尾，我发出了邀请：如果有观众想深入了解产品发售公式，学习如何将我的策略付诸实施，我将开一个小规模的辅导班，逐步指导客户学会这个流程。我把这个班称为产品发售研习班。我会在客户发售产品之后，通过远程授课的方式，对客户进行辅导。

现场叫卖是一门艺术，而我只想说，我在这方面既不熟练也没有经验。因此，我在报告末尾的这个邀请并没有引起热烈的反响。当时有接近300人参加了这次会议，而我的研习班只卖出6个名额，这个表现并不好。现在我知道了，在现场叫卖之后，即使有10%的响应率也是低于预期的，何况我当时得到的响应率还不到3%。

我意识到自己不一定是一个出色的推销员，但绝对知道该如何发售产品。我终于有了真正的客户，我坚信自己能给他们提供一种技能，这种技能将彻底改变他们的人生。

当时，我还有另外两个问题。首先，我知道如何发售产品，但不一定知道如何传授这些知识；其次，为了提高学员的参与度，我想把开班人数保持在6人以上。于是，我邀请了几个自主创业的朋友和过去几年中认识的企业主加入研习班。我知道，凑足开班人数远比靠这个研习班赚钱重要得多。他们当中的许多人知道我成功发售过许多产品，都迫不及待地想学习。这是一个双赢的局面。最终，这个研习班的人数超过了 30 人。

现在人数问题解决了，可我还得考虑以怎样的方式向学员授课。我知道如何发售产品，但是我从未教过别人。经验告诉我，当你是某方面的专家的时候，通常会受到"知识的诅咒"，也就是不会站在初学者的角度思考问题，而是以一种居高临下的态度传授知识。

于是，我转而求助我个人最喜欢用的一种工具。在讨论预售造势时，我提到过这种工具。我问学员，他们想学些什么内容。在开班报名的时候，我承诺会进行 5 次远程授课，就在第一次授课之前，我对 30 位学员进行了一次问卷调查，想知道他们对产品发售有哪些最想了解的问题。

接着，我把他们的答案分成 5 大类，分别与我要进行的 5 次远程授课相对应。在准备第一次授课内容的时候，我把话题定为"产品发售公式综述"，针对这个话题，我把他们的问题按逻辑顺序排列好，然后，我只要在授课的时候逐个回答这些问题就可以了。

在第二次授课之前，我又进行了一次问卷调查。我问学员，他们是否对第一堂课的授课内容有疑问。然后，我要求他们对第二堂课的话题"如何创建预售序列"进行提问。我再次将这些问题以非常有趣的方式进行排列，并在授课的时候逐个回答。

每次授课前，我都重复这个流程：对问题进行分类、分析，逐个解决。在完成 5 次远程授课之后，我又额外赠送了 1 堂课，回答学员心中的疑问。

那时候，我一直痴迷于超额兑现承诺，于是又额外提供了几次关于案例研究的课程，给他们讲解一些产品发售的案例。

最终，在课程结束的时候，我大概上了 9 ~ 10 堂课，远超出原先承诺的 5 堂课。我们深入研究了产品发售公式，而我也把自己知道的一切都教给了学员。一些学员因此给我发来充满溢美之词的感谢信，有些学员还给我提供了他们成功进行产品发售的案例。学员们对我的赞赏，一部分原因是我超额兑现了承诺，另一部分原因则是我的授课内容（后来成为产品发售公式的教学内容）极具革命性。最重要的，还是因为我的学员非常喜欢这门课程，你必须要明白这一点。

尽管我此前从未教过别人这方面的知识，但我还是出色地完成了这项工作。我之所以做得这么好，并非我天生就适合当一名产品发售课程的老师，而是因为我让学员主导了这个过程。无论是在上课的过程中，还是在开课前的问卷调查中，我不断询问他们想学习哪方面的知识，授课内容是否足够清晰，哪些内容需要重讲或详解，他们还有哪些问题没有得到解答等。在这次种子式发售中，我利用首批学员学会了如何授课。

以我目前的行业地位看，市面上许多产品并不十分优秀。但是，采用种子式发售模式能保证你可以创造出一款优秀的产品。它让你在与客户互动的过程中创造产品。通过咨询客户意见，你让他们也参与了产品的开发过程，最终，你将拥有一款优秀的产品。

简而言之，你会自然而然地适应市场的需求，而不用臆测客户的想法。你摆脱了"知识的诅咒"，并给客户带来真正的价值。

锁定目标客户，创造属于你的"种子式发售"

现在，让我们开始学习种子式发售的细节。如果你刚开始创业，而且手上既没有客户，也没有产品，那它就是最理想的产品发售方式。如果你心中已经有了新产品雏形，但又不确定市场对这款产品的需求，或者想在产品上市前就获得收入，那么这种方式也相当适合你。你会发现，种子式发售是极其灵活的发售方式，但它的局限性在于，不适用于有形物品。如果你的产品是知识型的,那这种产品发售方式简直再适合不过了。假如你要教客户减肥、搞好人际关系、找一份更好的工作、跑马拉松、驯犬、吸引更多患脊椎病的客人、在社交媒体上吸引更多"粉丝"等,那你会爱上这种发售模式的。

到目前为止,你几乎已经学习了种子式发售的全部方法和概念。令人欣慰的是,种子式发售是最简单的产品发售方式;更令人欣慰的是,当你圆满完成这个发售过程时,你的产品也就成型了,而且会是一款能完全满足客户需求的优秀产品。

种子式发售模式利用了两种鲜为人知的现象。除非人们接触过直销行业,否则一般不会意识到这两种现象的存在。

第一个现象是:**从百分比来看,小规模的客户群比大规模的客户群响应程度更高**。我的意思是,这种响应程度不是高一点点,而是高出很多。例如,在一次产品发售中,我的客户群有 299 人,我准备向他们提供在线服务,这种服务之前是免费的,而现在却要收费了。这次销售的难度简直史无前例,而且服务的价格不菲,每年要收 100 美元。

虽然这次销售的难度极高,但我的客户相当热情。换句话说,我与客户的关系非常好。产品发售结束时,在 299 名客户中,有 297 人申请购买这款产品,客户转化率达到 99.3%。当然,这个成果并不具有代表性。我能取得这样的结果完全是因为我的客户群体十分团结,而我与客户之间的关系恰好又特别暖心。进一步说,如果客户规模有 3 000 人,我就没法实现这么高的转化率了。

第二个现象是:**每个客户群都有一部分积极分子,他们是你的拥趸,会打开你发给他们的每一封电子邮件,无论你推荐什么产品,他们都会迫不及待地想购买**。这些人会第一时间回复你的邮件,第一时间在你的博客发表评论,第一时间转发你在社交媒体上更新的内容。庆幸的是,几乎每个客户群都有这样的积极分子,他们在小规模的客户群中占比尤其高。当你把"小规模客户群更活跃"和"积极分子都隐藏在小规模客户群中"这两个因素结合在一起的时候，你就有了种子式发售的基础。

当然，你可能会觉得奇怪，既然我在前面说过可以在没有客户的情况下进行种子式发售，那为何还要说"小规模客户"的事情？理由很简单，种子式发售的第一步就是创建某种超小规模的客户群。这个客户群可能只有30人，但如果人数能达到100人就更好了，如果能达到300人那就再好不过了。

不过，就算创建一个超小规模的客户群，也不是一件容易的事情，社交媒体就是做这件事的最有效工具。吸引首批订阅者就像在Twitter、脸书，以及Instagram等社交网站或其他新兴媒体上发表话题一样简单。如果你需要了解更多关于如何创建客户名单的技巧，请回顾本书第3章的内容。

社交媒体的更新速度比书籍出版速度快得多，即使在这本书出版后多年，种子式发售仍然会发挥作用，所以，我不会具体教你如何通过社交媒体创建超小型客户群。但归根结底，你要发布与产品相关的内容，通过它们引起客户的兴趣，从而吸引追随者。这些内容可以是你原创的，也可以是转发的。无论哪种内容，要吸引一小群追随者，并不需要多长时间。我重申一遍，最好能吸引100～300个潜在客户，然后你就能按照计划进行下一步了。在你之前，成千上万的人已经成功建立起这个规模的客户群。相信我，你也能做到。一旦你在社交媒体上成功吸引到了一批粉丝，记得将他们转移到你的电子邮件名单上！

种子式发售的最终目标不是挣100万美元，而是为了让你进入这个行业，帮助你自主开发一款优秀的产品，了解你的目标市场，并为将来更大规模的产品发售奠定基础。还记得吗？塔拉·马里诺第一次发售只赚到了3 000美元，但很快她的收益就不止如此了。

我的产品发售研习班也是种子式发售。就像我在这次产品发售中所做的那样，你要为所有在你进行种子式发售时从你那里购买产品的人上网课。你可以通过网络研讨会或现场直播来完成这件事。用于上课的实物工具非常易于学习，它们要么免费，要么价格非常低廉，而且每年都有更新更好的工具面世。最重要的是，你要在网上给新学员上一堂课或发表一番演讲。你要有能力与他们进行互动，回答他们问题并发表评论，如此一来，你和学员都会觉得课程更加有趣。

　　小提示：如果你的观众是本地人，你可以对他们进行现场培训，但你得想办法把培训过程录下来，最好能录成视频。

　　假设你准备为你的课题举行 5 次远程研习班（研习班的次数由你自主把控，但在多数情况下，5 次的效果最好），你要计划每周开一次班，并额外给学员们进行一次"问答互动"的远程对话，确保超出新客户对你的预期。

　　至于实际的产品发售，由于你要向一个规模很小的客户群销售产品，这个客户群不但很热情，而且群里有部分积极分子，所以，你的产品发售不必过于复杂，只需借助我在第 6 章和第 7 章教过你的技巧就可以了。

步步为"赢"，实现你的"种子式发售"计划

　　你一定要做好产品推荐工作，并且要告诉客户，他们能从你的研习班中得到什么好处。也就是说，你要重点告诉他们，在完成培训之后，他们会经历哪些转变或变化。你必须告诉你的客户，你打算如何帮助他们实现自己的愿望和梦想，避免再遭遇恐惧感和挫败感。

　　举例来说，假如你准备教某个人弹吉他，千万别把注意力放在他们多快学会在开放和弦之间切换上面；相反，你要关注他们将要经历的转变。他们最终会经历怎样的转变？他们最终能否为自己和朋友弹奏曲子？他们是否有

信心与别人合作演奏？他们最终是否感觉自己像一个真正的音乐家？他们是否有更多的约会对象？

接下来，让我们谈一下你的产品发售。在种子式发售模式下，你要一切从简，首先从预售造势开始。实际上，你的预售造势工作会承担起产品发售的重任。

请回顾一下与预售造势相关的那章内容，然后进行典型的预售询问工作，问问你的客户是否有一些困扰他们许久的问题。你可以通过正式的问卷调查、电子邮件或社交媒体来做这项工作。

调研结果会告诉你客户有什么样的愿望和梦想，或恐惧和挫折。这些信息对你的产品推荐是无价的。当然了，你的预售造势工作同样会起到鸣炮示警的作用，它为产品推荐奠定了基础，并让客户意识到一款新产品即将到来，甚至让他们对此充满期望。

在预售造势阶段进行初步调研之后，你的下一步就是利用邮件跟进客户。在邮件中，你可以和客户谈论调研时的一些发现和结论，还可以与客户分享你自己的转变历程，例如你在早期遇到的一些挑战以及你是如何克服这些挑战的。在邮件末尾，你可以稍微提及即将推出的研习班。如果你愿意，也可以附上视频。

随后，你的下一封邮件就要开始推荐产品了。总的来说，你要引导客户打开促销信或促销视频，但要记住，没必要过度吹嘘自己的产品。

你客户名单上的人会感觉他们和你的私人关系不错（对于他们当中的许多人来说，这种情况可能是真的）。所以，你的促销信息要反映出这层关系。当然了，你要努力解释这款产品会给客户带来什么好处，并且重点介绍它最终会给你的新客户带来哪些转变或变化。不过，千万别给对方留下二手汽车销售员的印象，因为这种印象无法让你的潜在客户产生共鸣。

这一切努力的最终目标，就是让30个人（60个更好）接受并购买你的产品。之所以要这么多人，是因为你要与客户多进行一些互动。磨磨蹭蹭是人性的缺陷，这是一个不争的事实。总有些人就是不会出现在研习班，或者根本不会报名参加研习班。所以，如果你在一开始就确定了 30 个名额，那最终还是会有一部分人参加的。如果卖不出 30 个名额，那问题也不大。塔拉的课程刚开始时只有 5 个人，而我的课程刚开始时也只有 6 个人。在这种情况下，你可以模仿我在产品发售研习班的做法，慎重地邀请一些人免费参加你的课程。

关于价格和销售额，我想说的是，我见过别人用种子式发售模式销售单价在 50 ~ 3 000 美元之间的产品（要看你销售的产品和所在的市场），所以，不同的人卖不同的产品，其销售额必然千差万别。但要记住一点：**这种产品发售方式的目的，更多是开发一款优秀的产品和进入某个行业，而不仅仅是为了在初次发售时赚钱。**

现在，当你向客户提供产品的时候，一定要记住：客户的反馈意见才是你想要的东西。每次打电话之前，我都要向客户做问卷调查，问他们对下一堂课的主题有何疑问。让我们回到刚才学吉他那个例子，如果第一堂课的主题是如何扫弦，我会先用一句话解释主题，然后问学员："关于扫弦，你们心目中最大的两个疑问是什么？"

你要做的不是在电话里回答学员的所有问题，而是先把他们的疑问梳理一遍，然后归类，再将它们变为可以教学的内容，最后，把这些问题按逻辑关系进行排列。一旦完成这步工作，你就可以给学员上一堂精彩的课了。

第一次授课结束后，你再向学员们发送一份调查问卷。首先，你要问他们对第一堂课（即如何扫弦）有没有存在疑问，然后要求他们对下一堂课的主题进行提问。每次授课结束后，都要重复这一流程。

令人高兴的是，你正在研发一款完全符合市场需求的产品。在此过程中，你对市场有了更深的了解，并且知道如何与客户进行对话。等到你要进行大规模产品发售的时候，就会获得空前的成功。这么说似乎有点为时过早，但只要注意收集市场信息，总会得到回报的。

"种子式发售"的真正价值

这就引出了有些人所关心的种子式发售这个大问题。很多时候，当人们第一次听说种子式发售的时候，他们觉得很奇怪：没有创造出来的东西该怎么卖？客户会花钱买这样的产品吗？对某种还不存在的东西收费真的合乎道德吗？这一切听上去似乎不可能，甚至还有点不正当。但我知道，读大学的时候，我是先付费后上课的；去看演出时，我要在演出开始前花钱买票；订阅报纸和杂志时，我也是在任何东西都没有创造和交付之前就付费了。

事实上，如果你环顾四周，就会发现很多东西在还没有被创造或交付之前，你就得为它们掏腰包，种子式发售也不例外。你将为你的新客户提供经验和培训，而他们要为此付费。你通过直播的方式对他们教学，这其实对他们是有好处的，因为他们有机会向你提问，并在整个直播过程中受到你提供的指导和帮助。最重要的是，你为新客户创造了价值，这是你真正的收获，而你创造出来的产品和做市场研究所获得的报酬只是令人愉悦的副产品罢了。

如何完成一款可以赚钱的产品？

我建议你把教学内容录下来，不论是以网课视频的形式，还是以直播录屏的形式。大多数网络工具都支持自动录制的功能。如果你已经进行了5次远程教学，再加上1次额外的问答环节，那么你就有了6次音频或视频。你可以把这些内容转录下来。每小时录音相当于15～20页的书面教学内容，所以，你有了足够的编写素材，可以写一本 90 ～ 120 页的教科书或电子教科书。现在，你已经有教学录音、视频和教科书，你已经准备好了一个在线课程或会员网站的核心内容。恭喜你，你已经有了一款可以赚钱的产品了！

你还要帮助客户取得一些成果，这样，当你不断向前发展，并准备以更大的规模发售产品时，他们就会踊跃向你提供成功案例。你可以通过视频采访的方式收集这些案例，它们会进一步扩大你的产品的说服力。

简便、快速、灵活，这就是种子式发售的本质。它不但为今后更大规模的产品发售奠定了基础，还是你试水新市场的绝佳方式；它不但让你学会了如何传授知识，更让你了解目标客户的希望、梦想和忧虑，还让你不费吹灰之力就研发出一款优秀的产品。

从一颗种子到一座森林

为了让你了解种子式发售的前景，我要对我的产品发售研习班进行补充说明，因为这个项目也是以种子式发售的模式推向市场的。尽管当时我只说服了 6 个人购买研习班，但我已经觉得胜券在握了。这 6 名学员在接受完培训之后，都深深地爱上了这款产品。当他们把我的教学内容应用于自身业务时，立刻取得了显而易见的效果。以此为开端，产品发售公式在各行各业以及你能想象得到的利基市场都取得了巨大成功，借助该流程大获成功的真人真事数不胜数。

作为一个完美主义者，我现在把自己首次在研习班教授的内容拿出来，并将它整理成一个更完善的版本。我借鉴了教学过程中的经验，并加入一些学员提供的案例研究，几个月后，终于创作出史上第一部产品发售公式课程。

为了推出这款产品，我还得筹划一次产品发售活动。这次为时一周的产品发售被安排在 2005 年 10 月，它为我带来了 60 多万美元的销售额。从那时候开始，直到现在，产品发售公式已经实现了数千万美元的销售额，许多人购买我的这款产品。你也是这个故事当中的一员，因为你正在看这本书。如果没有当初那次小规模的种子式发售，你就没机会看到这本书。本书初次出版仅两周后，就登上了《纽约时报》畅销书排行榜并成为第一名。这一切都得益于我为自己搭建的发售平台，这样的成功开始于我决定第一次进行种子式发售的那一刻。这恰恰表明，当你用种子式发售起步，并且不断提高产品发售水平时，你会取得惊人的成就。

关于销售额，我想提醒你：尽管我之前的生意风生水起，但后来还是要二度创业。我带着一款全新的产品进入一个完全陌生的市场，老客户对我没有太大帮助，我得从零开始，而我正是从种子式发售着手的。

我的"武器库"中还有一样秘密武器，它能帮助我开创新的业务，并让我首战告捷，实现我个人产品发售的最高纪录：60万美元。在一个我从未涉足的全新市场中，我没有任何现成客户，那么，我是如何做到的呢？

我的秘密武器就是有着无穷力量的"联营式发售"，这正是我在下一章要论述的内容。

第 10 章

联营式发售：
如何在一小时内赚到百万美元

LAUNCH HOW TO SELL ALMOST ANYTHING ONLINE,
BUILD A BUSINESS YOU LOVE,
AND LIVE THE LIFE OF YOUR DREAMS

UPDATED & EXPANDED EDITION

> 创建客户名单的方法很多，最简单便捷的办法就是借助别人已经创建并培养好的客户群。这就是联营式发售的精髓所在。你的联营合作伙伴会给自己的客户发邮件，同时把你的产品发售消息告知客户，而通过客户消费数据，你就能得到一份真正的产品发售客户名单。

▶▶▶ LAUNCH

恐惧与恐慌的界限在哪里？在开通购物车之前，时间一分一秒地飞逝，我紧张得透不过气来，简直到了彻夜不眠的地步。我不断收到电子邮件，人们连珠炮似的发表评论、提出问题或建议。网站流量已经突破新高。这不是我的"首演"，我已发售过几十次产品了，但这一次，我承受的风险远高于往常，而且是在一个更大的舞台上表演。

时间已经不多，而我还有许多工作没完成：为产品发售拟个响亮的主题，测试订单流程，发邮件给客户，和生意伙伴沟通……眼看就要 10:00 了，产品发售即将正式开始！

此时距离我与上一个合伙人散伙已经过去了六个多月，是时候找点能赚钱的事情做了。我已准备好重新投身市场，但这一次，我要完全掌控自己的生意，不必每次有新点子或新计划时还要咨询合伙人的意见。而且，这次我打算远离股市。

在刚投身股市时，我很喜欢这一行，但后来我意识到自己更喜欢市场营销，而且在这一行更擅长。但我知道我也不想成为营销顾问。多年来，我一直以提供资讯为创业手段，但现在，我喜欢上了出版和教学。我喜欢这一行与生俱来的杠杆作用，我的收入不再由工作时长决定，而是取决于我能否更好地把产品销售出去并帮助我的客户。我喜欢这一行的另一个理由是，我可以发挥自己的影响力。作为一名咨询顾问，我最多只能帮助几十个人，但作为一名出版商，我却可以影响数千人。况且，对于互联网我最有发言权，因为我从事互联网营销的时间比大多数人都要长。

但互联网是一个竞争相当激烈的市场，成千上万人都打着"互联网营销专家"的旗号谋生，他们当中有些人获得了巨大的成功，而大部分人穷得连名片都印不起。没钱不是问题，毕竟我也是白手起家的。但我一直认为，如果你既没有成功也没有赚到钱，那你或许不应该教别人如何创业。在这个市场，我既无地位，也没有号召力。尽管我从事过很长时间的在线业务，尽管我懂得极具创意的网络销售手段，尽管我在互联网上赚的钱比大多数互联网营销大师还要多，但这些都无足轻重，因为我在这个利基市场中还没有一席之地。虽然我拥有成千上万名电子邮件订阅客户，但他们都局限于股市领域。而当我在互联网市场营销领域开创业务时，他们根本帮不上忙。

2003 年 2 月，我参加过一个互联网营销论坛活动。当我走进会场，我感觉自己找到了组织。

在过往的日子里，做在线业务是一件孤独的事情。每一天，我都在家里的办公室孤军奋战，几乎没人能够理解我在做些什么。对于大多数人而言，在线业务完全是一个陌生的概念。但在那次论坛活动上，我结识了几百个和我做着同样事情的人。他们有着和我一样的希望和梦想，也遇到过我所经历的挑战和挫折。在那个会议室里，我们一小群志同道合者结成了同盟，这个同盟将持续多年，并逐渐改变整个产业的走向。当然，这是后话了。

但就当时而言，我了解到一个非常重要的事实，即我在股市中所做的事情是独一无二的，没有人在做类似的事情。在参加那次活动之前，我并没有意识到自己的产品发售模式有多么与众不同，虽然最近一次产品发售在 7 天内带给我 106 000 美元的收入，我还用这笔钱买了新房子。我曾以为，这世界上不可能只有我一个人在进行这种类型的产品发售，因为既然我能想出这个方法，别人一定也能。但事实证明我错了。当我提到我在股市做过的产品发售案例时，所有人都竖起了耳朵，安静地听我叙述。在他们看来，我的产品发售模式是对传统市场营销法则和商业法则的一种挑战。

论坛活动结束时，我结交了很多新朋友。他们中有些人是互联网营销行业的翘楚，拥有良好的人脉关系和客户资源。那时候，我依旧在发售与股市相关的产品，根本没想过进军互联网营销领域，但我喜欢和这些新朋友聊天，因为大家对市场营销和创业有着同样的激情。后来，我开始帮他们中的一些人策划产品发售，并最终取得了巨大成功。渐渐地，在新兴的互联网营销行业，许多重量级人物也听说杰夫·沃克这家伙有一种全新的技术，可以在短时间内产生极高的利润。对于这些，我当时还一无所知，我只是默默地在为自己的下一款产品播撒种子。

首先找到联营伙伴

无论发售什么产品，最关键的因素就是你的潜在客户。我在整本书当中，尤其是在第 3 章中，都在反复强调潜在客户的重要性。上一章中我提到过，即使你在刚起步时没有客户名单或只有一个很短的客户名单，也完全有可能进行一场小规模的产品发售。但如果你想取得巨大成功，就必须创建一份正式的客户名单。

创建客户名单的方法很多，最简单便捷的办法就是借助别人已经创建并培养好的客户群。这就是联营式发售的精髓所在。

在联营式发售模式中，你会有一些联营合作伙伴，他们会给自己的客户发邮件，同时把你的产品发售消息告知客户。如果他们的客户与你达成交易，你要给合作伙伴支付佣金。

联营式发售的工作原理通常是这样的：你的联营伙伴发邮件给他们的客户，鼓动对方观看你的预售内容。在大多数联营式发售中，你的联营伙伴会让他们的客户访问你的名单撷取页，这样在访客看到你的预售内容之前，必须先加入你的客户名单。在整个发售过程中，你需要实时跟进新的潜在客户。你可以在自己的网站上使用特殊的会员追踪软件，追踪哪位联营伙伴推荐了哪几个客户。这样的话，当你准备开通购物车销售产品时，你就可以知道要给联营伙伴支付多少佣金了。

联营式发售会带来许多意想不到的效果，其中之一就是通过客户消费数据，得到一份真正的产品发售客户名单，因此，联营式发售是扩大客户规模的最简单快捷的方式之一。客户名单的大小完全取决于你所在的利基市场，你的联营伙伴是谁，以及他们的客户名单的规模。有时在联营式发售过程中，你自己的客户名单可能会添加数千人。

这正是我的亲身经历。由于我与互联网营销领域的领袖级人物建立了良好关系，并且不时为他们的产品发售提供帮助，他们也随时准备好帮我排忧解难。所以，当第一部分预售内容完成时，我已有许多伙伴向他们的客户推荐了它。短短几天里，大约 8 000 人加入了我的客户名单，但事情并没有到此为止。在整个预售阶段，我的联营伙伴一直给他们的客户发邮件，到了发售产品的时候，我的电子邮件订阅者数量达到 15 000 人，这个数字不可谓不惊人。在从事股市分析业务时，我可是花了很多年才建立了类似规模的客户名单，而现在，在一个新的业务领域，我只用了几天时间就做到了这一点，这完全要归功于我的联营伙伴。

回到 2005 年 10 月 21 日。产品正式发售前的几分钟，我非常紧张，而我的紧张不是没有理由的。我并不怀疑自己的能力，我知道自己能够出色地策划一场产品发售活动，因为我知道自己的产品足够优秀。另外，预售阶段的客户反馈告诉我，潜在客户与我的产品产生了极大的共鸣。很明显，我的整个产品发售过程运转正常。但由于这是一次联营式发售活动，我承担着额外的责任。我的合作伙伴信任我、支持我，我一定要让他们的信任得到回报。我要珍惜与联营伙伴之间的关系。随着时间一分一秒地过去，发售即将正式开始，这种责任感让我分外紧张。

如果说我的合作伙伴对产品发售尚存一丝疑虑的话，那么，在产品发售开始几分钟后，他们的疑虑会烟消云散。因为在第一个小时里，我就完成了7万多美元的销售额。在第一天发售结束时，也就是产品上市14个小时后，销售额超过20万美元。当产品发售在一周后宣布结束时，最终的销售总额为60多万美元。

对一项新业务而言，能取得这样的成果已经相当不错，而且我是在一个全新的市场里发售一款全新的产品，且在没有花一分钱做广告的情况下。更何况，我是以家庭办公的方式完成这一切的，我坐在科罗拉多山区的家中发售产品，唯一的员工就是我的妻子玛丽，她帮我做一些客服工作。对于我的新业务来说，这是一个美妙的开始。

细节决定成败。做任何生意都有成本，联营式发售模式也不例外，并非所有的收入都会装进我的口袋。联营式发售最大的支出就是向联营伙伴支付的佣金，他们可不是免费帮你把产品发售消息转发给他们的客户。在这次产品发售中，我向合作伙伴支付了相当于销售额50%的佣金。在第一次推出产品发售公式这款产品时，其单价是997美元，因此，我向每一名推荐成功的联营伙伴支付498.5美元。

经常有学员问我：通常情况下，向联营伙伴支付多少佣金才算合适？我的答案永远只有一个：视情况而定。佣金额度会因产品、客户、利基市场甚至合作伙伴的不同而有所差异。佣金怎么付、付多少，这是一项经营决策。我之所以付给合作伙伴50%销售额的佣金，是因为我的产品利润相对较高。就我的业务而言，产品成本主要是创建销售诱饵和实现销售，但其他业务就不一样了。如果你卖的是实物产品（例如电脑、烧烤架、雪茄盒等），那你要支付的佣金额度就会低得多。在某些市场，首次佣金额要远远高于销售额的 50%。如果后续销售的收益比首次销售高，那就可以给合作伙伴支付这种高额度的佣金。

无论你如何设定佣金比例，联营式发售的最大好处都是你可以在销售完成之后再支付佣金。这完全不同于传统的广告营销，传统的广告营销中，就算你不确定广告是否有效，也必须支付一大笔费用。无论在脸书、Instagram、电视、广播、报纸、网络、直销邮件上打广告，还是在其他媒介上做宣传，广告宣传都将是一大笔开销，至于这些钱花得值不值得，你只能祈祷。而在联营式发售中，是否支付佣金取决于销售成果。如果销售达成，你才给对方支付佣金。

联营伙伴与加盟会员的区别是什么？

联营伙伴与加盟会员之间的区别在哪里？实际上，这两者非常类似。在这两种模式下，你都要与某个人合作，这个人会向他的潜在客户推荐你的产品，而如果潜在客户购买了你的产品，你就要给合作伙伴支付佣金。我们假设约翰是你的加盟会员，他推荐自己的潜在客户登录你的网站浏览你的产品并最终购买了你的产品，于是，你要向约翰支付佣金。你最好与约翰签订一份协议，并在协议中确定佣金的比例（按销售额的百分比支付金额或每单交易支付固定金额）。

与你合作的人无论是加盟会员还是联营伙伴，这份合同的构成都是一样的。你可以交替使用里面的条款。但是，联营或联营伙伴通常意味着一种更紧密的合作关系。我几乎和所有的联营伙伴私交都不错，而且在发售产品的过程中，我和他们保持着密切沟通，我们会互相通信，并经常打电话、发短信。他们当中许多人都是我的挚友。

如何让联营式发售发挥作用

细数联营式发售的优点（销售规模更大、客户名单创建速度更快、市场地位更高），你就知道这种方法可能会解决所有问题。不过，在你开展联营式产品发售之前，还要考虑几个关键因素，避免不必要的麻烦。我们要一步一个脚印地完成这些事情。

你要记住的第一件事是：你的潜在联营伙伴和你一样，他们做生意的目的是为了赚钱。如果他们花费大量的时间和金钱，建立了一个数量庞大、响应积极的客户群，那这个客户群就是他们的重要资产。他们很可能知道自己手上的客户名单拥有多么强大的力量，所以他们肯定不想轻易给客户推荐过气的产品以损害自己的利益。

你也别指望联营伙伴会极其殷勤地向客户推荐你的产品。其实，如果客户的购买力足够强大，联营伙伴就会推荐自己的产品，而不是帮你推荐产品。这就是现实。换个角度讲，如果联营伙伴的客户的购买力不强，那你的合作伙伴就不够优秀，那你就没必要打扰他们了。一张客户名单总共可以被利用的次数就那么多，但无论是谁，只要他手上有大量客户，他就很有可能每天向对方推销产品，所以很快他的客户名单就会失效。换句话说，**拥有一份强大的客户名单，就相当于拥有了一种稀缺资源。**

这正是一个结构完善的产品发售序列如此出色的原因。由于产品发售序列是一种了不起的客户转换手段，所以你可以通过它实现一些宏大的目标。这通常意味着你要向联营伙伴支付巨额佣金。在线上，佣金的测量方式被称为每次点击收益率。如果某个人发送出 100 个点击链接，每个点击链接能为联营伙伴带来 450 美元的佣金，那么每次点击收益率就是 450 美元 /100 次，也就是 4.5 美元 /次。

经常有人问我："点击收益率多高才最合适？"这个问题没有唯一答案，

因为点击收益率因市场和产品的不同而变化。最重要的是，如果你发售的产品能达到高于市场水平点击率，那就更容易说服联营伙伴为你发邮件。需要重申的是，借助产品发售公式进行的产品发售活动是提高点击收益率的有效武器。如果你想通过联营模式取得成功，就要与联营伙伴建立长期的合作关系。我见过许多人把联营关系视为一锤子买卖，这样的生意不可能做长久。

事实上，当联营伙伴推广你的产品时，他们也有自己要关注的数据，比如点击收益率。他们还要关注你给他们的客户提供了怎样的体验，因为这种体验会反过来影响他们。如果他们要求自己的客户观看你的视频，而你的视频非常无聊且内容空洞，就会让客户对你的联营伙伴产生负面看法。

所以，在这场交易中，冒着最大风险的人其实是你的联营伙伴。如果推广效果不佳，将来他们很可能不会再与你继续合作。所以，在要求别人帮你发送推广邮件之前，你要确定自己的产品能吸引客户。

有一种简单的方法可以确保你的产品不让联营伙伴失望，那就是先做一次内部产品发售，即只针对你自己的客户发售产品（即使你的客户规模很小）。通过这种方式，你可以测试发售序列和产品。只有胜券在握，你才能要求联营伙伴将你的产品推荐给他们的客户。

当我要求学员先进行内部产品发售时，许多人试图跳过这一步，试图直接收获联营发售带来的兴奋感和荣誉感，也许还有一大笔钱。千万不要这样做。首先，内部产品发售可以给你带来一些发售经验。其次，你可以借此机会检验自己的产品和发售序列，以确保正式的发售成功。请谨记：永远不要用你联营伙伴的客户测试产品，因为你不能让自己的合作伙伴变成实验品。如果你的产品无法留住客户，你就要替联营伙伴承担责任。

请珍惜与联营伙伴之间的合作关系，最好让它变成长期合作。我要重申一遍：如果你要求一位联营伙伴向他的客户推荐你的产品，但他的客户最终没有购买的你产品，那他下次就不会再考虑推荐你的产品；但如果你的产品

149

经过测试和验证（即你的产品已经通过内部产品发售的检验），可以向他们展示发售成果，那么他们就会更有兴趣向客户推荐你的产品，而且发售更有可能取得惊人的成果。成果越好，联营伙伴也就越乐于为你发送推荐信。

结识联营式伙伴的 99/1 法则

联营式发售有非常多的好处。那么，如何才能结识联营伙伴呢？这是一个很复杂的话题，我曾经花很多时间教人们寻找和培养联营关系，现在我打算用几页的篇幅向你讲解这方面的知识。

首先你要知道，你不需要有数十、数百甚至是数千个联营伙伴。你肯定听说过 80/20 法则，即 80% 的成果来自 20% 的努力。那么，当我们谈到会员或联营伙伴时，这个原则通常更像是 99/1 法则，即 99% 的结果来自 1% 的伙伴。在网络营销这一行，我们非常挑剔合作伙伴，尽管我们只选择与顶尖的伙伴合作，在任何一次产品发售中，我们的绝大部分销售都是靠前十大合作伙伴完成的。

正如真理往往掌握在少数人手中，前三大合作伙伴可能已经帮助我们赢得了 25% 的销售额。不同的产品发售中，这些比例可能会有较大的区别，但我坚信，你的前几大合作伙伴为你挣得了绝大部分销售额，也就是说，你不需要太多合作伙伴。我经常告诉学员，不用费尽心思去结交合作伙伴，只要认识 3～5 个真正支持自己的高质量合作伙伴就可以了。

寻找合作伙伴并不难，他们就是你所在市场发售信息的人。只要在谷歌搜索引擎输入你所在市场的热门关键词，就可以找到他们。假如你教授弹吉弹奏，那就在搜索引擎输入"学习吉他"，然后逐个打开搜索列表的前 50 个网站，看看如何才能加入他们的课程。如果这些网站有"选择加入"框，那它们就是在创建一份客户名单，这些网站的拥有者就是你潜在的合作伙伴。

这时候，你应该继续下去，加入他们的客户名单。需要提醒的是，如果你加入了 50 份客户名单（你应该这样做），你将会收到一大堆邮件。或许你要为此专门申请一个电子邮箱，这样你常用的邮箱就不会被这些邮件撑爆。

加入名单之后，看看他们给订阅客户发送了哪些内容。追踪他们向谁推广产品、推广哪些产品，并观察他们是只推广自家产品，还是同时推荐其他行业的产品，评估他们的营销效果以及他们与客户之间的关系，在社交媒体上紧密关注他们，尝试逆向分析他们的产品和营销过程。

你所做的一切都是为了建立一份潜在合作伙伴名单。记住，你只需要 3 ~ 5 名高质量的合作伙伴，但在前期，你可能要收集大约 50 名潜在合作伙伴，这样才能找到真正撼动你的人。

优质的联营伙伴总是有很多人要他们帮助推广产品，他们有应接不暇的机会。这就是商业的现实状况：联营支持是一种稀缺资源。所以，当你要求他们帮助推广产品时面临的就是僧多粥少的局面，也就是说，如果你想在众多竞争对手中脱颖而出，就得为他们创造更有价值的价值。

为潜在合作伙伴创造价值的最佳方式之一，就是给他们提供能够带来大量佣金的发售序列。在此之前，为了引起他们的注意，你要探索其他能够创造价值的方式。另外，推广潜在合作伙伴的产品是为他们创造价值的不二选择，如果你帮他们销售了大量产品，他们肯定会注意你。另外一种简单易行的方式就是购买并使用他们的产品，然后定期在他们的博客或社交媒体上给予反馈。归根结底，为潜在合作伙伴创造价值的方式多种多样，你为他们创造的价值越多，也就越容易得到他们的回馈。

1 秒进账 12 000 美元

几乎没有什么东西比一次成功的联营发售更能在短期内对你的生意以及

你的财务状况产生巨大的影响，就算产品发售结束，这种影响仍然发挥作用。它能不断提升你的市场地位，并帮助你迅速扩大客户规模，它对你接下来几年的业务发展都会产生深远影响。

如果你想通过联营式发售取得成功，那就一定要记住我在本章中反复提醒的两件事。首先，要与联营伙伴建立长期合作关系。其次，要为这些伙伴创造真正的长期价值。这并不意味着你要花数年时间来经营这段关系，也不意味着你离联营式发售还很远。这一切都会以令人咋舌的速度发生，但你要付出一定的辛劳，而且要眼光长远。

我首次进行联营式发售时，这种发售方式确实为我创造了商机。当我在2005年开始推广产品发售公式时，这款产品给我带来了60万美元的销售额。我的产品迅速打开了销路，我给许多合作伙伴支付了大笔佣金，他们觉得非常满意。与此同时，这次产品发售使我的客户数量猛增到15 000人，并极大提升了我在市场中的地位。这次产品发售结束后，我被视为行业的领军人物之一，而产品发售公式也成为市场上的知名产品。这款产品的销售额不断增长，一年之内达到了100万美元。这一切成果都要归功于联营式发售。

然而，与后来发生的事情相比，这次产品发售仅仅是小试牛刀而已。在2008年初，我开始准备一个全新版本的产品：产品发售公式2.0版。我总结了发售第一版时的经验，把这款产品从头到尾进行了改编。实际上，这是一款全新的产品，内容得到了极大扩充，有很多令人惊喜的环节，还有我和其他辅导教练的现场指导视频。我把这款新产品的价格提高到了1 997美元。自然而然地，这次我还是要通过联营的方式发售这款产品。

两年来，通过对联营合作关系的维护和培养，我已经积累了大量合作资源。在预售阶段，超过34 000人选择加入我的客户名单，而且这个数字是在短短几天内达到的。当我查看预售数据时，那简直就像一场盛大的产品发布会，但你永远不知道未来会怎样。所以，和往常一样，在临近发售日时，我感到非常紧张。表面上看，几乎我认识的联营伙伴都在推广我的产品，多年来产品发售公式一直名声在外，但由于这是一款新产品，价格也重新调整过，我不得不忧心忡忡。

产品发售日定在 2008 年 3 月 27 日。和往常一样，在产品发售日的前几天，我忙得一塌糊涂，要做的事情多不胜数，要兼顾的细节五花八门。我记得，在产品发售前的最后几分钟，我还在手忙脚乱地润色促销信和订单表格。然后，时间到了，所有系统准备就绪，我点击了邮件的"发送"按键。

我没有等太久，几秒钟后，就收到了订单。当我更新页面数据时，订单如雪片堆积起来。当我回顾这场发售并分析相关数据时，发现我曾在 1 秒钟内实现了 12 000 美元的销售额。1 秒钟 12 000 美元！而在 53 分钟内，我们的销售额达到了 100 万美元，而且这个数字并未就此停止上升。整个产品发售持续了 34 小时，发售结束时，总销售额达到了 373 万美元。

373 万美元只是销售额，不是净利润。在那个时候，我已经有了一个 3 人规模的小团队（但我还是在自己家里办公，我的团队完全是"虚拟"的），我还要为合作伙伴以及其他杂七杂八的事情埋单。另外，我一直很慷慨地向客户承诺返现，所以我知道，净收入会进一步缩减。尽管如此，净收入依然相当可观。我清楚地记得，几年之前，我创业的终极梦想就是每年多挣 1 万美元，以更好地养活家人。甚至在最近，我还接到了第一个合作伙伴的散伙电话，有那么一瞬间，我可谓万念俱灰。而现在，我坐在自己家里，在短短的 34 个小时内就实现了将近 400 万美元的销售额，这一切太不可思议了！

这就是联营式发售的力量，它几乎是产品发售公式这个武器库中最强大的武器。当你把直播发售融入联营式发售中时，你会发现产品发售公式的威力变得更大了。接下来，就让我为你介绍一下直播发售吧……

第 11 章

直播发售：
改变游戏规则的新发售模式

LAUNCH HOW TO SELL ALMOST ANYTHING ONLINE,
BUILD A BUSINESS YOU LOVE,
AND LIVE THE LIFE OF YOUR DREAMS

UPDATED & EXPANDED EDITION

直播发售中非常管用的方法之一就是在预售内容中向观众交付大量有价值的东西。观众通常看直播的时间比看视频的时间更长，所以你在交付内容方面有更大的空间。

▶▶▶ LAUNCH

过去几年里，产品发售领域最大的演变之一就是直播发售。直播发售是指以直播的方式交付预售阶段或开通购物车阶段的内容。在我刚开始从事产品发售时，根本没有预料到自己具备做视频直播的能力。

我的第一次发售完全是通过电子邮件完成的，所有预售内容都以简单的纯文本电子邮件形式发送给客户。随后，我们几乎立即对这种早期发售形式加以革新，很快我们就增加了博客和 PDF 报告等形式，然后是音频和非常简单的视频，再后来就是更加完善和专业的视频。

现在，我们开始采用现场直播的手段，向世界各地的客户实时展现我们的发售内容。这样的转变实在令人惊叹。

值得一提的是，每次发售手段的革新都会带来一种新工具，但发售的核心公式基本上没有改变。此外，新的工具并不会使旧的工具过时，不是每一样新东西你都要使用。换言之，在你的发售活动中，直播可能是一种非常强大的工具，但如果它不适合你或你的发售活动，那你就无须使用它。

虽说如此，当我写这本书的时候，我个人的业务就非常依赖于直播发售。无论对我还是我的许多学员来说，它的效果都非常好。在本章中，我将分享我完成了行业内最成功的一些直播发售活动后所学到的经验。

直播发售适合你吗？

产品发售公式的核心前提之一就是你要把市场营销变成一场活动。当今世界充斥着越来越多垃圾信息和广告，产品也越来越多，如果你希望脱颖而出，产品发售公式是唯一的方式。如果你遵循本书中的公式，你所做的任何发售活动都能充分发挥其力量，而直播能把发售提升到一个更高的层次。

从本质来讲，任何现场发生的事情都是一场短暂的活动。如果你想体验一场音乐会或戏剧，那么你就必须现场去看。它只在某个时间点、某个地方发生，如果你想体验它，就必须在那个时间出现在那个地方。你也许觉得这个论点很简单，但它确实是真的，而且非常强大。音乐会和戏剧都可以录制下来，直播发售也是如此。但录像与直播不一样，它给人带来不同的感受和不同的紧迫感。现场直播是在当下进行的，具有强大的感染力。

正如我之前提到的那样，如今直播发售并非唯一重要的手段，它不能解决所有需求。那么，你为什么且何时应该采用直播发售这种手段？

第一个潜在原因就是你想迅速打开市场。直播发售不允许你进行无休止的编辑和重拍，如果你全身心地投入到直播活动当中，并说服人们去报名观看，你就得出现在镜头前做直播。直播发售一旦开始，你就得交付你的内容。直播不可能是完美的，但你还是要按时完成交付，而不是无休止地浪费时间去制作预售内容。如果你要想纠正直播中出现的错误，机会多得是！

考虑采用直播发售的另一个理由是：如果你处于极其动态的大环境之中，直播可以让你在发售过程中灵活地修改你要传递的信息。例如，在2020 年新冠肺炎疫情期间，每家公司发布的每一条公开信息都有所变化。在疫情初期，我进行了一次重大的发售活动。关于疫情的新闻主导着公众话语空间，整个世界每周甚至每天似乎都在发生翻天覆地的变化。在此期间，我采用直播发售的方式，它让我能够紧跟时事，将我准备向观众传递的信息与他们关心的话题融为一体。如果我在发售前几周先录制好视频，它就会显得很僵化，与观众期待中的对话格格不入。

你应该考虑采用直播发售方式的第三个原因是：直播是你擅长的事情，并且能够赋予你活力。这也是我个人喜欢直播发售的最大原因。多年来，我一直在借助花哨的视频发售产品，效果确实很好。从我做过的大型现场活动当中（这些活动通常有来自世界各地的 800 ～ 1 200 名参与者出席），我知道自己非常适应即时的、现场的环境。对我而言，对活动现场发生的事情做出反应是件很令人享受的事情。我认为现场直播可以创造出类似的体验。

事实证明，直播和现场活动所带来的体验确实趋同。我的直播发售在各方面都取得了巨大成功，我向观众交付了大量内容，赢得非常好的口碑，观众的转化率显著提升。

此时此刻，我并不想成为带领所有人进入直播发售行业的引路人。直播发售是一种非常强大的工具，它适用于某些情形，但不适合每一个人，也不适合每一种情形。当你直播的时候，网络可能会掉线。直播过程中，有可能而且大概率会出错。如果你忘记说话，就只能处理尴尬局面。如果你忘词了，就得随机应变，完成直播。

但是，如果你觉得直播发售之所以吸引人，是因为工作量似乎少了很多，只要打开摄像头说话就行，那可千万不要上当。直播仍然需要做大量的准备工作，你交付的内容必须像预售视频一样经过精心制作。换言之，你在发售过程中所说、所做或所写的一切内容都是"复制"出来的。它要么引导观众购买产品，要么让观众离开直播间。当你进行直播时，就是在现场交付你复制的内容。从根本上说，这意味着你要在匆忙中创建和编辑内容，新手是无法胜任这种场面的。

直播发售与其他发售模式的主要区别在于你要通过现场直播交付发售的某些内容。通常情况下，你要交付的是预售内容，可能还包括开通购物车的素材。科技总是在变化当中的，本书和产品发售公式流程存在下去的时间肯定会超过我在此提到的任何网络平台。现在，我们主要使用的两个直播平台是 YouTube 和脸书。这两个平台都允许任何人进行直播。你只要登录自己的账户，并点击一个按键，就可以开始直播了，操作非常简单。

当然，直播发售比一般的现场直播需要做更多事情。你要做的第一件事就是使用从本书中学到的所有知识。你要遵循产品发售公式。预售应该遵循你在第 7 章中学到的从机遇到转变，再到所有权的流程，而开通购物车序列应该遵循第 8 章中提到的公式。

请记住，现场直播只是发售活动的一部分，你还要把直播与电子邮件和社交媒体结合起来。这意味着，你要通过电子邮件和社交媒体邀请人们去看你的直播。千万不能羞于开口邀请别人，那些来看你直播的人是最有可能购买你产品的。所以，你得让观众提前报名观看现场直播，后续你还要提醒他们，让他们准时参与直播。

如果你把直播安排在周四，通常你周一就要开始敦促观众报名，而且每天都要敦促他们，直到直播结束为止。为此，你要动用手里的所有渠道和工具，包括电子邮件、社交媒体、付费流量等。与此同时，你要向已经报名的人发送提醒信息，告诉他们现场直播即将到来。这些报名的人就是你的发售名单。在直播前一天，即周三，给他们发送一次提醒；而在直播当天，即周四，再发送两次提醒，第二次提醒要在直播前 30 分钟发出。

没有经验也可以使用直播发售

鉴于我在市场的地位，我一直想比其他人做得更好，成为行业的领导者。所以，当我们第一次做直播发售时，我们想做一些人们前所未见的事情。我们想把直播变成一场"表演"。例如，相对于如今大多数在线直播拖沓而凌乱的开头，我们决定把开场变得更像一个电视节目，直播要准时开始，时间精确到秒。我们有一个倒数计时器，当计时器显示 0:00 时，直播开始。

我们把节目分成几个环节，使用多个布景和多台摄像机，并设置了一个幕后环节。我们还添加了案例分析、预先录制的视频剪辑，甚至还有一个"超神秘环节"。随着我们的直播发售持续演变，我们添加了更多的元素。

虽然我们每次都把发售活动做得更花哨，但实际上，你可以让直播发售变得非常简单。在刚开始进行直播发售教学时，我还以为这个方式只适用于最高级的学员。事实证明我错了，很多经验并不丰富的学员也从一开始就开始采用直播发售手段。

例如，安妮·拉福莱特是一位 60 多岁的女士，公司裁员时她被解雇了。失业后，安妮开始更多地专注于自己的兴趣：创作视觉艺术，尤其是表面图案设计，并她迅速获取了相关的技能。最终，她决定开设一门在线课程，教其他人如何做表面图案设计。正是在这个时候，她走入了我的世界。

刚开始时，安妮既没有互联网商业经验，也没有创业经验；她没有客户名单，也没有粉丝；在社交媒体上没有存在感，完全是从零开始。安妮起步时就做现场直播，边实践边总结，把她的素材教给学员。她的第一次直播几乎没有观众，但她很清楚，观众数量并不重要，她正在学习直播的流程。安妮每周做现场直播，她的直播不发售产品，她只是用直播来培养自己的技能和观众群。起初，只有一个观众观看她的直播，那就是她的表妹凯蒂。

安妮没有上镜经验，也没有视频经验，更没有直播经验。她用苹果笔记本电脑在脸书上开直播，这种方式很简单。她常说自己只是在"和绿点说话"，而所谓的"绿点"是她电脑摄像头旁边的小小指示灯，绿色表明摄像头是开着的。创业伊始，安妮手里没有客户名单，但慢慢地，她培养出一小群粉丝。她还开始每天花 5 美元购买付费流量（见第 13 章）。最终，每周来看她现场直播的观众越来越多。

当安妮的电子邮件名单达到大约 1 000 人时，她做了一次小规模的发售测试。她已经习惯了现场直播，而且现场直播似乎比制作精美的视频更容易些。她的第一次直播发售卖出了 500 美元课程。对安妮来说，这验证了她的想法，即她可以把自己的培训课程卖出去。第二年，她又做了四次直播发售，销售总额不到 10 万美元。对于一个从零开始，手里没有客户名单、没有粉丝、没有创业经验，在近 60 岁时被公司裁员的人来说，这是了不起的成果。但安妮的成功才刚刚开始。在接下来的 12 个月里，即创业的第二年，她赚了近 40 万美元。这样的结果非常引人注目。

正如我之前说过的那样，在刚开始教学员做直播发售时，我觉得这种形式只适合最高级别的学员，但安妮和其他人的例子证明，我的想法错了。尽管直播发售并不适合所有人，但从某种意义上讲，直播发售清除了发售活动初期的障碍。进行直播所需要掌握的科技知识更简单，观众也更宽容。

直播发售的一些难题

如同任何工具一样，直播发售也存在缺点。首先，最明显的缺点就是：由于是在现场直播，所以会发生一些你无法控制的事情。就在我感觉一切都进展顺利的时候，总有些事情会出岔子。无论你做了多么充足的准备，总会有意想不到的问题发生。

即便是我的发售活动也无法幸免。在最近的发售活动中，上万观众在看我们的第二次直播时，直播间却突然断网了，这让我们慌乱了 10 分钟。在另一次直播当中，我们遇到了停电。还有一次，正当我在推荐产品时，音频传输又出现问题。

这些失误都属于技术问题，但你也可能遇到其他难题。在我们最近一次现场直播中，一名人口普查员来到我们做直播的房屋门前敲门。大门上有

161

一扇大窗户，她可以看到我在做现场直播，却还疑惑我为什么不来开门。

在我们第一次直播发售中，同样是那扇大门和大窗户给我们带来了难忘的时刻。从窗户朝外看，可以看到一个被树木环绕的木制桌台。我第一次直播时，一只松鼠出现在桌子上，来回跑了很长时间。这一幕就直接出现在我的视野范围之内，因为主镜头就安装在窗户前。当我尝试着把注意力放在镜头上时，不可避免地看到那只在台面上玩耍的松鼠。

那一刻，我完全集中不了注意力。于是暂停课程，向观众描述那只在镜头后面玩耍的松鼠。因为我当时正和创业者们交流，而他们的注意力很容易被闪亮的物体以及松鼠等可爱的动物吸引，所以此刻成为极好的教学素材。我们很快安装了另一个摄像头，只要松鼠出现，就将镜头切换到它身上。"松鼠镜头"成为观众的最爱，每次我做直播的时候，都有人要求看"松鼠镜头"。

对于直播发售过程中遇到的难题，你要记住一点：观众明白，你身处于一个现场直播的环境中。他们知道你可能会断网，会对你更加宽容。当今世界，人们越来越重视真实性和透明度，直播中出现的这些难题说明你是一个真实的人，能让观众产生共鸣。事先我并不知道会有一只松鼠出现在我们的直播发售现场。但我认为，我应对突发状况的方式可能非但没有对发售活动的结果造成不好的影响，还改善了它。

除了技术问题和出现在你直播中的小动物，你还要考虑一些与直播发售相关的其他事。第一件事就是直播的时长。当你通过现场直播方式交付预售内容时，节奏千万不要像经过精心拍摄和剪辑的视频那样紧凑。

在我最近的发售视频中，我的第一段预售内容大约时长20分钟，那是一段脚本紧凑、剪辑紧密的视频。如果我要在现场提供同样的素材，就得花两倍的时间。时间之所以增加，部分原因在于直播的时候，我的教学内容会比视频更深入些。但另一个重要的原因是，我的口语不够精练。即便如此，观众明白你在进行现场直播，通常对于你不够精练的语言会持较为宽容的态度，尤其是当你可以即时回答问题并发表评论时。

直播发售要考虑的另一件事则是：你可能不会像在视频发售中那样重复使用你的素材。提前录制的视频的"保质期"可能是好几年。我曾在一两年的时间里重复使用某些视频。但一般而言，现场直播是一次性的表演。你可以尝试重复使用录制好的直播发售视频，但这样的话，你就得不遗余力地假装自己在直播。我真的不赞成这样做，因此从本质上讲，这是在弄虚作假。你必须明白这是一段录制视频，可如此一来，你就失去了直播的优势。

如何用产品发售公式做直播发售？

首先，你做的依旧是 PLF 式发售。你要遵循我在本书中给出的公式。预售要做三次直播，侧重于为观众提供机会、转变和所有权等体验。第四次直播则侧重于提醒观众参与到正式发售当中。在我的直播中，我往往会采用活动挂图来进行教学。你也可以使用任何能让自己感到舒适的辅助教具。我发现，活动挂图能让我保持专注，不易跑题。我通常会在活动挂图的页面上做一些笔记，作为直播的议题。

观众知道你在进行直播，因此他们并不指望你事事做到完美。我通常会在旁边的桌子或电脑上做笔记，并以开放的心态咨询他们的意见。如果你不假装自己是个完美的人，那你就不必事事完美。你的场景设置可能有很大不同。很多人用他们的手机摄像头或笔记本电脑上的网络摄像头做直播发售。有时候，为了得到合适的高度，他们把那些手机和笔记本电脑放在一堆书籍上！由于我做了很多年直播，所以我们打造了一个相当复杂的直播场景，设置了多个摄像头，并拥有许多设备。

无论怎样，在直播发售中非常管用的方法之一就是在预售内容中向观众交付大量有价值的东西。正如我之前提到的那样，观众通常看直播的时间比看视频的时间更长，所以你在交付内容方面有更大的空间。这并不意味着你可以随意地花费这些时间，但总的来说，它给了你更多空间来交付价值。请记住，直播的时间越长，你就越难保持观众的注意力。我大多数学员的直播时长都在 1 个小时左右。

过去几个月里，我们做了很多革新，其中之一就是压缩直播发售的时长。前几次进行直播发售时，时长与采用视频发售时相似。预售阶段可能需要 7~10 天，联营式发售的典型时间表可能是这样的：

第 1 天：第 1 段预售内容（机遇）

第 4 天：第 2 段预售内容（转变）

第 7 天：第 3 段预售内容（所有权）

第 9 天：开通购物车（参与发售）

虽然产品发售公式具有很强的灵活性，但多年的实践证明以上时间表是行之有效的。然而，因为我们的直播发售经过演变，已经有了实况研讨会或研习班的味道，我开始采用一个更紧凑的时间表，连续几天召开现场研讨会：

第 1 天：第 1 段预售内容（机遇）

第 2 天：第 2 段预售内容（转变）

第 3 天：第 3 段预售内容（所有权）

第 4 天：开通购物车（参与发售）

对我而言，这个时间表一直都很有效。产品发售公式的本质是把市场营销变成一场活动，而这个时间表真的给人一种参加活动的感觉。

值得注意的是，你不一定要遵循如此紧凑的时间表。如果你刚开始发售，在如此短的时间内完成这些事情的压力还是相当大的。紧凑的时间表意味着你在数场直播之间几乎没有时间去休息或做准备。在产品发售过程当中，你还有其他事情要做，比如发电子邮件、回复评论、关注其他大量的细节。除非你有丰富的经验和强有力的支持，否则你最好在两场直播之间留出些时间，以便于整理思绪和纠正方向。

开通购物车的艺术

最近，我们对直播发售所做的另一项革新就是扩大开通购物车的序列。正如我在第 8 章中提到的那样，开通购物车之时就是你真正发售产品并开始接单的时候。

对大多数发售活动而言，开通购物车的时长应该是 5 ~ 7 天。这段时间可以缩短，但只适用于经验最丰富的人。因为如果你缩短时长，就没有太多时间来纠正那些没有按计划进行的事情。同理，也不要延长开通购物车的时间，因为你得制造发售的紧迫感。如果延长时间，开通购物车就会变成又臭又长的乞讨大会了，不要一直给客户发邮件，说"请买我的产品吧"。

在直播发售中，5 ~ 7 天的窗口期依旧适用，但我已经极大拓展了后续工作的内容和开通购物车期间的内容。重点是此时仍处于客户参与阶段。以我的课程为例，开通购物车期间，我仍然在教学，但教学内容更侧重于让潜在客户参与到他们的未来当中，并最终接受所提供的产品。

不妨这样想：发售开始时，你向潜在客户展示了一个能够改变他们人生的机会，即第一段预售内容。这是一个可以给客户带来快乐或减少痛苦的机会，他们可以成为更称职的父母、戒烟、学习冥想、摆脱暴力关系、减少高尔夫杆数等。

然后，你继续进行预售，向客户表明如果他们得到了想要的结果，生活将会发生何种转变（即第 2 段预售内容），以及真正拥有这种变化（即第 3 段预售内容）是什么样子的。

上述为预售内容。现在，在开通购物车环节，你要请潜在客户参与到那样的未来当中。他们要采取下一步行动，实现那个未来。归根结底，如果有人从你那里购买产品，就意味着他们正参与到未来的改变当中。

对你的开通购物车和直播发售而言，这到底意味着什么？通常情况下，你要进行一次或多次额外的直播，回答观众的问题，为他们提供一些指导，强调你或你的产品如何能让他们的人生发生转变。你也可以强调如何能帮助你的客户取得成功。

它可能是这样子的：

开通购物车第 1 天：第 4 段预售内容现场直播（提醒客户参与直播发售）

开通购物车第 2 天：销售视频

开通购物车第 3 天：常见问题解答直播

开通购物车第 4 天：案例分析现场直播

开通购物车第 5 天：关闭购物车直播（庆祝和结束前问答）

这个时间表只是一个示例，我们可以继续往下分解：

第 4 段预售内容现场直播是你真正推荐产品的时候。此时，你正式开通购物车并接受订单。此次直播的内容与标准发售活动的第 4 段预售内容相同。

在开通购物车的第 2 天，我发布了一段销售视频。这是一段旨在提醒客户参与到发售当中的视频，从而达成销售。该视频以你到目前为止已放弃的所有预售素材为基础，在视频中，你要向客户推荐产品。

你可能会问，为什么要把一段视频放入直播发售中？这个问题问得好。

不是每个关注你发售活动的人都会观看你的所有直播，所以我喜欢给客户发送一则简洁明了的销售信息。销售视频永远要比第 4 段预售内容直播的回放篇幅更短、更紧凑，所以我付出了额外的努力来制作这段视频。

请注意，你不一定要这样做，因为这项工作需要做额外的复杂工作。如果这是你的第一次发售活动，也许这不是你应该担心的事情。

第 3 天又要进行一场直播。在这场直播中，你可以只专注于回答观众最关心的一些问题。关于回答问题，有一点非常重要：你要关注人们购买你的产品或服务时内心最大的疑惑。回答问题不是增加新的概念或进行额外的教学，因为你在预售阶段就完成了大部分教学。这些问题和答案应该围绕如何推动销售展开。

开通购物车的第 4 天可以偏重于案例分析。你可以在直播中跟观众分享你的客户案例以及他们取得的成果。你也可以播放你与成功客户一起预先录制好的视频。在这种情况下，你扮演的角色就是一名向观众播放案例分析视频的节目主持人。又或者，你可以请你的客户参加直播，让他们现场分享自己的故事。我个人极其喜欢分享自己学员的成功故事，所以我非常热衷于做案例分析。在预售环节，我会向观众介绍我的学员，然后在开通购物车的这一周里，我要主持一次现场直播活动，带他们上直播，把他们变成这档节目的明星。

发售的最后一天，我会再做一次现场直播来结束整个发售活动。当天是关闭购物车的日子，这样你就拥有了稀缺性（见第 5 章），这从来都是激动人心的一天。

在最后的直播中，你要为发售画上圆满的句号。你可以回答问题、欢迎新客户、庆贺你们所有人经历的一切。在营销活动结束时举行庆祝活动看似有点奇怪，但如果方法得当，你就为所有粉丝提供了真实的体验，不管他们是否决定购买你的产品。

随机应变，打造适合你的发售序列

在本章前面的内容中，我讲过安妮·拉福莱特的故事。她经营着一家优秀的公司，教人们做表面图案设计，从中赚了不少钱。安妮从零开始，没有客户名单、没有产品、没有社交媒体名声、没有创业经验，却白手起家创立了一家公司，第二年的销售额达 40 万美元。在此过程中，安妮进行了 6 次以上的发售活动，且大多数都是直播发售。

安妮在她的直播发售活动中所做的一件事就是缩短发售时间，此举与我在自己的发售活动中所做的事情相类似。目前，她偏向于采用以下时间安排：

周一：第 1 段预售内容——现场直播

周三：第 2 段预售内容——现场直播

周五：第 3 段预售内容——现场直播

周一：第 4 段预售内容——开通购物车——现场直播

周二：开通购物车——快速前瞻——现场直播

周三：开通购物车——与以前的学员一起进行现场直播

周四：开通购物车——发售结束日问答

你会注意到，安妮的时间安排跟我上面给出的例子有些不同，这恰恰说明了没有任何一种发售序列是完美的，你要关注的是产品发售公式的核心基本原理和预售内容的叙事故事线。

混合式序列：直播 + 视频

到目前为止，我探讨了如何利用现场直播的方式进行直播发售。在现场直播中，大部分发售内容都是通过现场直播交付的。但是，你不一定要完全或大部分依赖于现场直播，你可以采用现场直播作为传统发售方式的补充。例如，你可以将预售内容以系列视频的形式发布，然后添加现场直播作为补充内容。

以下是混合式预售序列的例子：

第 1 天：视频——第 1 段预售内容（机遇）

第 2 天：现场直播——问答环节

第 3 天：视频——第 2 段预售内容（转变）

第 4 天：现场直播——问答环节

第 5 天：第 3 段预售内容（所有权）

第 6 天：现场直播——问答环节

第 7 天：视频——开通购物车（参与）

该例子中，在每次发布预售视频后的第二天，你都要安排一个简单的问答环节。

另一种直播 + 视频混合法则是在开通购物车的那一周进行现场直播。举个例子：

第 1 天：视频——第 1 段预售内容（机遇）

第 3 天：视频——第 2 段预售内容（转变）

第 5 天：视频——第 3 段预售内容（所有权）

第 7 天：视频——开通购物车（参与）

第 8 天：现场直播——新内容

第 9 天：现场直播——案例分析

第 10 天：现场直播——问答环节

第 11 天：现场直播——结束直播

上述做法并非一成不变，你可以即兴发挥，做一些改动。事实上，在发售过程中加入现场直播是我所做的最大革新之一。它让你在发售时对外界正在发生的事情以及你的潜在客户最想知道的事情做出反应。

别忘记观众看直播回放时的体验

当你进行直播发售时，有一点是肯定的：不是每个人都能够观看现场直播。如果观众在国外，则尤其如此，因为很多人都面临时差问题。在我发售产品期间，这一直是我最关心的问题。通常情况下，有来自 150 个或更多国家的人报名参加我的发售大师班。

由于很多人无法观看现场直播，所以，如何才能为那些观看回放的人创造一次难忘的体验？你得认真思考一下这个问题。我发现很多人都犯过这个错误，他们把所有时间和精力都花在全盘思考现场直播以及如何把直播变得更好看上面，完全忽视了人们观看回放时的体验。实际上，看回放的人可能和看现场直播的人一样多，甚至还多于后者。

如何才能提升人们观看回放的体验？首先，可考虑对视频的开头进行剪辑。很多现场直播的开头相当拖沓，因为主持人要调动观众的热情，并做一些技术性检查。对于观看直播的人来说，这是直播体验的一部分，早在他们意料之中。但如果你看的是重播，坐着看完开头的准备工作是件很痛苦的事情。幸运的是，这部分内容在回放录像中很容易加以剪辑。你还可以剪辑其他内容，缩短回放时长。

你也可以考虑给予观众更多的回放体验控制权，比如：全视频控制，即观众能够暂停、快进和倒回视频，提高回放速度。我并非提倡回放视频中应当自动包括这些功能，只是在探讨这种可能性。这几种控制权可以改变观众的回放体验，而你也有不给予这种控制权的正当理由。例如，也许你希望观众严格按时间顺序观看回放内容，又或者，如果加快播放速度，音乐或音频无法很好地呈现出来。

我的看法是：很多人会看你的回放视频，而不是现场直播。你要思考他们会有什么样的体验，并对你即将给观众提供的体验有意识地作出选择。你所做的努力未来将会变成更高的客户转化率。

工具用得好，方能事半功倍

现场直播是一种很好的工具，无论你要进行一场全面的直播发售，或只是采用一些直播元素，你都可以考虑将其添加到你的发售活动中，它们能让你对发售活动中产生的对话和不断变化的市场环境迅速做出反应，还能让你对发售时出现的其他任何问题及时应变。

你要记住一点，现场直播只是一种选项，你不一定要使用它。如果你不喜欢在镜头前进行直播，那就不必这样做。我们每个人都拥有不同的优势和能力，倘若现场直播不适合你，那你就不应该使用它。

最重要的是，你仍在遵循产品发售公式。你仍然要使用以电子邮件或视频为基础的发售活动中所采用的全部序列、故事和诱因。

第 12 章

雷区路线图：
如何在发售中正确使用社交媒体

作为一名创业者，如果你想取得长期胜利，就得付出时间、精力和专注力。当你踏入社交媒体这个竞技场时，就会把时间、精力和专注力置于风险之中，而你必须不惜一切代价保护它们。

▶▶▶ LAUNCH

我在 2014 年出版本书的第一版时，社交媒体已经大行其道。从那以后，社交媒体变得越来越重要。环顾四周，你就会发现人们都在专注地盯着自己的手机看，这一幕早已司空见惯。这种"专注"是名副其实的，无论在咖啡店、火车上，或者街上，他们都紧紧地盯着手机屏幕。如果你从他们身后瞄一眼他们的手机，想知道他们到底在看什么，那么大多数时候他们都在看某种形式的社交媒体。

在社交媒体的世界中，唯一不变的因素是变化。目前，社交媒体平台有很多，但市场格局仍在不断演变当中，新平台出现，旧平台消失。不过，在任何一段时期，某些社交平台都比其他平台更适合特定的细分市场和人群。有些企业应关注脸书，有些企业应关注领英，而 Instagram 或 Pinterest 则更适合其他人，以此类推。

社交媒体的作用始终没变，它一直是发展业务的绝妙工具。但是，它也可能是一个雷区，如果你不能正确地使用它，就会浪费大量时间和金钱。你可以把本章想象成一张路线图，它不仅能帮助你在雷区中生存下来，还能帮助你在发售活动和企业经营中从战略角度使用社交媒体，实现企业的蓬勃发展。在本章中，我首先对社交媒体的一些优点和优势进行整体概述，我会讲一些非常有用的干货。然后，我要详细讲解每个发售阶段该如何使用社交媒体，包括预售造势阶段、预售阶段以及开通购物车阶段。本章的最后，我要告诉你一个坏消息：社交媒体有潜在陷阱，而且非常多。

在本章和关于付费广告的第 13 章中，我不会指导你关注哪些特定的社交媒体平台，原因很简单：这些平台都会变化，某些平台会消失。所以，到本书出版时，我在这里教你的知识至少有一部分已经过时了。

25 年来，我能够在互联网世界生存和发展的唯一方法就是着眼于长远：从大局出发，采取持久战略，然后用这些战略来推动短期战术。

进入客户心智，卖给他们真正想要的东西

对你的企业来说，社交媒体最大的优点就是你可以在社交媒体上找到你的潜在客户，然后把他们吸引到你的世界里。换言之，你的潜在客户已经聚集在社交媒体，他们积极地创建社区，并与其他志同道合的人进行交流。这意味着你可以在社交媒体上找到他们，了解他们，把他们吸引到你的小天地里，然后把他们变成客户。在此过程中，你可以在自己所在的细分市场打造形象，成为人们眼中的专业人士或领导者。

一直以来，人们彼此保持着联系，企业也是如此。自从 20 世纪 90 年代互联网兴起以来，志趣相投的人就以不同的方式聚集在不同的地方。甚至在现代互联网出现之前，人们就通过 BBS 和在线服务保持联系。然后，在互联网发展的早期，BBS 和在线服务演变成新闻组系统（Usenet group）和论坛。

最重要的是，网络世界的一切都与联系和对话有关，而且一直都如此。从互联网诞生伊始，人们就自然而然地因共同的兴趣爱好和关注的事物而聚集在一起。

当然，社交媒体和我们的所有上网设备将这种聚集发展到了一个全新的

水平。现在，任何人只要有手机，就可以坐在他们最喜欢的咖啡馆里，迅速发现目标市场的客户，以及进行市场调研。

这意味着你可以快速研究所在市场，了解你的"替身"，即目标市场最典型的潜在客户。要推出一款优秀的产品并进行一次成功的产品发售，关键在于了解"替身"的憧憬、梦想、恐惧和失落。当你在社交媒体上找到潜在客户时，你要以正确的方式与他们开始对话、提问题，然后聆听答案。社交媒体上的对话有助于识别出这些敏感话题。人们不断发表的话题正是他们所面临问题的症结所在。你能从字里行间看到有哪些东西阻碍他们前进，又有哪些东西是他们真正孜孜以求的。

上面几句话让人感觉社交媒体很简单，而它也的确很简单。艾米·斯莫尔之所以能用她的纱线和针织图案给客户的人生带来真正的转变，是因为她可以在客户的社交媒体帖子中看到和读到这种转变。要打造一款符合潜在客户需求的产品，关键在于了解潜在客户，知道是什么让他们彻夜难眠。正确地使用社交媒体有助于你找到客户最想要的东西。你要像艾米一样，发现你的受众，然后倾听他们的心声。

在辅导过数以千计的创业者之后，我发现，他们犯下的最大错误之一就是他们只创造自己想要出售的产品和服务，制造他们认为人们应该拥有的东西，而不是人们想要购买的东西。毫无疑问，如今很多时候，人们想要的东西并不是他们的真正需求。换言之，如果有人刚买了自己的第一把吉他，很可能会寻找学习弹吉他的捷径，好让他们在下周的某个时候弹奏歌曲，给篝火旁的女生或男生留下深刻印象。

这正是他们想要的，而他们的需求则截然不同。他们要学习一些基础知识，比如如何握吉他、如何练习、如何使用节拍器等。在这个例子中，你必须"卖给他们想要的东西，并且满足他们的真实需求"，还要以合乎道德的方式做这件事。如果你想取得良好的发售效果并创立一家成功的企业，就要想"替身"之所想。你必须达到这样的境界：如果我在凌晨 3 点叫醒你，并且问你"替身"的前三个憧憬、梦想和恐惧是什么，你可以毫不犹豫地背诵出来。社交媒体是你了解"替身"的地方。在社交媒体上，你会发现你的"替身"正谈论这些我提到过的东西，并告诉你他们真正想买什么。

用社交媒体在互联网树立地位和权威

互联网世界有这样一个永恒的真理：如果你在网上发展业务，那你就进入了发布内容领域，它将树立你的权威（即被外界视为你所在领域的领导者或专业人士）和地位（即市场上的其他人是如何看待你的）。

在社交媒体上与别人建立连接将极大地帮助你树立地位和权威。为什么树立地位和权威如此重要呢？

当你在互联网上销售产品时，你就是在从事所谓的"直销"业务，即直接向你的消费者营销和销售你的产品。过去，直销和品牌营销之间有着很大的区别，做品牌营销的是类似可口可乐和苹果这样的大公司，而做直销的则是那些斗志旺盛、自力更生的初创企业。

但今天，这些区别已经不大了。当你在互联网上发展业务时，就是在建立自己的品牌。我认为自己不是传统意义上的品牌塑造专家，不会教你关于商标、颜色和字体等方面的知识。但我早就知道，你在互联网上的声誉和地位是打造品牌的关键。为了发展业务，声誉和地位都是你需要的东西。

事实上，我的产品发售公式培训项目可以说是线上创业教育市场的首个品牌。我于 2005 年推出该项目时，它绝非市场上的首款培训产品。在它出现之前，市场上有数千款类似产品。但是，它是第一款在市场上成为持久品牌的产品。在产品发售公式面世之前，培训产品如过江之鲫，但它们很少能在市场上存活几个月以上，也从来没有留下持久的声誉或关注。

起初，我并没有制订创建首个品牌和建立新商业模式的总体计划。我只知道自己拥有一个非常棒的产品发售流程，并且看到我的客户借助该流程取得了惊人的成就。所以，我不断地改进流程，客户也不断地取得成功。经过这些年的发展，如今产品发售公式已然变成了一个品牌。

好了，让我们回到发布内容这个话题上来，因为这是你在市场中树立地位的主要途径。无论你是刚开始创业的无名小卒，还是某个想像我一样把企业打造成品牌的人，重点在于内容的发布。你要定期发布内容，包括书面、视频和音频内容，以及未来下一代技术可能带给我们的任何东西。你要创造这些内容，然后将其发布在你所选择的社交媒体平台上。

社交媒体是极好的发布平台。它们已经为你搭建了平台，那里有你的观众，你只需着手为你未来的客户发布内容。十分重要的一点是，在社交媒体上，你可以得到与你所发布的任何内容相关的即时反馈信息，能让你对内容进行微调，从而达到发布的目的。

社交媒体的另一个巨大优势就是：当你开始培养粉丝群体时，你的社会地位和权威也自然而然地建立起来。在几乎每一种社交渠道中，用户都可以看到粉丝群体的规模和互动程度。

当然，事情没有那么简单。你必须弄清楚如何增加自己在平台上的曝光度，即如何分配你的内容，而每个平台增加曝光度的方法有所不同。

如果你用的是 Instagram，也许要专注于短视频或故事；

如果你用的是脸书，可能要专注于直播或群组互动；

而在 Pinterest 平台上，则可能要添加一些短视频内容。你的策略要像天气一样多变。但精髓是，在社交媒体上发布内容是增加粉丝数量和提升你市场领导者地位的好方法。无论你在什么样的平台上与未来客户互动，都需遵循相同的预售内容框架。

如何用社交媒体在细分市场中完成 6 位数的发售

凯茜·海伊（Cathy Hay）擅长缝制维多利亚时代紧身胸衣和裙子的复制品，这几乎是她一生的爱好。尽管她缝制的这些胸衣和裙子是用来穿的，但她的每一件作品都堪称精致的艺术品。她还创建了一个在线会员网站，教学员缝制这类衣服。

凯茜的会员网站已创建 13 年。最初，它只是一个不温不火的网站，没有给她带来太多收入。但大约在 5 年前，凯茜急需钱用，于是她决定认真做好这门生意。就在那时，她发现了我的产品发售公式，她的生意顿时火爆起来。她第一次发售就赚了好几万美元，而且金额还在不断增长当中。大约 18 个月前，她做了一次发售，销售额接近 10 万美元。然后，就在我快写完这章时，她写信给我，说她刚刚完成了一次金额超过 75 万美元的发售。简直不可思议！

请注意，她所有的销售额都来自一个每月收费的会员网站，所以她根据会员的正常"黏着率"来预测收入。但她的预测是以很长一段时间的数据为基础的，因此，75 万美元是一个相当可靠的数字，而这肯定不是她最后一次发售产品。　销售额的增长离不开努力工作，并不是一蹴而就的。如今，凯茜组建了一支 15 人的团队，所以她需要支付经常性的开销。无论如何，这样的成果仍然是引人注目的，且在我看来，她的销售额增长远未结束。

维多利亚时代的紧身胸衣和裙子是一个细分市场。在这样的小市场中，你该如何发售产品，才能实现 75 万美元的收入？尤其困难的是，紧身胸衣的制作很难打广告，在这种情况下，你该如何去做？

如今，凯茜完全通过社交媒体来创建她的客户名单。但在社交媒体出现之前，她就通过网上论坛和早期的在线社区 Live Journal 与网友互动，收获了最初的一批粉丝。

我要告诉你一个至关重要的经验：上网能让志趣相投的人谈论共同的话题。互联网给世界的运行模式带来了巨变，它诞生于 20 世纪 90 年代至 21 世纪初。数字化世界的崛起使许多原本在细分市场中默默无闻的人，因为志同道合而发现彼此，尽管他们分散于世界各地。我们现在觉得这是理所当然的事情，但在 30 年前，如果你对缝制维多利亚时代的紧身胸衣感兴趣的话，你很难找到跟你有共同爱好的人。你不大可能在左邻右舍中遇到有类似兴趣的人，也很难找到与该话题相关的信息，更别说与他人谈论紧身胸衣了。

正如凯茜所说的那样："上学时，我是个怪小孩。上网以后，我才能发现其他怪小孩；互联网就是我们互相交流、交谈和学习的地方。"凯茜之所以能获得这样的成功，是因为她通过网络与读者互动。因此，读者和读者之间，以及读者和她的业务之间，都建立起了互动和联系。·这就是社交媒体的魅力。这种方法对你也很有用。

凯茜刚在网上崭露头角时，她常光顾专门讨论缝制古代服饰的论坛网站，解答网友的提问，逐渐成为该社区的一员。后来，凯茜推出了自己的会员网站，这完全得益于她早年在这些论坛上通过输出有价值的内容而树立起来的形象。

最终，这些社区和讨论转移到了社交媒体上。如今，凯茜的会员主要使用 Instagram 和 YouTube，所以她把主要精力放在这两个平台上。她每周都会在 YouTube 上发布一段视频，她在上面有 11 万多名粉丝。对于如此小的细分市场来说，她的粉丝群已足够庞大。她还定期在 Instagram 上发布自己的作品和学员的作品。

随着时间的推移，凯茜逐渐把她的社交媒体粉丝拉进了她的电子邮件名单。从那时起，她通常每年为会员网站做两次发售，采用的正是产品发售公式。发售的成果喜人，但我说过，这样的成果并非一蹴而就，她的客户都来自在社交媒体上慢慢培养出来的粉丝。

借助社交媒体创建电子邮件名单

我对社交媒体的基本准则就是：它不应该是你的客户名单，但你应该用它来创建客户名单。你不会在租来的土地上建造自己梦想的家园，同理，你也不会把自己最有价值的业务放在一个不属于你的平台上。客户名单就是你最有价值的资产。

换言之，不要让社交媒体成为你的客户名单存放平台。一旦你在社交媒体平台上获得关注，就应该尽全力把粉丝吸收到你的电子邮件名单中。这点至关重要。因为任何平台都可能关闭或改变其规则，如果在这之前你没有把粉丝转移到你的电子邮件名单中，那么你的粉丝就会消失。

转移粉丝的方法很简单。我并不是说这事很容易，但它却相当简单。我们可以回想第 3 章中介绍过的如何创建基础电子邮件名单。你先制作一个销售线索诱饵，即你的粉丝认为有价值的赠品，然后创建一个"选择加入"页面。如果粉丝加入你的电子邮件名单，他们就可以得到有价值的赠品。然后，你告诉社交媒体上的粉丝赠品非常棒，再把"选择加入"页面的链接发给他们，这样他们就可以得到赠品。

再强调一遍：这事很简单，但未必容易。当人们使用某个社交平台时，他们就喜欢留在那里。把用户留在平台上符合平台拥有者的最大利益，所以他们经常制造一些障碍，阻止用户点击另一个网站，从而离开他们的平台。为了做到这点，他们会耍各种小手段。

无论把粉丝转移进你的电子邮件名单中多么困难，做这件事是绝对必要的，而且百分之百可行。你可以在社交媒体的帖子上公布你的名单生成器；可以围绕它创建一个标签；还可以在视频教程中展示你的销售诱饵。方法总是有的，只要你发挥一点创造力即可。你可以发起对话并开个帖子，例如："想加入我的电子邮件名单，获取＿＿＿＿吗？"或"想看看＿＿＿＿吗？我们

专门为您制作了一份时事通讯刊物"，或者"在我的网站上，有一份完整的

_____ 名单"。

那些你能够从社交媒体转移到电子邮件名单的人对你和你的业务都有极高的价值。电子邮件名单中的人并非"生来平等"，有些人比其他人更有价值。当你能够让人们从一种媒介转移到另一种媒介，即从社交媒体转移到你的电子邮件名单时，就创造了一个非常有价值的销售线索。

如今，社交媒体的一项重大演变就是你可以在很多社交平台上直接找到你电子邮件名单上的人。也就是说，如果某个人在你的电子邮件名单上，那你也能在社交网站上找到他们。只要获取了电子邮件地址名单，就可以上传到脸书、Instagram、YouTube 和领英等平台上。你可以使用这份名单再次锁定未来客户。你既可以通过客户的电子邮件收件箱找到他们，还能在他们最喜欢的社交平台上与其接触，这种双重渠道的作用是非常大的。

虽然我认为电子邮件非常重要，但归根到底，社交媒体的整体覆盖范围更大。在社交媒体上，你可以引起粉丝的注意，让他们点击你的链接，参与你的发售活动。关于这方面内容，我将在第 13 章中深入讲解。

社交媒体在发售活动中的作用

现在，让我们来谈谈社交媒体和你的发售活动，因为你可以借助社交媒体来做很多绝妙的事情，以推动发售成果。从预售造势到开通购物车，在发售的每一个阶段，你都可以让社交媒体的粉丝发挥作用。

关键在于你要尽量做到"无处不在"。当人们拿起手机或打开电脑时，无论是查看他们的电子邮件，还是浏览他们喜欢的所有社交媒体网站，他们都能看到很多与众不同的东西。理想情况下，你可以在尽可能多的地方接触到他们，包括社交媒体和电子邮件收件箱，你希望在整个发售过程中扩大

这种接触。你要问自己：未来客户正在使用什么平台？是脸书、Instagram、YouTube、领英、Pinterest、抖音还是 Clubhouse？然后到这些平台去找他们。**请记住，互联网上有无数个平台，但这并不意味着你必须出现在所有平台上。你要和自己的受众交流，发现他们更喜欢哪些平台，然后出现在那些平台上。**

让我们从你的预售造势开始讲起。记住，预售造势的最终目的就是在市场上制造轰动效应，借助其识别市场上反对的声音，并测试人们对你的产品是否有兴趣。如果你在社交媒体上有一群粉丝，那在预售造势时，社交媒体就是最适合承担重任的地方。

预售造势的核心在于"造势"。我通常喜欢造势好几次。这时候，你要开始谈论即将到来的产品，却不用推出任何实际的产品或作出任何类型的请求，只是简单地要求人们给予反馈或建议。

最基本的一种预售造势形式就是向你电子邮件名单中的潜在客户发送一份内容简单的邮件，笼统地谈论即将到来的项目，并要求对方给予某种程度的反馈（见第 6 章"预售造势"）。我建议你按照这个方法发送电子邮件。由于在社交媒体上发布信息非常快速和简单，所以你可以考虑扩大一下预售造势活动的范围，给自己更多选择。只要在社交媒体上简单提及你正在做的事情，就可以更早地开启预售造势。

这并非销售信息，你只是想办法在自己的社交平台上提及你的新项目。你可以谈论自己遇到的难题、考验和磨难，以及创造某种新事物所带来的兴奋感。如果人们感觉到自己参与了某种事物的创造过程，即使他们只是见证者，也乐于支持那个事物。社交媒体造势其实就是与粉丝分享你创造产品或事物的过程。

在本书的第一版，我提到过一种方法：让我的粉丝就新书的封面设计方案进行投票。我在社交媒体上发布了本书可能采用的几种封面设计，然后附上调查表，请粉丝反馈哪种方案更好。因此，在本书出版前几个月，人们就开始对它产生了兴趣和期待。我采用了多种预售造势策略，使本书登上了畅销书排行榜的榜首，而这个策略只是其中之一；另一个策略则是制作一系列幕后视频，在视频中，我用即将上市的《浪潮式发售》挑起观众的兴趣，并询问其阅读偏好。预售造势的重点在于勾起粉丝对产品的兴趣，与他们建立联系，并让他们对你和你的内容也产生兴趣。

社交媒体平台最值得赞许的一点就是：几乎所有平台都允许你打广告，这种广告被称为付费流量广告。要谈论社交媒体，就很难绕开付费流量这个话题。这个话题很大，所以我单独用一个章节的篇幅进行探讨。下一章的内容就与付费流量有关。

如何在预售和开通购物车阶段使用社交媒体

在你的发售活动中，社交媒体最耀眼的时候就是预售阶段。预售的目的是让你的潜在客户消化预售内容。多年来，每次发布新的预售内容时，我们都要给电子邮件名单的人发邮件，把这个消息告诉他们。现在有了社交媒体之后，你又多了一个可以把预售内容告知粉丝的平台。

这里我要强调一点：不要把电子邮件名单和社交媒体粉丝视为两种不同的事物，你应该把所有粉丝视为一个大平台的一部分。在发售过程中，你每次发布一个新元素，就要把它告知每一名粉丝，包括电子邮件名单和社交媒体上所有关注你的人。你可以通过脸书和Pinterest的照片链接或Instagram、Clubhouse和抖音上的个人链接来做到这点。现在是考验你创意的时候了，你的社交媒体帖子可以探讨以下主题：

- ⊙ 成功的幕后故事
- ⊙ 发售倒计时（或购物车即将关闭）

- ⊙ 转变有哪些好处？

- ⊙ 产品（或福利）抢先看

- ⊙ 流言终结者：消除潜在客户的疑虑

- ⊙ 宣布发放福利，并说明人们为什么需要这些福利

- ⊙ 描绘未来：5 年后的生活会变成什么样？

- ⊙ 阻碍其他人的因素

- ⊙ 常见问题解答：发售计划的所有细节

- ⊙ 你和细分市场一位顾问的自拍照

- ⊙ 碎碎念：粉丝不需要的某样东西及其原因

- ⊙ 励志表情包，告诉粉丝他们可以成功

- ⊙ 关于成功可能性的证明和案例分析

- ⊙ 演示具有可行性的策略

- ⊙ 回顾你的成功历程

- ⊙ 让粉丝快速获取福利的秘诀

- ⊙ 对即将发售的产品进行投票调查，挑起粉丝对它的渴望并获取反馈

- ⊙ 引用你所在细分市场网红说过的话

- ⊙ 碎碎念：为什么 _____ 很重要

- ⊙ 一个没有 _____ 的人的故事

- ⊙ 证明你取得成功的截图

- ⊙ 一系列小提示

理想状态下，你的电子邮件名单和社交媒体粉丝之间会产生 100% 的重合。所有在社交平台上关注你的人都会出现在你的电子邮件名单上，而所有在你电子邮件名单上的人都会在你所有的社交平台上关注你。所以，当你发布一段预售内容时，你的粉丝会在不同的地方看到你。虽然现实与理想相去

甚远，但拥有两三个接触粉丝的机会总比依赖于单一平台的单一信息要好。

进入开通购物车阶段之后，这个道理也同样适用。你要在社交媒体上发帖，公开从最初开通购物车到关闭购物车的每一个步骤。在开通购物车这周，如果你发布了任何额外内容，一定要告诉社交媒体上的粉丝。假设发售周期为 11 天，你可以参照以下时间表发布内容。

第 1 天：发布第 1 段预售内容，给电子邮件名单客户发邮件，并发布到你的所有社交平台上。

第 2 天：把与第 1 段预售内容相关的信息发布到所有社交平台上。

第 3 天：发布第 2 段预售内容，电子邮件＋社交平台。

第 4 天：把与第 2 段预售内容相关的信息发布到所有社交平台上。

第 5 天：发布第 3 段预售内容，电子邮件＋社交平台。

第 6 天：把与第 3 段预售内容相关的信息发布到所有社交平台上。

第 7 天：开通购物车，电子邮件＋社交平台。

第 8 天：开通购物车（新内容），电子邮件＋社交平台。

第 9 天：开通购物车（常见问题解答），电子邮件＋社交平台。

第 10 天：开通购物车（案例分析），电子邮件＋社交平台。

第 11 天：关闭购物车，电子邮件＋社交平台。

请注意，你每天都要在自己的社交媒体平台上发布内容。实际上，你可能每天发布一次以上内容，这要视平台而定。社交媒体和电子邮件之间的一个显著差异在于：如果你每天发很多次邮件，电子邮件名单上的客户就会感到厌烦，但在绝大多数社交平台上，由于内容更新很快，你的内容很快就会淹没其中。所以，你完全可以经常发布内容，尤其是在你的粉丝数量不断增长的时候。

充分利用社交平台创建群组

因为世界变化得太快，所以我不想具体谈论任何平台。我希望这本书管用几十年，而不是几个月。但有一种社交媒体工具的作用是经过事实检验的，它就是脸书群组[①]。在脸书群组中，对某方面话题感兴趣的人可以在这里收集和发布素材，并展开讨论。任何人都可以在片刻间创建一个群组。作为群主，你可以设定群组的目标和基本规则。

脸书群组的最大用处就是为关注你发售活动的人创建一个群组。如此一来，你为粉丝提供预售内容的渠道就多了一条。脸书群组也是酝酿发售对话的另一个地方。在我的发售活动中，脸书群组的效果非常好，我们的群组中有数以千计的评论和互动。你的潜在客户可以评论你的预售内容并提问，而你也可以给出答案并与他们作进一步接触。

如果你第一次发售产品，有很多其他事情需要操心，你可以等晚点再在你的发售活动中添加一个脸书群组。不过，一旦你有了经验，脸书群组就可以极大地推动你的发售活动。

即使你不想在脸书上创建群组，道理也是一样的。你要与受众建立联系，给他们一个向你学习的机会、看到你的脸，或在社交媒体上听到你的声音。无论是 Instagram 上的艾米·斯莫尔，还是 YouTube 上的凯茜·海伊，或是在脸书上直播的安妮·拉福莱特，都与潜在客户建立了联系，从而实现销售。你也能通过同样的方法实现销售。

产品发售公式一直在不断演变当中，而我也一直在测试新事物。最近，我做了一个测试：用脸书来举办整场发售活动。这是一个相当激进的测试，因为我喜欢在我们的发售过程中尽可能多地控制可变因素，而以这种方式使

[①] 未来某个时候，脸书群组或许会消失，脸书的形式和规则或许也会完全改变。但可以肯定的是，社交媒体平台内部"封闭式花园"这一广义概念仍将存在于社交媒体的某个地方。

用脸书就意味着放弃很多控制权。但我还是做了测试，因为我想找到一种能够非常迅速且采用最少技术发售产品的方法。

我们使用脸书交付发售内容，包括预售内容和开通购物车内容。实际上，在脸书上进行现场直播就是直播发售（见第 11 章）。我们唯一没有在脸书上发布的内容只有"选择加入"页面、销售页面和订单页面。

当我们使用脸书群组作为发售平台时，人们就可以在群组里查看和评论所有发售内容。他们还可以在群组里观看现场直播。我们尽了最大努力，将电子邮件名单上的人和观看我们付费广告的人，都吸引到群组当中。效果出奇地好，发售顺利完成，销售额也很高。由于坚持采用超级简单的技术，我们得以在比平常更短的时限内实现发售。

我做这次发售既为了测试，也为了找到一种快速进入市场的方法。这种方法非常适合首次产品发售，因为它大大减少了你需要搞懂的技术。

社交媒体的风险

社交媒体并非全是优点，在你投入精力制定社交媒体策略之前，必须要了解社交媒体存在哪些风险。如果你不多加小心的话，这些风险就会导致你浪费时间和金钱。

首先，当你在社交媒体上培养粉丝群体时，你必须要知道，这一过程犹如沙上建塔。社交媒体是一个不稳定的世界，它在不断进化当中，没人确切地知道它会朝那个方向发展。很多社交媒体平台繁盛一时，然后迅速走向衰落，甚至连一些占主导地位的大平台也不例外。

还有人记得 Myspace 吗？它是社交媒体真正的鼻祖，而且它完全占据了市场的主导地位。在我写这本书的时候，Myspace 其实还存在着，但它已经变成了一座"鬼城"。再也没有人登录那个网站了。Vine 呢？它早已消失。

Google+ 呢？谷歌原本决意把它打造成一个成功的社交平台，于是宣布所有员工的奖金将与该平台的业绩直接挂钩。而如今，它也消失了。当我写下这段话的时候，即使是无所不能的脸书似乎也失去很多人的青睐。我家孩子告诉我，这是"老年人"才用的社交平台，因为 Instagram、抖音和 Clubhouse 在越来越受年轻人的欢迎。

在社交媒体的世界中，唯一不变的东西就是变化。你选择的平台可能因为不再受到目标市场的青睐而停滞不前，或者彻底停业。每当遇到这种情况时，你为了积累粉丝而投入的金钱和努力都将变成徒劳。

还有一个更常见的问题，那就是你在社交媒体上没有积累下粉丝。你可能会认为，由于你付出了努力去吸引和培养受众群体，所以他们就是你的粉丝。从人际关系的角度来讲，你的想法可能是对的。但现实情况是，社交媒体平台是别人的财产，平台的拥有者可以随时改变规则。他们可以因为不喜欢你存在于他们的平台上，就关闭你的账户。

如果你对互联网世界相对陌生，这个理由听起来可能有些牵强。如果你是一名行为良好、遵守规则的社交媒体公民，他们就不会关闭你的账户，对吧？而且他们不会中途改变规则，是吗？

但真相是，他们会。我曾亲眼看见人们的社交媒体账号因为各种原因而被关闭，其中很多平台就像它们所服务的市场一样专横武断。你最喜欢的社交平台甚至有可能会认为你所在的市场过时了。有时，这些账户完全是出于错误理由而被关闭的。这听起来可能很疯狂，但类似事情经常发生。我本人也经历过这种事情。有一次，由于社交媒体搞错我的身份，我的一个社交账户基本上被冻结了。尽管我在业内拥有身份地位，但也很难从那家大型社交媒体公司的员工那里得到对此事的回应。通常，这种错误是可以纠正过来的，但它可能要花几天、几周，甚至更长的时间。

归根结底，你要留意各种平台的服务条款和心血来潮的算法。如果你违反了平台的规则，或者不再创建算法想要的内容，你的账户就有可能被平台偷偷封杀。在这种情况下，你可以发布内容，但别人看不到你的内容。更糟糕的是，你可能完全无法访问自己的账户。

让我们继续这种悲观的调调。除了上述风险，社交媒体还有两种风险要加以考虑。首先，你很容易把社交媒体视为你的企业或产品可以"免费"吸引眼球的平台。如果你发现潜在客户使用那些社交媒体，那么你只要在那里与他们开始接触，就能把他们吸引到你的世界。

该过程很合理，唯有"免费"这点是个误区。因为即使你不花钱，也要付出一些更有价值的东西，比如时间。无论在社交媒体上培养何种受众群体，你都要付出时间或金钱，或两者兼有，人们通常清楚花了多少钱购买付费流量，但他们往往忽略了花在免费社交媒体上的时间。实际上，在社交媒体上发布内容需要时间，吸引粉丝和与粉丝互动也需要时间。一旦你培养起受众群体，就要把时间持续地花在社交媒体平台上了。

虽然你可以采用一些策略使创建内容变得更容易，但它不是你做过一次就再也不会做的事情。从根本上讲，社交媒体是你和你的粉丝之间的一种人际关系，如果他们没有得到你的关注，所有关系都会无疾而终。毫无疑问，与你在社交媒体上的粉丝建立、培养和维护关系要花很多时间，而作为一名创业者，你的时间将会十分短缺。

你要知道，在社交媒体上培养起来的粉丝群体并不是真正免费的，因为你付出的时间和精力都有实际成本。我并不是说你不应该投入大量时间，但你一定要意识到：在培养粉丝方面，没有"免费"一说。

你面临的最后一大风险就是，社交媒体公司正在花费数百万甚至数十亿美元，想方设法让用户对网站上瘾。他们拥有世界上最聪明的社交媒体工程师和行为科学家，还有近乎无穷的测试和数据，他们利用这些测试和数据让用户沉溺于他们的社交平台，人们很难抗拒这种网瘾。

你可能会想，"我使用社交媒体只是为了做生意"，或者觉得"我是专业人士，我只是来这里找销售线索的"。然而，当你看完那段搞笑的猫咪视频之后，发现 3 个小时已经过去了。当你在社交媒体平台上发展业务时，你便身处一个非常高风险的环境当中。你所面临的风险正是你付出的时间和专注力，而平台的拥有者是你的对手。他们是世界上最擅长玩社交媒体游戏的人，这个游戏不利于你，你很难胜出。即使某天你赢了，第 2 天、第 3 天你还是要加入游戏当中，去争取胜利。

作为一名创业者，如果你想取得长期胜利，就得付出时间、精力和专注力。当你踏入社交媒体这个竞技场时，就会把时间、精力和专注力置于风险之中，而你必须不惜一切代价保护它们。

尽管我在本章结尾提及一些与社交媒体相关的风险，但对互联网创业者来说，社交媒体是很好用的工具，你一定要在产品发售中使用社交媒体。社交媒体是一个你可以找到潜在客户并与他们建立联系的地方，它也是一个可以了解人们的憧憬、恐惧、梦想和欲望的地方，更是一个你用来创建客户名单的地方。在社交媒体上，你可以强化和拓宽从预售造势到开通购物车等每个产品发售阶段的范围。

社交媒体也是一个你可以发布重要发售内容的地方，这种做法越来越普遍。你可以在社交媒体上进行现场直播、发布预售内容视频、回答粉丝问题和做出评论。当你把社交媒体的强大力量与社交平台付费广告结合起来使用时，可能会对你的发售活动产生巨大且积极的影响。

第 13 章

付费流量：扩大受众群体的捷径

LAUNCH HOW TO SELL ALMOST ANYTHING ONLINE,
BUILD A BUSINESS YOU LOVE,
AND LIVE THE LIFE OF YOUR DREAMS

UPDATED & EXPANDED EDITION

付费流量异常强大，因为除了精确锁定目标客户，你还能带领潜在客户开展一段明确和受控的旅程，并追踪这段旅程中的所有要素。这样，你就可以进一步提升客户转化率。

▶▶▶ LAUNCH

我写完本书初版以来，"付费流量"成为最重要的新生事物之一。如今，我们可以为企业或产品做广告和引流。换言之，我们可以花钱让人们观看我们的发售活动和产品。

当我刚开始在互联网黑暗时代（20世纪90年代中期）从事在线业务时，这是不可能的事情。那时候，网站引流全凭口碑，只要登上热门搜索引擎，就能获得流量。当时有几十个搜索引擎，谷歌还没诞生。除此之外，卖家几乎没有太多办法来宣传自己的网站或产品。

起初，卖家尝试过一些笨拙的方式，例如打横幅广告。这些广告不仅难看，而且只能触及一个宽泛的非目标市场。横幅广告之后，出现了第一个点击付费广告。从那时起，卖家锁定目标受众的能力开始提高。然而，付费广告仍只适用于搜索流量，它还有很长的路要走。你只能接触到那些主动使用搜索引擎寻找某样东西的人，如搜索"如何找到锁匠"。但是，也有很多市场和细分市场是搜索流量无法充分发挥作用的，尤其是当人们不太知道自己要在某些市场或细分市场中寻找些什么。

尽管这些环境的变化是在过去几年内发生的，但其变化之大，无论怎样形容都不过分。如今，你可以根据人们的兴趣和行为精确锁定潜在客户，这种能力是此前任何类型的广告都达不到的。

付费流量异常强大，因为除了精确锁定目标客户，你还能带领潜在客户展开一段明确和受控的旅程，并追踪这段旅程中的所有元素。这样，你就可以进一步提升客户转化率。随着时间的推移，为了接触到你的"替身"，即目标市场最典型的潜在客户，大型广告平台发明了极其复杂的算法。平台开发者已经去除了使用过程中的很多复杂步骤，有助于你迅速锁定目标市场，而算法替你承担了很多繁重的工作。当你将把更多数据"输入"算法时，它就能更精确地锁定目标，从而降低你的获客成本。

冷流量和暖流量

和社交媒体一样，付费流量是一个日新月异的领域。我不会在此给你讲具体的战术，因为当你读到这本书的时候，这些战术都已经过时了。相反，我将侧重于探讨付费流量的策略，它们将持续适用于你的发售活动。毋庸置疑，付费流量的好处是巨大的，尤其是对于刚起步的创业者。

在我们深入讨论之前，我要谈谈"冷流量"和"暖流量"这两个重要概念之间的区别。

"冷流量"指的是那些既不认识你，也不属于你的世界的人。他们不在你的客户名单上，也没有在社交媒体上关注你。有时候，当我们谈论对冷流量打广告时，会将其简称为"冷流"。

相对应地，**"暖流量"是指那些已经在你的电子邮件名单上、访问过你的网站或在社交媒体上关注你的人**，这些人在某种程度上认识你。我们将用"暖流"作为暖流量的缩写。暖流量和冷流量的差异甚大。你使用这两种流量的方式，以及你向这两种流量表达信息的方式都大为不同。在广告中，表达信息的方式被称为"创意"。

冷流量广告的潜力

有时候，冷流量给人的感觉就像是在线业务的"圣杯"[①]。想想看，如果你可以花 1 美元让人去参加你的发售活动，而那 1 美元的广告费用可以变成 2 美元的销售额，那你多久做一次广告？即使这 1 美元只变成 1.10 美元，这仍然是一笔相当令人惊喜的交易，不是吗？

这就是冷流量广告的潜力。有时候，这种潜力会转化成喜人的成果。此时，你只要弄清楚如何尽量把钱花在付费流量上就行，因为你花的钱越多，赚的也就越多。

然而，向冷流量做广告实际上并没有那么简单。广告支出回报率（ROAS）不是一个静态数字，它将随着竞争、季节和其他一些因素的变化而改变。最重要的是，它可能会随着你的广告支出规模的变化而改变。

在任何市场中，如果你从人口统计学、消费心理学和目标定位等角度研究你的潜在客户，那么你的第一批销售对象很可能就是最佳销售对象。道理也许听起来很浅显。最先对你的产品或服务感兴趣的人，即你的信息能真正引起共鸣的人，可能会对你的广告做出最敏感的反应，他们也最有可能变成买家。这意味着你的初始广告成本可能比较低，而销售转化率却比较高。

一般而言，当你接触到市场上对广告做出最敏感反应的人之后，广告成本就会开始增加，每访问者销售额也就随之开始下降。这意味着你早期在任何市场上推出的任何产品都最容易被消费者接受，也意味着相对于销售额而言，广告成本可能会随着流量的扩大而上升。

我说这些不是为了阻止你向冷流量投放广告，冷流量依旧是圣杯般的存在。我想说的是，随着你的广告支出规模开始扩大，通过付费流量增长销售

---

① 根据《圣经》的讲述，圣杯是耶稣受难前的逾越节晚餐上使用过的葡萄酒杯子。在西方文化中，人们认为圣杯拥有某种神奇的能力。

额的做法通常就会变得更具挑战性。尽管如此，在一些较大的平台上，情况也可能相反。随着广告规模的扩大，更大的付费流量带动了更大的销售额增长。这是因为，当你将更多数据输入算法当中，算法就可以更智能、更高效地将流量引向你的网络账户，你招揽消费者的成本其实降低了。

关键是，如果你刚开始创业，那么你通常能够在早期借助广告获得理想的结果。你只需付出相对较少的广告支出，就能一定程度上扩大客户数量，前提是你有一款可靠的产品和优质的广告内容。

虽然付费流量有很多需要注意的地方，但我发现，我的很多初级学员在创业初期通过它取得了成功。

如何在产品发售中运用冷流量？

实际上，在产品发售中，用付费广告来吸引冷流量是相当简单的。首先，你要创建最好的"选择加入"页面，并制作一份销售诱饵，即你的预售内容。我在发售产品发售公式培训项目时，就把预售内容比喻成"产品发售研习班"或"产品发售大师班"。我会创建一个"选择加入"页面，提供研习班或大师班的报名机会，然后将付费流量引入那个"选择加入"页面，目的是让人们在访问预售内容之前输入他们的电子邮件地址。从这时候开始，潜在客户就进入了你的电子邮件名单，你会在整个发售过程中跟进潜在客户，就像你跟进电子邮件名单中的其他人一样。

请注意，对于该销售诱饵，你通常是按点击付费的。也就是说，每当有人点击你的广告时，你就要付费，而这个广告会直接转到你的"选择加入"页面。潜在客户点击广告的行为发生之后，他们才决定是否真正选择加入你的预售活动、看完你的预售内容，或购买你的产品。在这种情况下，你已经为点击付费了，却不确定这些点击将为你带来多少收入。因此，如果某个潜在客户在你为期 11 天的发售活动开始时点击你的广告，你要花 11 天的时间才能确定该潜在客户是否会购买产品。虽然你已经为广告付费，但还得等待一段时间，看看这次投资是否可以盈利。

从客观角度看，绝大多数线下广告都都要数周或数月时间才能得到结果。我记得，在创业初期，我要在一份杂志上打广告。我付了广告费三个月之后，杂志才把广告刊登出来。如今你只需等 11 天就能计算出广告的回报，但风险依旧存在。

现在你明白这是如何变成一场数学游戏的。**某个潜在客户是否购买产品其实并不重要，重要的是付费引流的整体转换率是多少**。在试图扩大付费流量之前，你手里最好有一份可靠的数据，知道什么样的转化率才是符合现实预期的。你还要做好准备，以防转化率无法完全满足你的预期。尽管付费流量是"圣杯"，你也要留神。

并不是所有的流量都有相同的转化率。通常，你从电子邮件名单引入的流量会有很高的转化率，因为名单中的人已经在某种程度上了解你，并且信任你。在转化率方面，排名第二的通常是联营流量，因为联营伙伴会给予你某种支持。排名第三的则是冷流量，它往往会比其他绝大多数类型的流量转化率低些，但这并不意味着冷流量是一种"劣质"流量或者你不应该使用它。在预测转化率时，你应该意识到冷流量的存在。

无论你的预测结果是什么，如果你在产品发售过程中使用冷流量，就要在预售开始前几天做广告，并且广告要一直持续到预售结束。一般来说，在开通购物车阶段，你不要花太多钱在引入冷流量上，因为对发售活动来讲，冷流量广告很难直接实现销售。

你可能会认为，在你积累了一定经验并获得一些良好的发售数据之前，应该提防冷流量。你的想法没错。不过，对一些刚刚开始创业的人来说，冷流量有时也很有帮助。

每天 5 美元广告支出换 40 万销售额

我在第 11 章讲授直播发售时，分享了安妮·拉福莱特的故事。她从事表面图案设计教学，创业伊始，既没有客户名单，也没有粉丝。但慢慢地，她借助冷流量创建了一份客户名单，最初的广告预算是每天 5 美元。她的成果不是一蹴而就的，而是做了很多工作。创业第 2 年，她的销售额就达到了 40 万美元。所有成果都源于每天 5 美元的广告支出。这是一个互联网新手利用付费流量在市场上取得立足之地的例子，而安妮并不是我的学员中唯一一个这样创业的人。

迈克尔·沃克（Michael Walker）是一支巡回乐队的职业音乐家。他的乐队经营得相当成功，乐队成员和一些顶尖艺人一起巡演，在网上有数百万流量，其专辑在 iTunes 上排名第二。但后来，迈克尔结婚了。妻子怀孕让迈克尔意识到巡回演出与家庭生活无法兼容，他想多陪家人。

就在这时候，迈克尔听说了产品发售公式并开始创业。他决定教授关于如何成为一名成功音乐家的经验。他的乐队在 YouTube 上有数百万浏览量，但这些观众实际上不适合他的新业务。这意味着，他没有客户名单，基本上要从零开始的。因此，迈克尔只能求助于广告和冷流量。

迈克尔甚至比安妮更保守。他把广告预算设到最低限度，只有每天 3 美元。由于脸书具有精确锁定功能，他可以选择那些将自己标记为"音乐家""歌手"或"吉他手"的潜在客户。他还可以锁定 CD Baby 网站的粉丝，很多独立音乐家在该网站出售他们的音乐。通过这种方式打广告，他找到了合适的目标客户，并逐渐创建了自己的客户名单。

迈克尔发售了一些教学资料，教那些有抱负的音乐家如何培养受众。发售过后，他可以看到付费流量是如何将这些教学内容转化为销售额的。他花出去的每 1 美元都在产生利润。迈克尔告诉我，随着生意越来越好，他"不得不打广告"。随着时间的推移，他持续增加广告的预算。

3 年后的今天，他的业务增长幅度惊人。除了付费流量，他还采用了第 10 章中探讨的联营发售模式。自始至终，向冷流量做付费广告都是他业务的基础，靠这种方式，他的电子邮件名单增加了大约 4 万人。过去 3 年里，他还采取了很多其他的措施，付出了大量艰辛的努力。不过，他的网站现在已经是一支 18 人的团队，月收入达 12 万美元。

创业阶段推动业务的有效方法

在刚起步的时候，安妮和迈克尔都采用了向冷流量做广告的办法。他们没有客户名单，也没有粉丝，只能以较少的预算来创建客户名单。即便如此，有限的广告支出仍旧意味着，他们在准备好发售之前就打广告了。如果你也处于类似的创业阶段，可能也需要这样做。

当你往发售活动引入冷流量时，销售诱饵可能就是这场发售活动的预售内容。无论你把它称为研习班、视频系列、迷你课程、培训或其他，你都要向潜在客户提供几段预售内容，因为这些内容能诱使潜在客户选择加入你的电子邮件名单。

当你刚起步的时候，你的发售活动还没有准备就绪，你也没有制作好预售内容来发送给潜在客户，那该怎么办呢？在这种情况下，你可以借鉴第 11 章中安妮的做法，她用销售诱饵制作了一个"选择加入"页面，而这个诱饵就是一份简单的 PDF 报告，她在报告中给自己所在细分市场的潜在客户提供了一些设计图案的小窍门。然后，她每天花 5 美元打广告，通过广告将潜在客户吸引到她的"选择加入"页面，有些登录该页面的人最终加入了她的客户名单。这是最简单、最基础的"客户名单创建策略"。

该策略意味着她的广告支出没有得到即刻回报，但这也意味着她正在创建自己的客户名单。有了名单之后，她可以向名单上的客户发布内容，与他们互动，并跟他们建立关系。她从中既获取了大量的市场信息，也得到了与细分市场客户交流的实践机会，同时在市场上获得了足够的时间和空间树立个人风格。

没错，当你手里没有可以马上出售的产品时，花钱打广告是一种风险较高的策略。然而，如果你在预算范围之内保持适度的广告支出，那么在发售产品之前打广告会是推动业务发展的好方法。随着算法越来越强大，广告平台界面越来越简化，即便你的业务刚起步，使用付费流量也变得更加容易。

控制冷流量的核心策略

一般情况下，你不需要在预售开始前就将冷流量引入到发售活动中。原因很简单：如果潜在客户选择在你发售前两周查看你的发售内容，等到你发布预售内容时，他们已经完全忘记你了。所以，你应该在预售开始前三四天开始经营冷流量，然后在整个预售过程中持续向冷流量做广告，推动人们选择加入你的发售名单。这是在发售活动中控制冷流量的核心策略。

我还有一个高级策略，可以让你在发售前大幅延长向冷流量做广告的时间。根据该策略，你在发售前几周做的广告只提供纯粹的内容。你只需播放一则视频广告，而该广告并不要求观众采取任何行动。你不要求他们点击广告或视频中的其他东西，交付内容之后，广告就结束了，无须说服人们加入你的名单。

换句话说，虽然你在做广告，但并没有创建客户名单或获取其他任何类型的直接利益。然而，你不仅在培养认知度，还在培养一个受众群体，这群人在你发售前几周内看到并欣赏了你的广告内容。在大多数广告平台上，这种广告的价格通常低于那些号召观众采取行动的广告。

在发售前两三天，开始采用这个策略的后半部分。此时，你只向已培养起来的受众群体投放广告。这些广告将号召他们采取行动，鼓励他们加入你的发售活动和名单中。战略的前半部分没有任何行动的号召，你只是在向观众交付内容，而在策略的后半部分中，你向观看该内容的人投放广告，鼓励他们点击广告并选择加入你的名单。

这是一种高级策略，它比一步到位做发售广告更便宜，即使将来具体的技巧可能会与时俱进。从其核心上讲，它与我的产品发售公式策略在大体上并没有什么不同，即你要先交付内容，然后慢慢建立某种关系，最后再提出你的要求。这就像你在对冷流量进行预售时，需要先用纯内容的广告造势，再利用下一波广告要求观众采取行动，让他们通过点击这些广告进入你的网站并获取完整的预售内容。

如何在产品发售中运用暖流量？

如果说冷流量有"圣杯"般的神奇作用，那么在产品发售中运用暖流量就是一种常态。冷流量可用于产生新的销售诱饵和新业务，而暖流量则用来吸引当前的潜在客户并提升客户转化率。

大多数情况下，在发售活动中使用的冷流量只有一个作用，那就是把潜在客户转移到你的"选择加入"页面。相比之下，暖流量的作用就很多了。首先，它会重新吸引你名单上的客户和社交媒体上的粉丝。在产品发售的几天或几周内，你可以用广告把内容摆在他们面前。这是预售造势的一种形式。

当预售即将开始时，你要鼓励潜在客户前往你的"选择加入"页面参与预售，这个策略表面上看很像你对待冷流量的做法。你可能觉得奇怪：为什么要让已经在客户名单上的人再次选择加入你的名单？原因很简单，因为你要通过创建一份发售名单来重新激活客户名单。发售名单是一份子名单，上面的客户已经明确表示他们对你的发售活动感兴趣。

这种方法很管用，原因如下：

⊙ 随着时间的推移，你的客户名单越来越长，人们会因为各种原因
加入名单当中，他们可能对你发售的产品特别感兴趣，也可能根
本不感兴趣。

⊙ 让潜在客户选择"举手同意"加入你的发售名单中，他们就会对
你后续的发售做出更加积极的响应。

对已经在你主名单上的人发布付费广告，鼓励他们加入你的发售名单，
这正是你为产品发售启动暖流量策略的时候。当人们点击你的广告时，他们
将进入一个"选择加入"页面，加入你的发售名单。那个页面上的销售诱饵
就是预售内容，你邀请他们加入名单，这样他们就可以参与到你的发售活动
中。通常情况下，我会在预售开始前几天就发布这些广告，并持续到整个预
售阶段结束。

暖流量变现策略

进入预售阶段后，你也要用暖流量来让人们与你的预售内容互动。你要
向已经在发售名单上的潜在客户做广告，敦促他们去观看你的预售视频、现
场直播或回放。当人们观看你的预售内容时，他们会更加投入。在你最终开
通购物车时，他们更有可能购买你的产品。所以，你发布了第 1 段预售内容
之后，就要投放广告，告诉人们去看预售内容。如果你要做现场直播，就要
敦促人们观看现场直播；直播结束后，再敦促他们观看回放。在发布第 2 段
和第 3 段预售内容时，你要重复相同的过程。

广告的形式会因广告投放的场合和当前规定而有所不同。它们可以是视频广告，也可以是静态图像或文本，抑或两者合一。你可以从视频中提取最精彩的部分，或以人们对内容给出的部分反馈作为重点。

请记住，观看你广告的人已经加入了你的发售名单。也就是说，他们和你有某种程度的联系。所以，在这个阶段，你的广告应该要告诉他们：为什么他们必须观看你发售的内容？换言之，你发售的内容对他们有什么好处？做广告的目的不是为了表明这些内容有多么炫酷，而是为了表达如果他们看了这些内容的话，生活将会变得多美好。

到了开通购物车阶段，暖流量策略将会改变。当你第一次开通购物车并开始接受订单时，就要把暖流量引入销售页面或销售视频。这些人已经加入了你的发售名单，希望他们至少看过你的部分预售内容。你已经开通了购物车，接下来要做的就是让他们看到你的销售信息。

开通购物车后，除了给潜在客户发送销售信息，你还要把暖流量引入开通购物车期间发布的任何额外内容当中。这些额外的内容十分丰富，促使潜在客户去观看可以带来巨大回报。这也是付费流量发挥强大作用的时候。

如果你制定了周密的开通购物车策略，那么在一周时间内，很多事情就会发生。你可以给名单上的潜在客户发送大量邮件，直到他们感到厌倦为止。另外，你可以多做些广告。如此一来，你就不必担心潜在客户会产生厌倦感。如果广告的创意有所变化，效果会更好。

到发售的最后两天，就进入了稀缺性阶段。此时，广告所传达的信息应有所变化，应更偏重于发售即将结束这件事。下面，我要列举一个典型的例子，说明暖流量与冷流量的差别是如此之大。和所有其他的市场营销活动一样，广告最重要的就是语境。如果你发布一则广告，说"发售将于今晚结束，你必须立刻行动起来"，那么这种话没有任何意义。看广告的人不知道你是谁，也不知道你在说什么，因为它没有任何上下文。但由于暖流量就是那些看过预售内容的人，你无须花很多时间来设定广告语境，更不用解释你是谁。

总之，你应该将最好的暖流量引向"弃置购物车"广告，这也是付费广告中回报率最高的广告之一。在这些广告中，你的目标是那些已经在你的销售页面和付款页面上的潜在客户。

当你是消费者的时候，一些广告平台总能对你如影随形。从某种程度上讲，广告平台的这种做法也许令人感到毛骨悚然，但根据我的经验，通常情况下，向那些已经在你的销售页面上、但还没有购买产品的人做广告是一项非常划算的投资。

如何精准锁定暖流量？

你可能想知道，如何才能锁定那些已经在你名单上的人呢？当你有了一份发售名单，怎样才能用广告精确锁定名单上的目标客户呢？

由于技术和法律方面的原因，这个领域处于不断变化之中。无论我在这里教你什么方法，它很快就会过时。然而，虽然具体方法和战术会改变，但几乎可以肯定的是，大致的战略会保持不变。

第一种方法是将你的名单上传到广告平台。如果你使用的广告平台是脸书，就可以直接上传你的电子邮件地址名单或电话号码名单。

一个重要的提示是，你要确保广告平台的服务条款允许你把用户的电子邮件上传到第三方服务器。我要再次说明，这样做是为了不让任何其他服务器随意向你的潜在客户发送电子邮件或垃圾邮件。

你上传列表的目的，是为了让脸书将名单上的客户与他们平台上的注册用户进行匹配，这才是关键点。只有你才能给自己名单上的客户发邮件。你之所以上传用户名单，唯一的原因就是你可以在脸书上通过付费广告联系到他们。显然，你名单上的人不一定有脸书账户，而他们脸书账户所用的电子邮件地址也不一定和你名单上的地址相同。尽管如此，很多客户名单上的电子邮件地址仍然能在脸书内部匹配，你可以专门针对这类人群投放广告。请注意，我只举了脸书一个例子，你也可以在其他平台采用类似方法。

接触暖流量的另一种方法是使用像素。 简单地讲，像素是你从脸书或谷歌，以及其他广告平台获取的一小段代码，你可以把它放在你的网页上，当有人访问你的页面时，广告平台就能确定该访问者是否属于该平台的活跃用户。如果是的话，平台能追踪到访问者已经在你的页面上。然后，平台将允许你向已经访问过该页面的用户做广告。依据这种方法，你可以根据潜在客户的行为来投放广告。对于那些已经在付款页面上的潜在客户，你可以投放极其有效的"弃置购物车"广告。

暖流 + 冷流 = 流量变现的强大组合拳

正如你所看到的那样，冷流量和暖流量的处理方法截然不同。冷流量就是让新客户进入你的世界中，让他们知道你即将发售产品，并选择加入你的客户名单中。暖流量就是让那些已经知道你和你的网站的潜在客户浏览你的发售内容，引导他们购买产品。

在积累了一些付费流量的经验后，你可以同时向冷流量和暖流量投放广告。也就是说，你要将不同的广告创意发给不同的客户。你要将冷流量引入一个"选择加入"页面，再转到发售名单；暖流量则进入预售内容或开通购物车页面。下面是一种你可以参考的方法：

预售造势

暖流：对即将到来的预售内容感到兴奋

冷流：开始意识到预售内容即将到来

开始预售（发布第 1 段预售内容）

暖流：观看第 1 段预售内容

冷流：选择加入第 1 段预售内容

预售第 3 天（发布第 2 段预售内容）

暖流：观看第 2 段预售内容

冷流：选择加入第 1 段预售内容

预售第 5 天（发布第 3 段预售内容）

暖流：观看第 3 段预售内容

冷流：选择加入第 1 段预售内容

开通购物车第 1 天

暖流：前往销售页面

冷流：选择加入第 1 段预售内容

开通购物车第 2 天

暖流：去观看开通购物车内容

冷流：选择加入第 1 段预售内容

开通购物车第 3 天

暖流：前往开通购物车常见问题解答

暖流：弃置购物车

冷流：选择加入第 1 段预售内容

开通购物车第 4 天

暖流：24 小时产品短缺预警

暖流：弃置购物车

冷流：通常在最后两天里不使用

开通购物车第 5 天（发售结束日）

暖流：最后时候产品短缺预警

暖流：弃置购物车

冷流：通常在最后两天里不使用

在这个例子中，所有的冷流量都进入第 1 段预售内容中，这样一来，新客户就可以体验到完整的发售过程。这就是我们目前在产品发售中运用冷流量的典型方式。然而，在发售活动中该使用付费流量这个问题上，是没有统一答案的。有时候，数据显示流量会进入第 2 段或第 3 段预售内容中。

自从我发明产品发售公式以来，该领域最大的进展之一就是将目标流量融入发售活动中。拥有利用冷流量来驱动销售的能力是非常有用的。你无须再坐在电脑前枯等搜索引擎或口碑带来的流量。现在，你可以走出去，精确锁定你的理想客户，在你的目标时段里增加流量。尽管你要观察各种指标，谨慎地增加支出，但冷流量仍是你手里最有效的工具之一。

与此同时，具备用暖流量来吸引潜在客户并提升客户转化率的能力也同样重要。在产品发售活动中，利用付费广告来吸引潜在客户已经成为提升客户转化率的首选策略。

我多次提到过，付费流量是一个不断变化的复杂领域。即便如此，付费流量和产品发售公式的结合是极为有效的，值得你为自己的发售活动而去加以探索。

第 14 章

产品发售公式 2.0：
企业创建公式

LAUNCH HOW TO SELL ALMOST ANYTHING ONLINE,
BUILD A BUSINESS YOU LOVE,
AND LIVE THE LIFE OF YOUR DREAMS

UPDATED & EXPANDED EDITION

企业创建公式的本质是帮助你重组业务。当你不断给市场带来价值，就意味着你在与买家和潜在客户建立关系，并且鼓励他们与你进行对话，接着你就可以从他们那里获得关于新产品和推广方式的好想法。这就是企业创建公式，对于急速扩张的业务而言，它无疑是制胜法宝。

▶▶▶ LAUNCH

当你的业务被突如其来的世界性事件重创时，你该如何改变经营策略？当某个人引发了骚乱，进而危及你的整个业务时，你该如何应对？

露丝·布辛斯基是一名执业心理医师，也是美国国家临床应用行为医学中心主席。该中心是身心及精神医学领域的先驱和领导者，在过去 20 年中，它一直是受政府认可的健康再教育提供者和心理健康护理专家的聚集地。

自医学中心创立以来，露丝帮助数万名心理学家、顾问、社工、医生和护士培养他们的专业技能，从而更好地为病患服务。她主要通过现场开会的形式进行培训，来自世界各地的 1 000 多名学员济济一堂，聆听许多顶尖专家最先进的培训课程。

在 2001 年 9 月 11 日之前，露丝一直生意兴隆。"9·11"事件让许多美国人的生活发生了翻天覆地的变化，带来了各种各样不可预见的影响。其中之一就是，许多人开始减少商务出行次数，这重创了许多行业，包括医学培训。现场会议培训是露丝的主要收入来源，而在"9·11"事件之后，说服人们乘坐飞机参加现场会议变得越来越难。尽管露丝的生意仍有不少利润，但她对未来颇感忧虑。

露丝还面临另一项巨大挑战。大约就在"9·11"事件之后不久，她的长期合作伙伴因癌症去世了。当露丝从巨大悲痛中走出来的时候，她开始以一种全新的眼光看待自己的事业。她深知自己必须改变。利润在下降，参加会议培训的人越来越少，她开始试着将互联网视为业务拓展的新途径。她决定放弃现场会议培训模式，转而采用虚拟会议模式。

露丝的主要客户群体是执业医师，非专业人士分摊了剩下的小部分销售额。露丝还向心理医生、内科医生、护士、顾问、社工等提供再教育贷款。她既要让自己的营销模式看起来非常专业，又要兼顾销售额。对露丝来说，产品发售公式再合适不过了。

露丝的在线会议一开始就大获成功。从许多方面来说，她的每次在线会议都是一次典型的产品发售公式。她公布了三段预售内容，这些内容以视频为主，PDF 报告为辅。例如，在她最近的脑神经科学培训中，第 1 部分预售内容就是一段名为"你可以为大脑做的两件事"的视频，视频收获了 1 000 名观众的评论。

预售结束后，露丝的虚拟大会开放注册。这个大会由一系列网络研讨会组成，人们可以免费报名参加。只有"黄金"会员才可以花钱购买服务，包括大会的录音录像、文字记录以及其他一些额外的服务。

值得注意的是，尽管露丝是一名执业心理医师，但在培训方面，她并不是专家。她聘请了一些世界级的培训讲师来授课，包括丹尼尔·亚蒙、拉姆·达斯以及丹尼尔·戈尔曼。露丝还免费提供了大部分教学内容，如果你愿意一场不落地参加在线论坛的话，可以不花一分钱听这些导师讲课。但是，很多人还是愿意花钱成为"黄金"会员，以获取额外的服务。

由于这一模式相当成功，露丝决定扩大规模。现在，她每年举行三到四场虚拟会议，会议主题包括"正念""脑神经科学"以及"创伤治疗"等。客观地说，露丝取得了不错的成果。在最近的培训中，共有来自 70 个国家的 9 000 名观众登录网站观看了至少一场在线研讨会。考虑到这些观众当中绝大部分都是执业医师，这个数字的意义就非同凡响了。实际上，露丝并没有对普通大众推销她的产品，所以，她的目标客户群规模相对较小。

最近，露丝受邀参与了一场会议，讨论如何用心理健康服务帮助美军士兵。与会者还有同行业的其他泰斗级人物。在这次会议上，露丝发现自己的影响力居然如此之大。她在会议上偶遇了美国陆军军医总监（三星中将），他告诉露丝："我看过你的电子邮件。"美国陆军军医总监也在看露丝的预售内容！

当业务被突如其来的事件重创时，心理医师露丝从线下培训转到线上培训，年业务增长率高达 160%。

对于露丝来说，最重要的莫过于她不但实现了从线下现场培训到线上论坛培训的转型，而且业务蒸蒸日上。在过去 3 年中，她的年业务增长率高达 160%，每年都帮助数以万计的医护专业人员，而这些专业人员则帮助了数十万病患。露丝的故事是业务全盘再造的案例之一。她发售产品的方式从现场会议变成了网络虚拟会议，她的营销模式从直接发邮件变成了在线发售。在此过程中，露丝的营业额提升了，业务领域扩大了，业务风险却降低了。

产品发售公式不仅可以发售产品，还可以创业

到目前为止，我为大家陈述了一个事实，即产品发售公式是发售产品和提供服务的一种神奇手段。现在，我想讨论一下如何让它上升到一个新的高度。我把这种更高层次的发售流程称为企业创建公式。在这个流程中，你可以借鉴产品发售公式的核心理念，利用其创造或推动一项业务或一家企业。

在前面几章里，我和大家分享了许多我的故事。从作为全职奶爸在家照顾两个小孩，到创建一种影响了数十万人的营销模式，这是一段疯狂的人生之旅。假如我只是坐在家里，像写小说般叙述这个故事，肯定没人愿意相信我。我下面要讲的故事比我的个人经历精彩得多，因为产品发售公式不仅可以用于发售产品，还可以用来创业，甚至能够帮助人们过上梦寐以求的生活。

你已经看过约翰·加拉赫的故事。他曾经家徒四壁，靠领取救济粮度日，他购买产品发售公式培训课程的钱还是从父母那借来的，而现在，他已经建立了一家规模不小的企业，销售各种各样的产品，并且聘请了 6 名员工。目前，企业的年销售额已经超过了百万美元。

还记得迈克尔·沃克吗？他曾是一名成功的巡演音乐家。但随着他和新婚妻子的孩子即将出生，他需要找到一种可以居家创业并养家糊口的方法。他创立了一份令人惊叹的事业，专门帮助音乐家们培养自己的粉丝群体。现在，迈克尔不仅可以和妻儿相守，过着舒适惬意的生活，还可以与他所热爱的行业保持着联系，帮助其他音乐家实现他们的梦想。

同样受益于产品发售公式的还有威尔·汉密尔顿，他曾是一个初出茅庐的网球教练，靠一个半死不活的网球培训网站混日子，如今，他已经和世界顶尖的职业网球选手合作，帮助他们把网球知识和智慧传授给更多人。

出于对客户隐私的尊重，我并不打算公开他们的业务收入，但大多数人会发现，他们的销售规模和利润十分惊人。那么，他们是如何做到的？

通过产品发售公式辅导课程，我开始教人们如何启动和扩大他们的业务，尤其是在线业务。但事实上，企业创建公式的培训内容更深刻一些。我认为企业创建公式的本质就是帮助他们重组业务。一旦他们掌握产品发售公式背后的战略战术，就可以把这些方法应用到每一个领域。

当有人购买我的产品发售公式辅导课程，我对他们的承诺就是帮助他们通过产品发售方式，在一周内实现传统销售中一年的销售额。这是一个看似遥不可及的目标，不是所有人都能达到。实际上，他们在首次发售产品时，几乎从未实现过这个目标。但关键在于，只要第一次产品发售取得成功，后面的成功就水到渠成了。

这正是产品发售公式大受欢迎的原因，就像约翰·加拉赫、迈克尔·沃克、威尔·汉密尔顿和露丝·布辛斯基一样，他们把产品发售的理念提升到一个前所未有的高度。我把他们所使用的方法称为企业创建公式，下面我会详细阐述其中的原理。

乘胜追击：会员制网站

让我们从约翰·加拉赫开始吧。我在第 2 章提到过，他发售的第一款产品是一种教小孩识别可食用中草药的棋盘游戏。那次发售让他的客户产生了巨大的购买欲望，并且极大地扩充了他的客户群。约翰乘胜追击，利用这次发售带来的积极影响销售了中草药配套产品。这是一款实体产品，可以让用户在家自制中草药配方。

这两次产品发售提升了约翰在市场上的声望和地位，帮助他扩大了客户规模。约翰与客户的频繁互动，也就是产品发售对话，都帮助他更加精准地定位下一款产品。假如你的买家和潜在客户已经明确告诉你他们下一次想要的产品，那你还有必要瞎猜吗？

所以，约翰又及时策划了一款新的主打产品：会员制网站。为了进入这个网站，访客每个月需支付 12 美元。约翰也为这个网站举办了发售活动，并取得了成功。具体地说，借助此前在产品发售中获得的知识和技能，约翰这一次的发售活动是迄今为止效果最好的一次：数百人付费访问他的网站，数千人订阅了他的电子邮件。

如果你计算一下，就会发现：约翰推出的会员制网站，若订阅用户达 1 000 人，每人每月花 12 美元，那么月销售额就是 12 000 美元。约翰有成千上万名订阅用户，但他的业务才刚刚起步。

这个网站给约翰带来了稳定、可观的月收入，成为他赖以生存的收入来源。很快，约翰需要招聘专职人员打理网站了，渐渐地组建了自己的团队。

会员网站不仅扩大了约翰的业务范围，还让他成为中草药市场的重要角色。但与其说他是专家，不如说他是给追随者推荐专家的人。从商业角度而言，约翰显然是市场的领导者，这让他可以和一些顶尖专家一起制作视频教程。现在，约翰每年会发售几款与行业内的顶尖专家共同开发的新产品。

此外，他每年会重新发售一次他的会员网站。也就是说，约翰每年要进行两到四次产品发售。由于经常在产品预售阶段就给客户带去巨大价值，所以每发售一款产品，约翰的客户名单就会扩充一次，于是他的市场地位也日益提升。

这并不是在一夜之间发生的，但约翰·加拉赫就是通过这样的方式，从一场失败的棋盘游戏发售中振作起来，创立了一家团队规模虽小，却具有全球影响力的企业。他也从救济粮领取者摇身一变，成为一家市值数百万美元企业的老板。

当你不断给市场带来价值，就意味着你在与买家和潜在客户建立关系，并且鼓励他们与你进行对话，接着你就可以从他们那里获得新产品和推广方式的好想法。这就是企业创建公式，对于急速扩张的业务而言，它无疑是制胜法宝。

省之又省：在线培训课程

苏珊是一名驯犬师，她热衷于帮助养狗人士和他们的狗过上更好的生活。作为世界上最优秀的驯犬师之一，苏珊尤其擅长训练狗的敏捷性，在这方面她已经在美国和加拿大赢得了超过 25 个冠军。

苏珊的业务遍布世界各地，她需要经常去欧洲、澳大利亚和新西兰出差，与自己的学员一起工作。对于一个非常渴望帮助养狗人士和他们的狗的人来说，这是一份刺激而有成就感的工作。

但这份工作也意味着她要制订一份紧张的旅行计划，即便这样她也无法持续帮助自己的客户。她在海外各地举行的培训班都是一次性授课的。苏珊正努力减少外出授课的次数，她希望自己能帮助成千上万的养狗人士和他们的爱犬，她不希望自己的能力只局限于面对面训练几十只狗狗。

在刚接触产品发售公式时，苏珊的初衷就是多挣点钱，在信用卡账单到期前付清产品发售公式的购买费用。因此，她把过去几年里写的一些资料编制成一本简明扼要的电子书，售价 14.97 美元。在首发时，这本书就产生了 27 000 美元的销售额，这比她购买产品发售公式培训课程的成本多得多。

除了金钱，这次产品发售让苏珊意识到：产品发售公式真的非常有效。她知道自己拥有强大的市场竞争力，而且能把产品发售做得更好。

苏珊决定全身心开发信息类产品。如今，她已经开发出一系列在线销售的视频培训产品。她每年都要开课几次。在预售阶段和整个培训过程中，遵循产品发售公式，她都能够给客户创造价值。如今，她的发售活动的销售额已达到数十万美元，业务规模已经比使用产品发售公式之前扩大了 16 倍，这足以让她组建一个小团队，帮助自己持续提升培训课程的价值。

在财源滚滚的同时，苏珊过起了更简单的生活。她不用再四处奔波，只是在参加比赛和游玩时才出远门。她成功地让自己的影响力在世界范围内呈指数级扩张，她也更加接近自己的终极目标：帮助所有养犬人和他们的爱犬过上更好的生活。

数量取胜：多产品并发

威尔·汉密尔顿的创业之路是企业创建公式的另一个例子。他初次发售产品就赚得了 35 000 美元，这是一个巨大的成就。在经过一年的奋斗之后，威尔终于找到了能养活自己的行业。紧接着，他运用从这次产品发售中学到的知识，又连续发售了 3 款产品，总销售额达到 340 000 美元。

这几次产品发售奠定了威尔在在线网球培训市场的领导地位，他的客户数量迅速攀升。威尔不再是那个初出茅庐、只有一个网球培训网站的毛头小伙，他成了网球培训市场中数一数二的领军人物。

凭借着产品发售的优秀成果以及市场地位，威尔开始与世界顶尖的职业网球选手合作。他首先与著名网球双打选手莱恩兄弟签约，然后又与前世界排名第一的网球选手帕特·拉夫特合作。

除此之外，威尔还与玛蒂娜·纳芙拉蒂洛娃合作过。纳芙拉蒂洛娃获得过 18 个单打大满贯，并且蝉联世界排名第一共 332 周。与职业选手的合作并未到此为止，威尔现在正和其他顶尖网球选手洽谈合作事宜，他甚至考虑与网球界之外的其他职业运动员展开合作。

以上四个案例向我们展示了企业创建公式的强大之处。借助产品发售公式，你也可以开拓出一项全新的业务。

企业创建公式的六个关键点

在要求客户购买产品前，你要先给客户提供价值，这是产品发售公式的精髓。你必须先获得客户的信任，成为他们的导师或是朋友，然后再谈生意。

给客户创造价值的用意在于，让客户在你还没有开口要订单前，就已经愿意为你掏腰包。这和顶尖销售人员所做的事情没太大区别。然而，有了产品发售公式，你就能够做前人无法做到的事情，就算是相距千里的两个人也可以顺利交易。

这种销售方式或许没有一场精彩的面对面销售那么有效，也没有电视网络那么广阔的覆盖度，但它兼具了两者的优点。企业创建公式是产品发售公式的自然延伸，它借助产品发售公式的一些原理，将其应用在开拓新业务上。

关键点 1　在发售过程中，永远给客户高质量的预售内容

首先，你必须保证自己的业务会给市场带去价值，即无论潜在客户买不买你的产品，你的预售内容本身要足够精彩。这算不上新鲜话题，在这本书里，我再三强调过这一点。

在产品发售过程中，并不是所有的潜在客户都会向你购买产品。实际上，几乎在每一次发售中，绝大多数人都不会购买产品。原因很多，最常见的原因就是时机不对。假如你卖的是婚纱，而你的潜在客户没有结婚的打算，那交易就无法达成。

然而，在当今市场，每个人都能在社交媒体上发布信息，愿意的话，每个人都可以借助社交媒体这个特大号扩音器发表自己的主张。而如果一个人拥有成百上千名"粉丝"，其影响力将更加显著。所以，培养"粉丝"是你成功的关键。

毫无疑问，如果能在预售阶段给客户带去真正的价值，影响会更为深远。在我的好几次产品发售过程中，很多人都只是旁观者，他们还没有做好购买产品的准备。可当时机成熟，他们就会想起我。我已经给潜在客户创造了价值，并与他们建立起牢固的信任关系，所以他们一旦有需要就会回来购买我的产品。

关键点 2　不断完善客户名单，并与名单上的客户培养关系

一旦你有了规模适中的客户群（甚至是只有几百名订阅者的小规模客户群），你就会意识到命运已经掌握在你的手中。你会发现，只要写一封电子邮件，把它发给客户，就能在几秒钟之内收到回复，这个过程会改变你的观念，你会开始专注于创建客户名单。

你的客户名单可以不止一份。我在第 3 章说过，你可以拥有许多份客户名单。从广义上来讲，我这里所说的客户名单，是指你拥有的各类客户名单，它们将成为你最重要的资产。只要你创建了客户名单，并且与客户打好关系，就能成功创建业务。

你与客户的每一次互动，要么会增进与客户的感情，要么会损坏和他们的关系。但这并不是说你只能向他们发送产品内容，而不能邀请他们购买产品。相反，在给客户提供价值的同时，你要实现销售目的。请记住，把一个人从潜在客户变成买家是提升这段合作关系的价值的最佳方式之一。潜在客户一旦购买了你的产品，他们就有可能继续买下去，即使价格高一些也不成问题，最佳状况是，他们会主动推荐其他客户来购买你的产品。这样的买家也更容易真正受益于你的产品。

关键点 3　多推荐产品

几乎所有经历过产品发售的人都会面临这个问题。在发售第一款产品时，你会不止一次地想接下来要推荐什么产品。这种想法源自产品发售对话，你和潜在客户进行了大量互动，得到许多建议，也产生许多想法。许多人会周期性地发售产品（例如露丝·布辛斯基每年要举行多次虚拟会议）。通常情况下，产品发售公式的学员每年会发售三到四次产品，有时候甚至更多。

做过各种各样的产品发售之后，我发现每年做两到三次产品发售最恰当，

其中一两次是联营式发售，它能帮助你迅速建立客户群，并实现大规模销量。其余的则是较小规模的内部产品发售，它能够帮我细化新产品，然后用联营发售方式将这些新产品推向市场。

关键点4　种子式发售→内部产品发售→联营式发售

产品发售有一种非常有效的循环模式，我称之为"了不起的循环模式"。我知道，这种说法不太贴切，但这是我和我儿子一起发明的新词，尽管语法有所欠缺，可只要能表达出效果就可以了。

这个循环模式是这样的：你想开发一款新产品，于是你借助种子式发售创造了这么一款产品。种子式发售有助于你得到第一批客户，保证这款产品有市场，继而完善出一款大受欢迎的产品。

种子式发售结束后，你的产品已经成型，于是你需要向客户进行内部产品发售。在内部产品发售过程中，你又创建了一个完整的预售序列，并确认了那些真正会购买你产品的客户。内部产品发售的特点决定了它能比种子式发售带给你更多经济收益。

接下来，如果内部发售效果不错，你就要进入联营式发售阶段。从内部产品发售中，你已经收集到了足够的数据，你可以用它来说服潜在的联营伙伴。此时，你的产品预售工作已接近完成，发售序列也大部分测试过了。

联营式发售有许多可调整的地方，但既然你在内部产品发售过程中已经完成了大部分工作，所以一切就更容易控制了。一场成功的联营式发售，效果会比内部产品发售好上许多倍。

经历了从种子式发售到联营式发售的这个过程，你通常会对下一款产品产生好几种想法，于是又回到了种子式发售这个起点，于是你开始进入一个循环。种子式发售之后，你又要借助内部产品发售测试你的新产品，并继续这个循环。

唯一不同的是，这时候你已经有了更多的经验，客户规模也更加庞大，且赢得了更多联营伙伴的信任。这是一个大循环，更是一种了不起的模式。

关键点 5　重复发售与永久发售

第 4 章中巴里·弗里德曼的经历会让你知道，重新发售产品是一种非常有效的手段。巴里重复地开办演艺蓝图计划培训班。由于班级规模较小，他和学员的互动频率非常高，这也就意味着他可以收取较高的费用。小规模的班级还可以较大地满足客户的需求，这样他就能不断地重复发售这款产品。

重复发售是否有效，取决于你对客户的开拓度。如果不断有新客户加入你的客户名单，而且你的发售序列被证明行之有效，那你就有更多机会。你可以采用间歇性的重复发售模式，也可以采用永久发售模式。

永久发售模式不在本书讨论范围之内，我们只要稍加了解即可。它是指当新客户加入你的名单时，请根据他们的加入时间，设置相应的发售序列。

关键点 6　关心买家，经常向他们发售产品

在商业领域，有一条颠扑不破的真理：向已有客户推销产品比开发新客户容易得多。至于到底有多容易，要视情况而定，但这种对比结果通常十分惊人。根据我对不同产品的在线销售经验，二次推销比开发新客户要容易 15 倍。也就是说，你要关心买家。我很喜欢给客户提供比承诺的更多的服务。

我会提前策划这种惊喜。在设计一款新产品时，我通常会附带一些额外的奖励，我不会把这些奖励放在产品推荐中，也不会在销售过程中向客户提及，只有客户购买了我的产品之后的某个时间，我才用这些额外奖励给他们制造惊喜。即使是历经沧桑的老年客户，也会为这种意料之外的奖励而高兴。所以，想给客户制造惊喜简直太容易了，给他们一些小甜头即可。

给客户留下深刻的印象也不难。给他们你所承诺的东西，给他们全方位的服务，然后奉送一两个额外的惊喜，做到这几点，你就会得到 100 倍的回报，客户不但会期待你下一次的产品发售，而且会成为你的狂热"粉丝"。

企业创建公式是一套远比我讲述的这些内容更加复杂和宏大的模式。出于表述和理解的需要，本章只是提纲挈领地对企业创建公式进行了概述，但这个流程已被证实卓有成效，我的很多学员一遍又一遍地使用这个方法，最终获得了一波又一波的成功。

他们在充分运用产品发售公式的基础上，把它的理念提升到一个更高的水平。相比发售单一的产品，企业创建公式更像是通过发售一系列产品来开拓整个事业，其中每一次产品发售，都以上一次的成功为基础。不断成功之后，你的客户规模扩大了，产品优化了，有更多老客户回头，联营伙伴更加强大，而这就是企业创建公式的魅力。

第 15 章

互联网创业逻辑：
只赚"喜欢"赚的钱

LAUNCH
HOW TO SELL ALMOST ANYTHING ONLINE,
BUILD A BUSINESS YOU LOVE,
AND LIVE THE LIFE OF YOUR DREAMS

UPDATED & EXPANDED EDITION

请记住，你要成为规则的制定者。你不一定要按市场上其他人的方式来做生意，也不必和自己不喜欢的客户做生意，你可以创建一家自己喜欢的企业。

▶▶▶ LAUNCH

由于业务的性质，我可以深入了解许多企业的运作方式，还可以了解创建和运营这些企业的企业家。这将是以下两章所要探讨的主要内容。**创业是一回事，创建你真正热爱的事业并过上自己中意的生活则是另外一回事。**我发现，许多人最终要苦苦支撑自己的企业，更糟糕的是，有些人根本不喜欢甚至憎恨自己的企业。无论哪种情形，都不是什么好事。

许多人刚开始创业时的状态和我一样，我们极度渴望自己的业务快速运转起来，努力避免陷入困境。当你为了生计而拼命时，任何看起来可能赚钱的机会你都不会放过。但对绝大多数人来说，一旦赚到钱，生意就不只是赚钱那么简单了，很多人会开始思考这个问题："我要的就是这些吗？"

在我看来，如果你全身心地投入到工作中，就能开拓出一项自己钟爱的事业。拥有属于自己的事业的美妙之处在于，你可以制定属于自己的行规。所以，为什么不制定一套能助自己成功的规则呢？为什么不让形势朝着更有利于自己的方向发展？

想开拓出自己钟爱的事业，产品发售公式是唯一的方式，这虽然听起来有点王婆卖瓜，可事实就是如此。但是，在运用产品发售公式之前，你需要弄清楚，你希望自己的业务是什么样子？

你为什么要创业？

要开拓出钟爱的事业，你首先要弄清楚创业的原因。如果你做生意只是为了发财，那很好，赚大钱总是件好事。赚钱意味着积累能量和实现财务自由，而能量和财务自由正是我希望得到的。缺钱会烦恼，钱太多也会烦恼，但相比之下，我更喜欢钱太多带来的烦恼。

说到金钱，我注意到一个现象，即一旦人们赚的钱足够多，他们就会开始追求生活中的其他事物。例如，我的人生目标就是通过帮助企业家来积极地影响世界。当我知道自己有能力组建一个伟大的团队，为员工提供就业机会和成长空间时，我感到十分欣慰。还有些人的目标是发明伟大的技术或为人们提供培训。我就不一一列举了，你肯定明白我的意思。有时候，我们需要一种更高的人生目标，它比金钱和物质更重要。

你创业的原因是什么其实并不重要，重要的是，你要找出这个原因。俗话说得好：若不知去向何方，你就只能随波逐流。

在产品发售公式研习班上，我设置了一个环节，就是让客户了解他们自己的创业动机，这个环节最终成为授课过程中最有效的练习。一旦你找到了自己的创业动机，就会变得更加强大。

你最想为谁服务？

事实上，人生来就不平等，在开发客户方面更是如此。对你来说，有些人是很好的客户，有些人则不是；有些人会与你、你的产品产生共鸣，而有些人则无动于衷。我并不是要对这些人评头论足。我知道，有些人喜欢我和我的做事风格，有些人则不会；有些人觉得我衣衫不整，有些人则觉得我应该穿得更随和些；有些人觉得我看起来很年轻，有些人则觉得我看起来老得不行。我不在乎别人的看法，因为我知道，在产品发售的过程中，我自然会吸引到能够与我融洽相处的人。

我坚信自己能吸引到优秀的人，这个想法已经在我的头脑中根深蒂固。可能有些人会对我的话不以为然，甚至觉得我是痴人说梦，但没关系，这只能证明我们道不同，他们不适合我的业务。对你的业务而言，也是一样的道理，我们每个人和别人的关系总会有好有坏。事实上，你就是要吸引合适的客户，将不适合的排除在外，这是优秀的市场营销人员要做的工作之一。

排除意味着我们可能要拒绝某些人，但你不应该与买家和潜在客户针尖对麦芒。在这方面，我吸取了不少教训。就在最近，我作为演讲嘉宾参加了两场会议，会议中有件事令我印象深刻。这两场会议都规模较大，与会人数达数百人。表面上看，这两批观众没有区别，他们都乐于接受我的培训，但实际上，二者差之千里。

第一场会议的观众普遍热情，他们留意我说的每一个字，当我要求他们做点什么时，他们也很积极地参与进来。他们积极地提问，我能明显感受到会场里的热烈氛围。我很享受自己站在台上的每一分钟，当我最后走下讲台，观众蜂拥上来，不断向我提问，光提问就持续了将近2个小时。

演讲结束后，我心情异常激动，并盼望着参加下一场会议。遗憾的是，第二场会议的氛围与第一场完全不同。第二场的观众虽然也很注意听我的演讲，很尊重我，但仅此而已，我无法让他们参与到我演讲的话题中来，他们基本上没有疑问，整场演讲让人感觉很沉闷。

毫无疑问，第二场演讲对我来说简直就是煎熬。在演讲过程中，我突然清晰地意识到，第一场演讲的观众才是与我志同道合的人，尽管在我上台之前，绝大多数人都不知道我是谁，但他们完全能听懂我在说什么。至于第二场的观众，很显然我们不在一条船上，尽管他们人都很好，但总体来说，他们和我合不来。

这两场会议的差异点在于让观众参加会议的手段不同。第一场会议中，我用的营销手段与我做生意的方式一致，而第二场会议的营销手段则恰好违背了我原本的方式。我在第二场会议中的演讲纯粹是一种强行推销，这与我平时与客户的谈话方式非常不同。

演讲结束后，我回访了那些参加当天会议的客户。相比之下，参加了第一场会议的客户更容易打交道，他们不需要太多的服务，参加群体活动的次数更多，销售业绩更好，也能够提供更有说服力的案例研究，而且大部分人都参加过我的精英辅导小组。

这个故事说明了一个道理：**你一定要吸引那些志同道合的人加入你的事业**。幸运的是，你手上已经有了一样吸引这些人的工具，那就是产品发售公式。如果你能遵循这个流程，并在预售内容中说出自己的故事，就会吸引到与其趣味相投的客户。

找到真正适合你的智囊团，回报将是巨大的

我儿子刚开始参加山地自行车竞速赛时，从教练那里学到了非常重要的一课。他告诉我，在山地骑行时，一定要注意拐角处。也就是说，当你骑着自行车沿着陡峭的山路冲下来时，千万不能只盯着车轮前方的路，那样很容易出事故。只盯着车轮前方意味着你只有一秒钟的反应时间，这样你迟早会遇到一个无法迅速躲避的障碍物。

因此，你的眼睛一定要看得更远，并尽量拓宽水平视角。转弯前，你的视线要越过弯道，看到转弯之后的直道。即使有树木挡住视线，你也应全神贯注，将眼光投射到树木之外，提防着可能出现的危险。

做生意是同样的道理。你不能只想着明天、下周或下个月的事情，你应该考虑更长远一些的情况。不要想着追求所有能吸引眼球的目标，也不要被

新的策略分散注意力。如果要改弦更张或追寻新的发展方向，一定要有十足充分的理由。我目睹过不少人因为追逐新的营销策略或为了更快赚钱，不断改变定位和品牌形象。他们不断抛弃取得的成果，不断追逐某些短期利益。如果你能做到高瞻远瞩（在当今社会，能考虑到 3 个月以后的事情已属难得），不为眼前利益引诱，你就能在市场中脱颖而出。

1937 年，拿破仑·希尔在他的著作《思考致富》（*Think and Get Rich*）中，率先提出了智囊团这个概念。实际上，我在创业初期也积极加入了好几个智囊团，否则，我不会有今天的成就。

智囊团的工作方式十分简单：一群志趣相投的创业者聚在一起，在开拓业务的过程中相互扶持。智囊团不是联谊团体，不过当你身处这个团体中，自然而然会有一些联谊活动，但最重要的还是成员之间相互分享、彼此负责、集思广益。

通常情况下，在智囊团中你会接受严酷的考验，如果你没有经历过创业的艰辛，一定会被逼疯。首先，智囊团中的某人提出他的创业想法或遇到的问题，然后，团队的所有成员开始围绕这个想法或问题进行讨论。

如果你的智囊团成员都是业内顶尖人士，那么讨论过程最终会演变成类似于鲨鱼抢食的有趣局面。我们都知道，解决别人的问题比解决自己的问题有趣多了。试想一下，当你把 20 ~ 30 个充满创意的企业家集中于一间会议室，让他们开动脑筋解决同一个商业问题，那一定会像在鲨鱼游弋的海水里滴入了新鲜的血液，所以千万记得别把胳膊悬在船舷上。

从 1999 年开始，我加入过各种各样的智囊团。有的是会员制，那里有专业的组织者，参与者需要缴纳一定费用；有的是友谊性质，没有核心的组织者。团体的形式也各有不同，有些是通过电子邮件联系，有些是通过电话联系，而有些则会进行线下的面对面沟通，这是最有效的联系方式。

我为小部分客户量身定制了几个高端的付费式智囊团，这些小规模的团体让我更懂得如何组建一个伟大的智囊团。我在产品发售公式社区内部建立起来的"铂金智囊团"是我见过的最强大、最团结的团体，成员们已经成为我的家人。这么多年来，我的身份从智囊团的参与者转变成了组织者，在此过程中我悟出一个道理：有些团体在创建之初就孕育着不平等。要把一群不相干的人拧成一根绳，需要一种魔力，而这种魔力不是人人都有。一个团队水平的高低，取决于团队成员的水平高低。

一个伟大的智囊团离不开一群愿意付出的人。他们专注于为别人创造价值，愿意把别人的利益放在自身利益前面，这就是智囊团的精髓。智囊团的每个人都专注于帮助其他人，因为他们知道，在帮助别人的过程中，自己自然而然会得到回报。除了做一名给予者，你还有一帮情商高、力量大的同伴，他们对团队的贡献只多不少。你不必成为团队里风头最盛的那个人。

优秀的智囊团都有一种强大的气场，以及近乎完美的团队意识。成员对整个团队有一种荣辱与共的强烈认同感。加入智囊团后，如果我缺席了某次聚会，就会产生失落感。如果我好几天没上网，回到电脑前的第一件事就是去看团队成员发给我的电子邮件。

如果你拥有一群志同道合的朋友，神奇的事情会发生在你身上。俗话说潮起抬高所有船，这正是一个伟大的智囊团带给你的所有惊喜。当每一个成员都专注于帮助其他成员时，他们自身也受益匪浅。他们彼此激发灵感，产生无数创意，相互间的关系也更加深厚，这一切都将他们的事业和生活推向一个更好的未来。

所以，我建议你赶快加入一个强大的智囊团吧！你也可以请教你认识的企业家，让他们给你推荐一个。你可以加入一些免费的自组团体，不过这样的团体一般很难找。付费团体通常更容易，它们的组织结构也更加正规。或者，你可以自己组建一个智囊团。在找到适合的团队之前，你可能要尝试好几个团体。当你找到真正适合自己的团体时，回报将无比巨大。

对创业者而言，最大的机会成本是时间

在某次产品发售公式培训课上，一名学员走过来问我："在生意场上，最重要的一件事是什么？哪件事对我本人和我所取得的成就有着非同寻常的含义？在我的业务拓展过程中，最应该关注什么？"

这真是个难以回答的问题。在生意场上，最重要的一件事是什么？哪件事决定着业务的成败？我的答案是：机会成本。按照维基百科的说法，机会成本是指为了得到某种东西而要放弃另一些东西的最大价值。在我看来，这个定义有点晦涩难懂。我认为，机会成本是指你在两个或两个以上难以抉择的选项中进行选择时所放弃的那个选项。**机会成本不应局限于财务方面，对创业者而言，最大的机会成本通常是时间。**

当你刚开始创业时，你的资金可能非常有限，而且许多事情都要亲力亲为，所以你的时间资源肯定相当有限。于是，选择合适的机会变得极其重要，因为一旦选择错误，你之前所做的努力都会白费，业务会倒退几周、几个月，甚至几年。

这就是机会成本的含义。追求机会比机会本身需要的经济成本要高得多。我不是在耸人听闻，这也不是空穴来风，因为不作为本身就是一笔高昂的机会成本。我想让你知道，当你决定选择某条道路时，就不能再选择其他道路了。一旦你在业务上有所建树，机会成本就更加明显了。你的事业越成功，你就会遇到更多机会，这就是我们所说的交易叠加现象。当事业取得成功后，你就有了一系列的资产，你有了向世人证明了自己价值的资本，一夜之间，所有人都想和你做生意。

财源滚滚是好事，富人们就是通过财生财让自己变得更富有。所以财富从 10 万美元增长到 100 万美元，比从 1 美元增长到 1 000 美元要容易得多。交易叠加就是这种现象产生的原因之一。

当进入"富人区"时，你通常很容易分心。你只有这么多时间、精力和资产，每当你选择了某个机会，就意味着你得放弃另一样东西。对创业者来说，这样东西就是时间。我的朋友迪恩·格拉希奥西用这样的比喻来形容机会成本：**它就像是摆满书籍的书架，如果他想再买一本吸引他的新书，就意味着他必须从书架上拿下另一本书。**

所以，做生意时，选择多是好事，但这些选择都有机会成本。面对机会成本做出正确的选择，是你生意获得成功的最重要技能之一。

把竞争对手变成合作伙伴，你的关系网就是资本

如果你希望取得长久成功，就要做一个孜孜不倦的学生。你的客户和竞争者都不会原地踏步，所以你必须不断前进。

在开发业务的过程中，我结识了许多成功的企业家，所以我知道，每一位成功人士都保持着持续学习的劲头。你不能停下学习的脚步。

由于我的工作是指导人们开拓业务，所以这话听起来或许有点恬不知耻，但我依然要说，事实上，在自我教育方面，我投入了大量的时间和金钱。我不得不这样做，因为这是我的工作。如果你想在生意上取得成功，就要让自己一直保持在巅峰状态。所以，你要不断学习，不断自我充实。

一谈到生意，我们自然会想到竞争者，但实际上，我在开展业务时从不觉得自己有竞争者，我把他们视为合作伙伴或潜在合作伙伴。可以说，在自己的行业建立牢固的人际关系尤其重要。

我知道，有些行业的竞争异常激烈。假设你开了一家健身房，那你的客户很可能只在你这一家健身房健身。在这种情况下，你就是当地其他健身房的竞争对手。**在当前市场，随着知识型工作者的人数越来越多，越来越多企业成为知识型企业，你与竞争者之间的合作机会也将远多于竞争机会。**如今，

我的生意主要依赖合作伙伴的推广。他们所在行业或许与我所在行业存在直接的竞争关系，但我们并没有相互竞争，而是相互扶持。因此，我们不必担心各自的市场份额会变小，相反，我们一起努力，扩大整个市场的规模。

我建议你现在就开始行动，把竞争对手变成合作伙伴。你的关系网就是你的资本，大胆尝试吧！

本书中，我提及的所有案例几乎都与信息行业有关。这些行业致力于向人们提供教导或培训类产品，例如犬类培训、网球培训或杂技培训等。但信息行业的覆盖面毕竟有限，汽车销售、房屋中介、地毯清洁等服务同样有自己的市场。

然而，在当今世界，每个人都会在某种程度上与信息行业沾上边。几乎每家成功的企业，都会在业务中引入信息科技。信息科技既可以存在于销售过程中，也可以成为产品的一部分。例如，我的朋友乔·波利希当初之所以能在地毯清洁领域脱颖而出，是因为他向客户公开了行业内的欺诈性技术条款，进而取得了客户的青睐和信任。波利希的报告不但提高了自己的曝光率，还极大地促进他的产品销量。显然地毯清洁并不属于信息行业，但他用一款知识型产品创建了他的实体服务业务。

我们生活在一个联系紧密的信息化世界，人们希望动一动手指就接收到信息并与别人产生联系。在这样的环境中，每个行业都应该在某种程度上涉足信息业务，把客户需要的信息融入市场营销环节，或者融入产品本身。

早在1996年我创立第一家企业时，就非常注重人情味。带有人情味的销售更加容易达成。我一直坚持做自己，没有假装来自哪家大公司。在写给客户的电子邮件中，我从不说"我们"，这让我一开始就显得与众不同。当初，每个做销售的人都装出一副大企业员工的派头，而我在给客户写邮件的时候，我的语调就像在给朋友写信一样，结果这个方法很管用。

人们都想和人打交道，而不是毫无人情味的公司。他们不想在看邮件的时候得到"公司腔调"或"空姐提示"。坐飞机时，空姐通常会提示乘客："飞机舱门即将关闭，请阅读您座位前方椅背袋中的安全须知。"这个声音冰冷而没有人情味。虽然也会有例外的时候。当你要执行一些关键任务时，你的客户想要知道你是否有足够的资源来支持你的服务。但即使在这种情况下，他们还是希望和"人"打交道。

对销售而言，公司腔调非常致命，因为客户都希望从有人情味的人那里购买产品。在和客户交谈时，你一定要避免或少用"我们"这个貌似严肃的词语，你要一对一地和他们交流，这样更有助于你的产品销售，让你能以更愉快的心态经营业务。重申一遍，产品发售公式就是要与你的潜在客户以一种可以建立关系的方式进行沟通。

当你意识到自己拥有掌控力时，你可能已经创建了一家伟大的企业。或许这听起来有点不可思议，但实际上，许多人会按照他们所看到的其他企业的模式来创建自己的企业。

记住，你要成为规则的制定者。你不一定要按市场上其他人的方式来做生意，也不必和自己不喜欢的客户做生意，你可以创建一家自己喜欢的企业。而在此之前，你要弄清楚自己想创建的这个企业是什么模样，以及你拥有这家企业后你的人生会发生怎样的变化。这正是下一章要探讨的内容。

第 16 章

除了事业，人生也需要经营

LAUNCH HOW TO SELL ALMOST ANYTHING ONLINE,
BUILD A BUSINESS YOU LOVE,
AND LIVE THE LIFE OF YOUR DREAMS

UPDATED & EXPANDED EDITION

如果你拥有一匹价值百万美元的比赛用马，你就会无微不至地照顾它，让它吃好，拥有充足的睡眠，仔细监督它的训练，给它一个干净舒适的马厩，并经常给它检查身体。对人生和企业而言，你的身体就是那匹价值百万的骏马，难道它不值得你付出同样的关爱吗？

▶▶▶ LAUNCH

从密歇根州立大学商学院毕业后，我在亚利桑那州坦佩市入职了一家大企业。我在底特律长大，从未到过密西西比河以西的地方，但我一直有去西部的冲动。

从密歇根州到亚利桑那州，这是一段很长的路程，我足足开了四天的车。第三天晚上，我住在科罗拉多州杜兰戈市的一间小宾馆里，这是我从未听说过的山区小城。我从没看到过那样的山脉，这地方给我留下了深刻的印象。第二天早上，我给父母打了电话，告诉他们我在杜兰戈，我跟他们说这里有多么好。几分钟后，父亲对我说："听起来你很想留在杜兰戈不想再继续往前走了嘛。"多年过去，我仍然记得这句话。因为在杜兰戈这样的山城生活的想法打动了我，这个看似荒唐的主意就像想要上月球漫步一样诱人。

我在一个温馨的家庭长大，父母含辛茹苦地抚养我们几个兄弟姐妹长大成人。从我们呱呱坠地，到读大学，他们给了我们很好的生活。我的人生模式似乎应该是这样的：上大学，找一份好工作，然后余生就在工作中度过。这是我们家族好几代人的人生模式，也是我许多亲戚朋友的人生模式，更是我很多中产阶级邻居们的人生模式。

然而，不知道什么原因，我一直想拥有一家企业。我不知道这个想法从何而来，但我记得，我在 10 岁的时候就产生了这种强烈的愿望。但是，我没有可以学习的榜样，根本不知道如何创建和经营一家企业，我也没有可借鉴的现成经验，不知道别人是如何做到的。拥有一家企业的想法完全与我人生的所见背道而驰。后来我去了坦佩市，试图过循规蹈矩的生活。

当我到了坦佩市并开始工作之后，我很快意识到自己不适合在公司里上班。我觉得自己和环境格格不入，我完全无法适应。几年以后，我辞去了工作，远离朝九晚五的上班模式，待在家里带两个小孩。我已经脱离了企业界，再也不会回去了。

拒绝朝九晚五，我要睡到自然醒

我是在科罗拉多州杜兰戈市写这本书的。我在本书开头写到，我和妻子在 20 年前把家搬到了这里。当年，我父亲说我听起来似乎很想在杜兰戈生活，真让他说中了。而我之所以真的住在杜兰戈，是因为我可以选择任何一个我想定居的地方。我的生意是 100% 的在线业务，我的团队也是虚拟的，因此，我的工作可以完全不受地域限制，只要能上网，我在哪里都一样。

对大多数人而言，杜兰戈或许不是他们的第一选择，但我喜欢这个地方。科罗拉多州最美丽的山脉似乎就在我家后院，美国西南部最大的沙漠离我家也只有几小时车程。我随时可以到山上滑雪或骑行。我喜欢那些选择在杜兰戈定居的人们，这里是抚养孩子的理想之地。

我每天早上睡到自然醒。只有当我想一大早上山滑雪或者需要赶飞机时，我才会设闹钟，只有在我想出差时，我才会长途旅行。为了业务发展，我会选择性地去见那些了不起的人物，或者去参加世界级的培训。

住在科罗拉多州的乐趣还在于我可以和孩子们一起参加美妙的户外活动。我的两个孩子都是出色的山地自行车手和滑雪爱好者，他们还在世界上最湍急的河流中玩过漂流。我对你说这些，并不是为了炫耀，而是想让你知道你的人生有无限可能。我有一份事业，让我可以帮助成千上万的创业者；我有一个优秀的团队，帮我经营着我的业务；我可以选择在任何地方居住，我还有时间在自家门外享受美妙的户外运动。

有时候，当人们听我谈论这一切时，他们会认为我不过是个与众不同的人而已，或者我拥有某种神奇的力量，又或者认为我知道一些内幕消息，只是运气好而已。他们都想错了，我没有任何神奇的力量，当我开始创业的时候，我不知道任何内幕消息，更没有任何优势可言。

我只是一个来自美国中西部的普通人，经历了一段失败的打工生涯之后，我成了几乎入不敷出的全职奶爸，但我最终过上了梦寐以求的生活。那么，我是如何做到这一切的？

这都是源于产品发售公式。这当中少不了我的努力和运气成分，但起关键作用的还是产品发售公式。最重要的是，我不是唯一取得这些成就的人，我的许多学员和客户也取得了类似的成果，你已经读过了他们的故事。那么，如何创建一家企业？如何过上自己想要的生活？

大胆书写愿望清单，并想象你已实现它们

当我第一次创业时，我做了一项练习：在脑海中描绘未来的理想生活。我是在一款培训产品上看到这项练习，我觉得它是我成功的基础。练习的时间不长，且很容易操作。我把自己想要的东西都写下来，包括收入、生活方式、人际关系、物质需求、旅行体验等。这份清单并不是很长，因为那时候我还不知道人生有这么多可能性。和我现在的生活方式相比，我当时的眼光非常短浅，但这份清单给了我一个大致的方向。

有趣的是，完成这项练习后，我把清单折了起来，放到日记本的后面，

之后完全忘了它。几年后，我偶然发现了这张纸，并且意识到，自己当年写下的每一个目标都已经实现。所以我觉得，我们心中对未来一定要有一个愿景，把它给写下来，未来才有实现的可能。

后来当我的企业开始成长，我又修改了这份愿景清单。我把自己在未来想要的每一样东西都记录下来：目标收入、生活方式、财务状况、如何发展业务、业务带来的影响、想和哪种类型的人共事等。如果你想要深入一点，可以多写一些内容，包括你对未来人际关系的期望，对身体健康和情绪健康的要求，以及对房子、教育和家庭的期望。

这项练习的答案没有对错之分。你写下的东西也并非一成不变，你可以在任何时候修改里面的内容，而且你将来肯定会这么做。这份清单只是当前你对未来人生的愿景。只要你愿意，你可以在将来任何时间段做这项练习，我通常想象的是从现在开始未来三至五年的愿景。**请记住，这份清单处于不断变化之中，我不断地更新自己对未来生活的愿景，你也应该这样做。**

放手去做吧！关掉你的手机，关掉你的电子邮件，关掉你的即时通信软件。或许，断开自己跟网络的连接可能是个好主意。相信我，当你在 30 分钟后重启网络时，世界会恢复原样。关上门，或者出趟门，找一间咖啡店或图书馆，拿上一张纸和一支笔，或者在电脑上打开一个空白文档，把你对未来三年生活的想象写下来，例如：

- ⊙ 收入将达到什么水平；
- ⊙ 将会开什么样的车；
- ⊙ 会住在哪里，住什么样的房子；
- ⊙ 哪些人将成为你的客户，你将如何为他们服务；
- ⊙ 人际关系会怎样，与朋友、合作伙伴、孩子、父母、同事的关系怎样；
- ⊙ 精神生活如何；

⊙ 会到哪里旅行，有哪些人生经历；

⊙ 在个人生活和职业层面，将会有哪些成就。

在列这些目标时，你可以想象自己已经实现了它们，这样才更加逼真。不要低估这个过程。你创造的每一件有意义的事情，都来源于你的想象力。现在，你已经明白自己要走向何方，那我们就谈谈抵达目的地的具体措施吧。

你的身体就是价值百万的骏马

为了拥有梦寐以求的生活，你首先需要的是安全感。很多人渴望创业，却又担心没有固定工作因而失去安全感。遗憾的是，固定工作也不会给你带来安全感。你肯定知道，有些人忠心耿耿地为一家公司效力了很多年，但最终还是面临被解雇的局面。也许，你也曾经历过类似的遭遇。

世道已经变了。**如今，唯一的安全感就是你能创造价值并从该价值中得到回报**。一旦你创建了自己的企业，你就明白什么才是真正的安全感。我第一次创业失败是因为合作伙伴的关系，但即使如此，我只用了几周就东山再起，重新创办了一家新企业。

你要对自身业务技能进行投资，因为这是你人生中最大的投资。如果你能用互联网开拓业务，那你就掌控了自己的命运。在你拥有的业务技能中，最能给你带来回报的就是推销自己的能力。而产品发售公式是当今最好的销售模式，这一点应该不会让人感到意外。

史蒂芬·柯维在《高效能人士的七个习惯》这本书中提到，不断充实自己是通往个人成功的要诀之一。偶尔，你要远离工作，花点时间充实和放松自己。如果你一天24小时都在工作，那就不能保持高水准的工作效率，因为没人能一直以巅峰状态工作。遗憾的是，我见过许多企业家都只知道工作，根本没有其他生活爱好，他们一天都没有休息过。

企业界有一则关于创业的经典笑话：有了自己的企业，你只需要工作一半的时间——要么白天，要么晚上，随便 12 个小时任你选！不幸的是，许多企业家确实是这样工作的。显然，这种工作方式不健康。长此以往，你的企业和你的生活都会备受牵连。这不是过好日子的秘诀。

有时，长时间工作在所难免，尤其在刚刚创业的时候，但如果你从不放松一下自己，那就是在做一件错误的事情。乔·波利希用养马来做比喻：如果你拥有一匹价值百万美元的比赛用马，你就会无微不至地照顾它，让它吃好，拥有充足的睡眠，仔细监督它的训练，给它一个干净舒适的马厩，并经常给它检查身体。

对人生和企业而言，你的身体就是那匹价值百万的骏马，难道它不值得你付出同样的关爱吗？我不想把这件事与信仰扯上关系，但我们大多数人都会同意"人生只有一次"这种观点，至少从人类的现有形态而言，这句话是正确的。那么，你打算怎样度过这宝贵的一生？你会关爱自己那价值百万美元的身心吗？你会确保自己吃得健康且有营养吗？你会保证充足的睡眠吗？你会参加户外运动吗？你有没有进行冥想、拉伸或做瑜伽等有益身心的活动？有没有定期做身体检查？

工作更长时间并不能解决你所遇到的问题，你要以更聪明、更高效的方式工作，而充实自己、经常放松身心是关键。

摆正心态：有波折，才会有浪花

即使你成为一名企业家，也无法避免生意场上的波折。实际上，无论你是不是企业家，都要遇到人生的高潮和低谷。对大多数人而言，当他们成为企业家以后，人生的起伏就变得更加剧烈了。

我们大多数人都不会为了某样东西而放弃自己的人生，我们喜欢控制命运的感觉，我们想拥有创造力，想成为人生的大赢家。但同时我们也知道，我们不会每次都是赢家，我们总有失败的时候。

每当人生遭遇跌宕，我的朋友丽莎·赛萨维奇喜欢说："我们在爬喜马拉雅山。"作为企业家，我们所经历的巅峰和低谷与其他人相比，有过之而无不及。在外人看来，企业家犹如无所不能的超级英雄，但实际上，我们的人生与普通员工的没有什么不同。

这意味着我们要摆正心态。如果我们有一份固定的工作，即使一两个星期没收入也没关系，因为在大多数情况下我们都有收入。但如果我们经营的是自己的企业，我们就必须给自己的团队发工资，要对他们的人生负部分责任，这要求我们克服恐惧的能力。

我和其他人并没有什么不同，我的人生也有过跌宕起伏，但我想出了一些对策。当我不在巅峰状态时，我会做一些事情让自己振奋起来。每个人都有自我振作的方法，当我把自己的方法和学员的方法进行对比时发现，许多方法是共通的。以下是很管用的方法，你不妨借鉴一下：

锻炼身体：这个方法最有效。没有什么比心跳加速更能改变我的状态。户外运动比在健身房锻炼更有效。

冥想：与锻炼身体的效果非常接近。没必要把冥想弄得太复杂，只要闭上双眼，专心呼吸。每次冥想5分钟即可，但20分钟效果会更好。

到户外去：走出家门，亲近大自然。这个方法能够让我打起精神。

冒一次险：骑山地自行车，畅快淋漓地花一天时间去滑雪或漂流，或者徒步、参观博物馆、去旅游等。

服务他人：做点与他人有益的事情。当你用无私的行为帮助别人时，就不太可能心情低落。

心怀感激： 当你学会对生命中那些美好而容易被忽略的事物心存感激时，你就会很快振奋起来。花点时间，坐下来，把上天对你的恩赐写下来，不要把它们当成理所当然的东西。

这就是我的方法，或者说一部分方法，与你的方法可能有所不同。重要的是，当你沮丧时，你要意识到这一点，并想办法让自己振作起来。

做你最擅长的事

我的朋友丹·苏利文常常谈论独特天赋这个话题。他还提到过天赋领域这个概念。你来到这个世界上，是否感觉到自己有一件或两三件要完成的使命？有没有什么事情能让你全身心投入，以至于感觉不到时间的消逝？在你所做的事情当中，哪些在别人看来很难，但对你来说却轻而易举？如果有，这些就是你擅长的事情，或者说你在这方面有独特天赋。

经营企业时，你要做自己最擅长的事，不要把时间花在那些对你而言很困难的事情上，发挥你的优势而不是劣势。然后聘请员工来做你不擅长的事情，就算你对此很精通，要知道精通与擅长是两码事。重申一遍，如果其他人比你更擅长做这些事情，你只要聘请他们来做就好了。最终，你只要从事符合自己天赋的工作即可。你在符合自己天赋的领域花的时间越多，对你和你的企业、你的客户以及这个世界的贡献就越大。

你最缺乏的是专注力。这个世界会想尽办法干扰你，电话、电子邮件、短信、社交媒体以及更多的事物会让你无法专注于该做的事情。

很多人一起床就看手机、收短信、查邮件、浏览各种社交媒体。这是一个巨大的错误，因为手机里等待你的是别人的待办事项。如果你一大早就看手机或查电子邮件，那你就对自己的日程失去了控制力。总有电子邮件或手机信息等着你回复，而一旦你开始回复，你这一天都不受控制了。

你应该在每天早上陷入别人为你安排的事情之前，专注于一些有价值的活动。什么是最有价值的活动？就是那些你拥有天赋的事情。

我在上一章已经提到这点，与你喜欢的客户共事或者为他们提供服务是热爱生活的表现。我经常听到人们抱怨他们的客户，但事实上，这些客户都是他们自己选的。如果你想换客户，那你就得换行业、换产品、换宣传内容，并改变你的市场营销策略。吸引客户的人是你，决定要和他们共事的人也是你，所以你要做最好的选择。

我最高端的客户是我的发售俱乐部（Launch Club）和铂金智囊团的成员，我喜欢和他们待在一起。发售俱乐部是由我的高水平培训学员组成的一个强大团体，这个令人惊叹的集体正在做一些了不起的事情。发售俱乐部的活力、热情和成长水平绝对具有感染力，俱乐部的成员一直激励着我成为最好的自己。我还有一个智囊团，其成员都是跟我关系最紧密的学员，我每年都要和他们见几次面。智囊团的名额非常有限，成员的遴选流程十分严格。学员一旦进入了智囊团，就很少离开。

每次会面结束后，我都感觉自己比会面之前更加充满活力。实际上，我在制订工作计划时，会尽量把与铂金智囊团成员的会面安排在大型的研讨会之前，因为我知道，智囊团的会面结束后，我会更加精力充沛地出现在会议上。我想说的是，要开发什么样的客户，你自己说了算。你可以通过选择市场、选择产品和营销策略来确定自己的目标客户。在这方面，你千万别妥协。产品发售公式的真正作用就是吸引更好的客户。现在，快去寻找你需要的客户吧！

刚开始创业时，我幻想自己能一手创办企业。我觉得这样能让我的生活变得简单起来。我相信因为我做的是互联网业务，卖的是电子产品，所以不需要任何团队，我也能把生意做起来。

于是，在进入这个行业的前 10 年中我确实没有聘请任何员工，也没有把业务承包给其他人。我和我的妻子玛丽，就是全部的员工。但现在看来，这完全是个错误，它阻碍了业务的发展，这就像一个两岁小孩在逞能："我可以一个人搞定！"

单打独斗做不了大事，如果你尝试过，你就会发现自己在一些超出个人天赋领域的事情上耗费了太多时间。一旦你组建团队，事情必然会变得更加复杂，这无可避免。你要成为团队的领导者，如果你暂时没这种才能，就要多加学习，因为在许多事情上，你都要给团队成员一个交代。

我的朋友埃本·帕甘曾提出明星员工策略，就是只聘请那些在某一领域中最顶尖的 10% 的人。这个策略会让事情好办得多。但事实上，你可以把这个比例再缩小一些，只雇用 1% 的顶尖人才。

明星员工能让你的生活变得更轻松。他们是自我驱动型的员工，不需要太多监督和培训，他们的人生也不会有太多戏剧性事件。如果他们技能超群，但人生过于戏剧性，那他们就不是明星员工。

当你越来越成功时，对你来说，有一个字会比其他任何词汇都更重要，那就是"不"。**沃伦·巴菲特说过："成功人士与非常成功人士之间的差异在于，后者更善于对几乎所有事情说'不'。"**在第 12 章里，我曾说过机会成本是商业中最重要的考量之一，现在我们需要从个人角度谈谈机会成本问题。当你越来越成功，个人能力越来越强，并承担起领导者的角色时，别人就会觉得你更有吸引力。这种事是自动发生的，根本由不得你做主。如今，全世界都出现了领导力真空，那人们就会寻找那些值得他们追随的领导者。

于是，越来越多的人和机会出现在你人生中，许多机会很有吸引力，如果它们早点出现的话，你的人生或许就此改变。但在接受这些机会之前，你一定要非常小心。你要越来越懂得选择，越来越善于说"不"。无论任何事物，如果它不能让你迈向未来，不能让你实现更远大的目标，那它就会使你偏离原来的方向。我并不是说你不该和别人交朋友，也不是要你放弃那些曾帮助过你的人和事，更没有说你不应该帮助别人。但是，你一定要十分注意自己的时间和精力，因为每当你接受一个新机会，就对另一个机会关上了大门。

共享思维：我只帮了他一个小忙，他居然教我赚了大钱

我在 1996 年开始发售免费的股票投资资讯时，另一个网站也在刊登类似的内容。虽然我们瞄准同样的利基市场，但我们的网站却截然不同。他们的资讯是收费的，而我是免费的；他们的网站看上去非常专业，我们的网站则显得有些业余。其实，那时候我没钱购买域名和网路主机服务，网站挂靠在一个免费服务器上面。

对手网站的老板叫弗兰克·科勒。我时常访问他的网站，我仔细研究过网站上的所有内容。我最大的梦想就是拥有一个类似这样的专业网站，并像他那样发售收费资讯，但我却不知道怎样才能做到这一点。我不懂建立网站所需的技术，也没钱请人来做，更不知道如何卖产品。最重要的是，我根本没有信心说服别人来买我的东西。

可是有一天，我收到了弗兰克发来的邮件，他问我怎么把股票分析图放到网站上的，那封邮件让我大为震惊，我惊讶于弗兰克居然知道我是谁，而且还知道我有一个网站。但换个角度来说，弗兰克是我的直接竞争对手。他就像是可口可乐，而我就像是百事可乐。其实，我更像是一瓶不带标志的可乐。我们所处的行业完全相同，我网站上的股票分析图是唯一能给网站带来访问量的东西。

在今天，在网站上贴一张股票走势图是一件再简单不过的事情，但在当时，情况完全不一样。我投入了不少时间、精力和金钱，才弄清楚如何在网站上放那些分析图，它们是我最主要的业务资产。

因此，收到弗兰克的邮件后，我一直犹豫该怎么处理。我应该把自家的商业秘密告诉他，还是拒绝他？或者对他的邮件视而不见？

最终，我决定帮他摆脱困境。如果我能够想办法把图表放上网站，他肯定也能做到。为了做到这一点我经历了无数的尝试和失败，既然如此，我又何必让他重蹈覆辙？于是，我花了 20 分钟，把我创建和张贴图表的整套方法写下来，然后给弗兰克回了封邮件。几分钟后，我收到了弗兰克的回复。他感谢了我，并告诉我他有着多年的线下资讯发售经验，而且他对线上资讯发售做过大量测试。他跟我分享了许多与这些测试相关的信息，包括一些关键的定价测试。他对我说，如果我想发售收费资讯，他很乐于帮助我。

在看到邮件的那一刻，我意识到我的人生彻底改变了。我意识到，我们活在一个全新的世界里，在许多情况下，合作比竞争更重要。多年以后的今天，我想用共享丰硕成果来形容这种现象。

简而言之，你可以在共享思维和资源稀缺思维之间做个选择。你要做出明智的选择，因为你的选择会影响到生活的各个层面。按照我的经验，如果你选择了共享思维，它会给你带来许多快乐、成就感以及内心的充实。

几个月后，弗兰克真的帮我发售了收费资讯，他的建议和经验给了我极大的信心，我最终把这些资讯推向了市场，并取得巨大成功。这就是我在第 1 章里提到过的销售业绩为 34 000 美元的产品。几年后，弗兰克厌倦了资讯发售行业，他把那些付费订阅资讯的客户资料全部转给了我。我把这些客户接过来，全心全意为他们服务，从中赚了不少钱。而这一切都要归功于我给他帮的那个小忙。

我认为，如果你一直选择共享思维，与别人共享成果，那你就会快乐很多。这是我的核心信念。除了更加快乐，你的业务也会增长得更快，规模变得更大，吸引更多优质的客户和合作伙伴，并对这个世界产生更积极的影响。所以，我邀请你现在就拥抱分享吧，你将得到丰盛的回馈。

善用你搭建的平台

刚开始创业的时候，我做过一次设定目标的练习。在这种练习当中，你要夸大自己的梦想，越大越好。除了写下许多梦想中的生活方式，我还写下了"每年赚 10 万美元"这个目标。这是我当时能够想象到的最高收入。

多年后的今天，我能够在一天之内为一家慈善机构或非营利机构募集到 10 多万美元。这完全得益于我搭建的大平台。正如好莱坞明星能够为自己喜欢的事业带来广泛关注和资金一样，你创业时也有能力做同样的事情。

你在这本书中学到的所有知识都是关于如何建立你的平台并进行推广活动。这些知识犹如巨大的杠杆，能帮助你创造出世界上最美好的东西。它们赋予你强大的专注力去关注你所热爱的任何事物。我曾为两个非营利组织筹集了超过 100 万美元的资金，还为其他一些组织筹集或捐赠了 10 万美元甚至更多，这一切都要归功于我在发展业务中建立起来的平台。你也能做同样的事情。

你既要创业，也要活得精彩

在我看来，过去 10 年间，没有什么创业体系比产品发售公式更能给人们带来惊喜。在本书前面几章，我已经向你详细介绍过产品发售的流程，换句话说，我已经给了你创业的工具。

常言道，能力越大，责任越重。我已经给了你足够的能力，剩下的就看你自己的了。有一点你要记住，即创业成功并不一定能让你的人生幸福和圆满。结局悲惨的企业家比比皆是。你既要创业，也要让人生充满精彩，这才是秘诀所在。圆满的人生不是偶然得之，做到这一点需要你把心思投入到自己创建的业务和营造的生活方式上。

塞巴斯蒂安·奈特出生在加勒比地区的瓜达卢佩，该地区的官方语言为法语。如今，他已经移居到了法国。在 2010 年，塞巴斯蒂安第一次参加了我的培训，从那时起，他一直运用产品发售公式进行创业。刚开始时，他主攻法国的恋爱秘籍市场，也就是教害羞的男性接近女性并跟她们约会。后来，塞巴斯蒂安转而教说法语的人士在线创业。如今，他被人们称为"法语营销专家"。塞巴斯蒂安曾发售过几十次产品，并建立了规模庞大的业务。事实上，他是法语世界最优秀的在线发售专家之一。

与任何一名创业者一样，塞巴斯蒂安是在努力之后才达到今天的成就。但与此同时，他也建立了一种属于自己的生活方式。迄今为止，塞巴斯蒂安做过的两件大事就是完成了他未婚妻塞西尔的两个梦想：一是在世界各地跳舞，二是环游世界。

去年，塞巴斯蒂安和塞西尔花了六个月的时间环游世界，这一路上，每到达一个地方他们都会跳舞。他们去了澳大利亚、巴西、印度、阿根廷、南非、泰国、杜兰戈和纽约。当他们在印度旅行时，塞巴斯蒂安向西塞尔求婚，她答应了！在旅途中，塞巴斯蒂安每周只工作一天。他的业务模式和我一样，完全虚拟化，所以他可以在世界的任何地方工作。他们旅行的费用来自他发售的其中一款产品，而且他还准备用产品发售赚来的钱支付两场大型婚礼的费用。他们将在法国和瓜达卢佩各举行一次婚礼。

塞巴斯蒂安最高兴的事情是，他的朋友和家人目睹了他的成功后，也以他为榜样，开始创建属于自己的业务。他们也在努力开创自己的精彩人生。

第 17 章

我已经赚够了，该你上场了！

LAUNCH HOW TO SELL ALMOST ANYTHING ONLINE,
BUILD A BUSINESS YOU LOVE,
AND LIVE THE LIFE OF YOUR DREAMS

UPDATED & EXPANDED EDITION

在要求人们购买你的产品前，通过给他们创造巨大价值以培养你的影响力，这个策略永不过时。

▶▶ LAUNCH

以上就是产品发售公式。现在轮到你上场了。这个流程已经被反复验证过数千次，我的个人成就和几家公司都建立在我在本书中教给你的知识之上。如今，我已建立了多项业务，每一项都基于产品发售公式。

更重要的是，我的客户也是通过运用了这一公式，才创造了超过十亿美元销售额的传奇。他们的业务范畴涵盖了你能想象得到的每一个利基市场，产品也各种各样，从铁笼格斗技巧到冥想研习班，从报税服务到军乐队配件，不一而足。

工具和战术会变，但战略会持久不变

当我在 2005 年首次推出产品发售公式培训课程时，在线营销的圈子仍相对较小，这行业的大多数参与者都相互认识。几个月之后，有人开始谈论"产品发售公式之死"了。产品发售公式推出不足一年，有家主流媒体就用这个词来形容它的前途了。"内部人士"称，产品发售公式太强大了，强大到足以摧毁它自己。

传统观点认为，一旦市场上的每个人都看过一两次产品发售过程，那产品发售这个概念就不再起作用，因为我们的最大敌人就是我们自己。

在 2006 年的一次会议上，一位行业领袖甚至把我拉到一边，恳求我找点新东西来教学，因为发售行业已经"风光不再了"。从那时候起，产品发售公式反而越来越壮大，前途越来越光明，所以应该用一句更恰当的话来形容它，那就是"我的死亡被夸大了"。

产品发售公式的前景到底如何？军事及商界领导人几乎都推崇《孙子兵法》。这本书诞生于几千年前的中国，但这并没有妨碍世界各行业新一代的领导人反复阅读它，因为这本书谈的是战略，而不是战术，战略不会过时。

产品发售公式之所以一直发挥作用，正是因为它以战略为导向。我也教过大家许多战术，但这只是产品发售公式的一个组成部分，它们为整个产品发售公式服务。坦白说，战术会不断变化。比如，在我刚开始发售产品时，流媒体还没有出现，博客也还没有出现，更别提社交媒体和在线研讨会了。但如今，我们的产品发售已经用上了所有这些工具。

工具会改变，战术会改变，而战略会持久不变。与你的潜在客户保持紧密联系，这个策略永不过时。培养人们对某个事件的期待，这个策略永不过时。社会认同感、权威感、团体感、互惠心理等心理诱因永不过时。在要求人们购买你的产品前，通过给他们创造巨大价值以培养你的影响力，这个策略也永不过时。至于你运用这些战略的方法和手段，则已经发生了改变，并且会一直处于变化之中，而产品发售公式会一直发挥作用。

在 1994 年的某一天，我收到一份名为《把你的电脑变成印钞机》的产品广告。现在，我承认这份广告的名字起得很烂，但那时候它确实紧紧抓住了我的注意力，于是我阅读了里面的内容。那时候的我就是这则广告的目标客户，当时我正处于全职奶爸阶段，生活入不敷出，所以无论任何形式的挣钱机器，我都迫切地想要得到它。那份广告是通过电子邮件发送给我的，篇幅很长，大概有 10 页。读完邮件后，我甚至想再读一遍，于是我启动了家里的点阵式打印机。那台打印机很慢，广告的内容却很长，我有种错觉，认为觉得那封邮件似乎永远也打不完。

接下来的一周里，我把那则广告看了又看。它的内容是关于写一些特别报告，然后在网络上出售这些报告，它还谈到自主出版和信息直销。

对我而言，这个想法简直难以置信。然而，既然出版行业已经存在了好几个世纪，那么它应该有利可图。我认识一些小型的独立出版商，他们的生意似乎很赚钱。例如，我买的关于皮艇漂流和山地自行车的畅销书籍，都由小型出版商出版，而这些出版公司都是由全职妈妈或全职奶爸经营的草根企业。但另一方面，我从未创过业，也没有出版过什么书籍，虽然想到要做销售，但却没有任何销售经验。如果要我列出个人最不喜欢的职业选择，销售可能会排名榜首。

我还面临着另外一个大问题，《把你的电脑变成印钞机》售价99.5美元。那个时候，玛丽有一份政府资助的工作，我们一家四口的生计全靠玛丽的收入支撑着。除去必要花销，我们家一年只剩400多美元闲钱。把一年可支配收入的1/4花在培训课程上感觉像一场巨大的冒险。

但那份广告言之凿凿，它的理念也很有道理，而我急需改变。我花了整整一周时间，翻来覆去地看那则广告。每天晚上入睡之前，我都会思来想去，纠结于它是否适合我。我能出版什么东西？有人会买吗？我能持之以恒吗？这会成为我人生的另一次失败经历吗？或许你也有过类似经历，在人生的岔路口迟疑不决。很多时候，面临决策，我总会拖延耽搁。但这一次，我很快采取行动了。我把所有疑虑抛在一旁，把订单填好，然后发了出去。

你也能发售产品，勇敢迈出第一步吧

美国诗人罗伯特·弗罗斯特有一首优美且脍炙人口的诗歌，这首诗的内容是关于如何做出选择的。或许你会觉得，把回复电子邮件广告牵扯到诗歌上有些荒唐和夸张，但那次行动的确让一切变得不同。99.5 美元换来的东西很简单，只有一张 3.5 英寸的软盘，内容是一些直销信息类产品的基础知识，且大部分都是关于如何在 CompuServe 和美国在线（AOL）网站销售产品。在 20 世纪 90 年代初，这两个网站可是在线服务的鼻祖。

关于信息产品的观点或许有些老生常谈，但却给我开辟了一个全新的世界，让我知道了什么是直销，以及如何创建以信息为基础的在线业务。对我而言，这个世界如此美好。虽然金钱和成功并没有接踵而至，甚至可以说来得步履蹒跚，但它们最终如约而至。如果我当初没有回复那封邮件，恐怕你今天就看不到这本书了。

几年前，我给《把你的电脑变成印钞机》的作者和出版商希拉·丹齐格写了封邮件。我告诉她，她的产品对我的人生产生了深远的影响。我带着愉悦的心情发出了这封邮件，第二天就收到了她的回复。她对我的来信感到由衷的高兴，尤其当她知道她的产品给我带来如此大的帮助后，就更加兴奋了。我完全知道这种感觉，因为我每周都能从产品发售公式的学员和客户那里收到类似的电子邮件和评价。就在今天早上，我收到一封来自弗朗兹·威斯鲍尔的邮件。他是一名富布莱特[1]学者，同时也是一名在奥地利维也纳工作的内科医生，在超声波心动图方面有着丰富的临床经验。2010 年，弗朗兹和同事托马斯·宾德一起搭建了一个在线培训平台，专门教医生和超声检查工作者解读心电图。

弗朗兹的培训课程要求学员出差三个周末来参加培训，每次培训 500 美元。也就是说，弗朗兹的产品发售与本书中的其他产品发售不同。当弗朗兹和托马斯第一次用希望营销法推出这个项目时，销售额并不乐观。他们

---

[1] Fulbright Scholar，中美两国政府间的教育交流项目，创建于 1946 年，以发起人美国参议员富布莱特的名字命名。

的产品非常了不起，但销售情况却不尽如人意，无法成为一项可持续发展的业务。后来，弗朗兹在某个场合听到我谈论产品发售，于是报名加入了我的培训班，并借助产品发售公式重新推出了他的网站。这次发售获得了空前成功，他的业务发生了彻底的转变。

弗朗兹的成功并没有到此为止，如今，他的业务规模比在使用产品发售公式之前增长了10倍。销量并不是衡量业务成功的唯一指标，尽管它很容易计算，但数字常常不能描绘出事物的全貌；另一个衡量指标就是产品所带来的影响，也就是那些接受过弗朗兹培训的医生和超声检查工作者所拯救的生命的数量。

这种连锁反应让我非常兴奋，甚至令我彻夜难眠。我教弗朗兹发售产品，然后他的产品课程帮助了成千上万的医生，拯救了数以万计的病人。这些病人进入了人生新篇章，谁又知道他们会对这个世界带来什么积极影响呢？

下一步就看你的了。我写本书的首要目的是向你介绍产品发售的整个过程，第二个目的则是让你意识到你也能发售产品。我的学员来自各行各业和全球各地，我已经看到这套公式一次又一次地在他们身上发挥了神奇的作用。

关键之处在于，你要迈出第一步，然后一步一个脚印地前进。既然我可以从一个毫无创业经验的全职奶爸变成千万富翁，你肯定也能做到。既然约翰·加拉赫可以从领取政府救济粮到收入七位数，你肯定也能做到。既然塔拉和大卫·马里诺可以实现几十万美元销售额，你肯定也能做到。

别指望在第一次发售产品时就赚到百万美元，也别指望取得我在本书中跟你说过的那些惊人的成就。别拿你的成绩与我的百万美元产品发售相比，而要与我第一次发售产品时所取得的1 650美元的销售额相比。

你要预想到自己会犯一些错误，并从中学到经验。你要预想到许多工作等着你去做，还要预想到自己会遇到一些挫折，有时还要加班到深夜。此外，你还要预想你的第一次产品发售将会是难忘的经历。这是一趟奇幻之旅。直至今天，我都觉得整个旅程令人难以置信。在这趟旅程上的每一步，我都不断把目光放长远，不断为自己寻找一个更远大的理想。我无法确定产品发售公式的发展方向，但我一直致力于成为学员们强有力的后盾，帮助他们在每一个你能想象得到的利基市场拓展业务和发售产品。

我的发售俱乐部非常强大且充满活力，我很荣幸能与俱乐部的所有人共事。本书已经以 12 种语言出版，新的语言版本还在不断面世。除了英文版本，产品发售公式培训项目现在还推出了葡萄牙语、西班牙语、日语和意大利语版，这些版本都有相应的执照持有人。如今，我有一支了不起的团队为我的产品发售公式所有者提供支持。强大的团队保证这项事业应该比我更长寿。

有一件事一直激励着我：我会很乐于听到你发售产品的消息。正如我上面说过的那样，我喜欢听别人成功的故事，因为它们能让我永葆青春、不知老之将至。很早以前，我就赚够了钱。我本可以放慢生活步调，进入半退休状态，但现在，我写出了这本 20 多万字的书，因为我想与更多人打交道，包括你在内。

产品发售公式久经考验，它会适合你，你只要执行我在书中罗列的步骤即可。首先，建立你的客户群；其次，充分利用我在本书提到的会员网站上的额外资源；再次，要关注我的博客，与产品发售公式社区的其他人多沟通；最后，记得给我写邮件，把你的成功故事告诉我。

致 谢
LAUNCH

从我做成第一笔生意到现在，时间已经过了 18 年。这段岁月犹如一趟奇幻之旅。我时常觉得奇怪，为什么我的运气这么好。但我并非靠单打独斗取得这样的成就，这一路有许多人帮助过我，我始终对他们心存感激。

我要将此书献给我的妻子玛丽，她一直坚信我能成功，并且坚定不移地支持我，这种信任让我震撼至今。我还要将此书献给我的两个孩子丹尼尔和琼，他们很了不起，能成为他们的父亲是我的光荣。

我还要将此书献给我的爸爸妈妈。他们给了我无尽的爱，为我的人生打下了坚实基础。还有吉姆、詹妮·玛丽和乔恩，是他们成就了我。

感谢维吉尼亚，尤其要感谢乔·杰布隆斯基，当其他人都在奇怪我为什么要在家带孩子的时候，他们坚定地相信我。我还要特别感谢凯瑟琳·杰布隆斯基，在早些年，当一切都不确定的时候，她用各种方式坚定地支持我。

我还要感谢很多了不起的人……

感谢雷德·崔西、布莱恩·库尔茨和里克·麦克法兰，你们给本书提供了重要的反馈信息，并帮助我完成前几章的构思。感谢斯科特·霍夫曼、布兰登·伯查德、迈克尔·海厄特和克里斯·哈达德，你们为本书的整体写作

259

思路提供了反馈意见。感谢维多利亚·拉巴尔默，她坚持不懈地为本书提供了开阔的视野。

感谢我的整个铂金智囊团，他们在各方面为本书的写作提供了思路，并让我主导了这个漫长而痛苦的写作过程。

本书得以出版，要感谢我的出版商摩根-詹姆斯出版公司。无论我遇到什么难题或者延迟交稿，他们都能优雅地处理好这些突发状况。感谢大卫·汉考克、里克·弗利希曼和马戈·图鲁兹。非常感谢我的责任编辑维姬·麦克康恩，她在本书交付印刷之前做了大量的修改和润色工作。

在创业初期，我得到了很多人的帮助，包括谢拉·丹齐格、迈克·里德、弗兰克·科勒、保罗·迈尔斯以及唐·卡西迪。

约翰·里斯和亚尼克·西尔弗告诉我，我要把产品发售技巧教给别人，约翰把这个技巧称为产品发售公式。这个建议不仅改变了我的人生，也改变了世界。

这些年来，我结识了许多了不起的合作伙伴、导师和教练，他们当中大多数人成了我的挚友，这些人包括：

我的教练丹·苏利文和他的妻子芭贝斯、托尼·罗宾斯、埃本·帕甘、弗兰克·科恩、保罗·科尔霍、杰夫·约翰逊、里奇·舍弗伦、莱恩·戴斯、迪恩·格拉希奥西和迈克·费尔赛默，给我提供创作灵感的安迪·詹金斯和史蒂文·普莱斯菲尔德。

我的DWD同伴，丽莎·赛萨维奇、汤姆·库尔泽、克里斯·奈特、夏琳·约翰逊与布莱特·约翰逊、布莱恩·克拉克与索尼娅·西蒙尼、唐·克劳德、玛丽·弗里奥。

我的同学，迪恩·杰克逊，乔·波利希、约翰·卡尔顿、迈克·科尼格斯、肯尼·鲁特与特拉维斯·罗塞尔、杰森·范·奥尔登与杰里米·弗兰德森、克里斯·扎瓦道斯基、杰森·默法特、亚罗·斯塔拉克、佩里·贝尔切尔、

JB.格罗辛格、兰迪·卡辛汉姆，以及所有精英，奥德利·兰福德与吉姆·兰福德、约翰·罗德斯、克雷·科林斯、雷伊·爱德华兹、杰夫·穆里甘、艾德·戴尔、大卫·泰勒、蒂姆·卡特、埃里克·瓦格纳、马丁·霍维、查尔斯·珀罗斯、杰森·波塔什、帕姆·亨德里克森。

我的 HW 社区同伴，查尔斯·理查兹、格雷格·克莱门特、特雷·史密斯。

我的 FT-Talk 社区同伴，霍利·莱瑟、贝斯·沃克、香侬·沃克、安妮·玛丽·普拉特、丹尼斯·戈斯奈尔、布莱恩·萨克斯、特尔曼·努德森、马龙·桑德斯、玛丽·爱伦·特里比、大卫·弗雷、克里斯·阿特伍德、詹尼特·阿特伍德、约翰·詹特什、迈克·希尔、乔纳森·米泽尔、杰伊·亚伯拉汉姆、丹·肯尼迪、盖尔·金斯贝里。

当然了，还要感谢 LFODMF 的伙伴们。

感谢黛安·沃克，她是一位出色的活动策划专家，我的每一个现场活动都由她策划。

不能忘记我的产品发售公式导师们，尤其是艾伦·戴维森、詹姆斯·克罗巴萨、马克·考德雷、里奇利·戈尔兹伯勒、休伯特·李、库尔特·科尼格斯、卢达罗，特别致谢马克·埃文斯。你们帮助我辅导学员，谢谢你们。

特别感谢泰德·帕斯特纳克，他让我举行的每一次产品发售活动都充满了神奇的魔力。我衷心感谢所有参与现场产品发售活动的志愿者，包括盖尔、莱斯利、梅尔、安东尼、迈克尔、杰里米亚、马特、丽贝卡、艾琳、辛迪、乔安以及加勒特。

我还要感谢比利·福斯特、布莱·恩迪尔和麦克·汤姆逊、克里斯·巴恩斯、保罗·维勒和里克·劳斯，我永远不会忘记乔恩·尼古拉斯。

假如没有我的团队的出色工作，我不会有今天的成就，也无法把产品发售公式带给世界。我的团队成员包括马克、玛丽、谢琳、丹尼尔、麦克、佩德罗、乔伊、切雷斯、拉里、JR 以及保罗。特别感谢贝蒂·桑普森，她就是公司的形象代表，更是行业客服标准的榜样。特别感谢克里斯滕·阿诺德，她不知疲倦地支持我，用她敏锐的眼光让我跟上时代的发展。感谢乔恩·沃克，我和他一起共事和玩乐的时间比任何人都长。

对铂金智囊团和发售俱乐部无以言谢，这些兄弟姐妹和我共同奋斗，帮我取得了巨大的成就，跨越了每一个看似不可征服的挑战。能够每天和你们在一起，这是我的福分。

产品发售公式使用者才是真正的明星，你们每一天都在激励着我前行，谢谢你们。

术语汇总
LAUNCH

请注意：某些术语有多重含义和不同用法，本书术语汇总只给出它们在本书中的定义。

合作伙伴：帮助其他公司做推广，并按照销量收取佣金的公司或个人。请参照"联营伙伴"。

算法：一套分步骤的规则或指示，用于解决一个特定的问题。在市场营销或广告业中，大型广告平台利用算法决定与观众最适配的广告。

号召行动：当你要求或引导你的潜在客户做某件事时，就是在号召他们行动。这种情况适用于你要求对方做出某种承诺，例如成为订阅客户、发表评论、点击链接，或者购买你的产品。通常情况下，你发给客户的所有邮件末尾都应含有号召他们行动的内容。

关闭购物车：发售活动的结束。

购物车周：发售活动开始并接受订单的这段时间，通常是一个 4~7 天的周期。

了不起的循环模式：在种子式发售、内部发售与联营式发售之间循环变化的系统，后者在前者的基础上产生。

买家：某个已经从你这里购买产品的人（与在你客户名单上但还没购买你产品的潜在客户相对应）。

冷流量：通过付费流量向不认识你的人做广告的策略模式。与冷流量相反，暖流量是指向已经在你的邮件名单上的人或者在社交媒体上追随你的人做广告的过程。

转化：通过你的市场营销，潜在客户决定采取行动的过程。你邀请潜在客户采取行动，转化就发生在他们真正投入行动的那一刻。转化既可以指邮件订阅，也可以指实际的购买行为。

转化率：采取某项行动的客户所占比例。在选择加入邮件名单的阶段，转化率指的是订阅者占所有网站访问者的比例。在销售阶段，转化率指的是购买者所占的比例。

创作素材：广告文本或内容。

顾客：请参照"买家"。

邮件营销服务商：电子邮件挂靠服务，用于保存电子邮件或将电子邮件发送给名单上的客户。

常见问题：收集有关特定话题的主要问题的文件。

内部发售：只对你的邮件名单客户进行的产品发售活动，没有外部合作伙伴或联营伙伴参与。这是典型的按产品发售公式进行的发售活动，在本书前8章中有所描述。

联营伙伴：与"合作伙伴"几乎同义，但该词暗示着与合作伙伴的工作关系更密切。

联营式发售：主要由合作伙伴或联营伙伴推动的产品发售，他们让你的发售序列流量增加。

产品发售对话：你与潜在客户的互动（以及潜在客户之间的互动）。通常会出现在预售阶段。这样的互动能让你深入了解市场，包括客户对产品的反对意见以及你的哪些信息符合潜在客户的需求等。

产品发售清单：指客户电子邮件清单，它创建于预售阶段。

发售序列：指整个产品发售过程，包括预售内容和开通购物车。

销售诱饵：向你的网站访问者提供一些有价值的物品，以换取他们的邮件地址。销售诱饵可以是一份特殊报告、一份信息图表或一个视频教程。

名单：指客户名单，名单上的人是你的营销对象。他们可以是普通邮件客户、社交媒体客户或电子邮件客户。不过，在本书语境中，我们主要关注电子邮件客户名单。

名单主机：参考邮件营销服务商。

现场直播：互联网页面上嵌入的实时视频。

直播发售：部分或全部内容由现场直播的方式发布的发售活动。

产品：你向潜在客户推广的产品。你的产品应包含可交付物品（包括额外好处）、价格、支付条件以及保修条款。

造势：即预售造势工作，这是预售序列开始前的热身阶段。

预售序列：在发售产品之前推出的一系列高价值内容，可以引起市场兴奋和预期。这些内容可以用不同形式表达，包括视频、PDF 报告、电子邮件、博客文章等。

自然搜索流量：通过搜索引擎排名访问你的网站的人数，也被称为自然流量。

销售异议：潜在客户的购买顾虑。回答潜在客户的疑虑有利于促进他们的消费行为。

销售提议：你打算向潜在客户推广的一切物品，包括你将提供的产品和服务、赠品、价格、付款条件和保修单。

开通购物车：指产品进行销售阶段。开通购物车可以指你开始接受订单的那一天或那一刻，也可以指你所发售产品的有效期。

开通购物车日：你开通购物车并接受订单的那一日。

"选择加入"页：见名单撷取页。

订单页：你的潜在客户实际购买产品的页面。他们可以在这个页面上输入联系方式和支付信息，并点击"购买"按键。通常情况下，销售页上有一个"添加到购物车"按键或一个"立刻购买"按键，点击这个按键之后就会转到订单页。

自然搜索：请参照自然搜索流量。

有机搜索：同自然搜索。

付费搜索：在搜索引擎排名顶部或附近有一个付费排名广告，该广告通常是以类似于拍卖的方式出售的。

付费流量：类似于付费搜索，但它出现在非搜索引擎网站，例如社交媒体网站。

预售内容：你在预售序列发布的信息，它的形式可以多种多样，包括视频、PDF 报告、电子邮件、博客文章等。

产品发售公式：一种具有无穷魅力的销售模式。

潜在客户：在你客户名单上或者关注你所在市场的人，他们还没有购买你的产品。一旦他们购买了你的产品，就成为买家或顾客。

排名：因为某个特定词汇，你出现在自然搜索列表上。它还可以用在常见的全球概念上，例如：丰富的内容有助于你在谷歌搜索引擎上排名靠前。

广告支出回报率（ROAS）：计算广告有效程度的一种方式。计算方法是用广告带来的总收入除以广告成本。假如你的销售额是 200 美元，广告成本是 100 美元，那么你的广告支出回报率为 2∶1。

稀缺性阶段：临近发售结束的一段时间。此时，稀缺性心理诱因的作用发挥到了极致。

翻页式促销信：产品发售公式的核心成分。指的是预售序列和整个产品发售过程中连续的、序列式的本质。

促销信：推荐某种产品的书面销售信息。

种子式发售：按照产品发售公式进行的简易发售活动，主要适用于你没有产品和现成客户的情况。如果你对新产品只有一个概念，并且想在投入时间开发这款产品之前测试市场的反应，也可以采取这种发售方式。

购物车：指安装在网站上的用来接受订单的软件。开通和关闭购物车的说法均来源于这个概念。

销售页：你的促销信或促销视频所在网页。

促销视频：推广产品的视频。

名单撷取页：个人网站上的一个简易网页，里面有一张供客户填写的订阅表格。登录该页面的访客只有两种选择：注册成为你的客户，从而看到更多内容，或者离开页面。

子名单：摘取自总名单的小名单。子名单上的人对某个特定话题曾表现出兴趣。发售名单也是一种子名单。

暖流量：通过付费流量向已经在你的邮件名单上的人或者在社交媒体上追随你的人做广告的策略模式。冷流量则相反，指的是向你不认识的人做广告的过程。

网络主机：你的网站挂靠服务。

网络研讨会：类似于远程论坛，但通过网络呈现，参与者可以看到主持人的电脑屏幕。经常用于展示 PPT 或 Keynote 文件。

READING
YOUR LIFE

人与知识的美好链接

20 年来，中资海派陪伴数百万读者在阅读中收获更好的事业、更多的财富、更美满的生活和更和谐的人际关系，拓展读者的视界，见证读者的成长和进步。现在，我们可以通过电子书（微信读书、掌阅、今日头条、得到、当当云阅读、Kindle 等平台）、有声书（喜马拉雅等平台）、视频解读和线上线下读书会等更多方式，满足不同场景的读者体验。

关注微信公众号"**海派阅读**"，随时了解更多更全的图书及活动资讯，获取更多优惠惊喜。读者们还可以把阅读需求和建议告诉我们，认识更多志同道合的书友。让派酱陪伴读者们一起成长。

了解更多图书资讯，请扫描封底下方二维码。 微信搜一搜 🔍 海 派 阅 读

也可以通过以下方式与我们取得联系：

📱 采购热线：18926056206 / 18926056062   📞 服务热线：0755-25970306

✉ 投稿请至：szmiss@126.com   🔵 新浪微博：中资海派图书

更 多 精 彩 请 访 问 中 资 海 派 官 网   (www.hpbook.com.cn ›)